本书受国家哲学社会科学规划办专项经费资助出版

光明社科文库
GUANGMING DAILY PRESS:
A SOCIAL SCIENCE SERIES

·经济与管理书系·

"一带一路"背景下西南沿边口岸经济发展战略研究

刘慧玲 | 著

光明日报出版社

图书在版编目（CIP）数据

"一带一路"背景下西南沿边口岸经济发展战略研究 /
刘慧玲著 . -- 北京：光明日报出版社，2023.5
ISBN 978 - 7 - 5194 - 7193 - 4

Ⅰ.①一… Ⅱ.①刘… Ⅲ.①通商口岸—经济发展—
研究—西南地区 Ⅳ.①F752.87

中国国家版本馆 CIP 数据核字（2023）第 086406 号

"一带一路"背景下西南沿边口岸经济发展战略研究
"YIDAI YILU" BEIJINGXIA XINAN YANBIAN KOUAN JINGJI FAZHAN
ZHANLÜE YANJIU

著　　者：刘慧玲	
责任编辑：石建峰	责任校对：张慧芳
封面设计：中联华文	责任印制：曹　净

出版发行：光明日报出版社

地　　址：北京市西城区永安路 106 号，100050

电　　话：010 - 63169890（咨询），010 - 63131930（邮购）

传　　真：010 - 63131930

网　　址：http：//book. gmw. cn

E - mail：gmrbcbs@ gmw. cn

法律顾问：北京市兰台律师事务所龚柳方律师

印　　刷：三河市华东印刷有限公司

装　　订：三河市华东印刷有限公司

本书如有破损、缺页、装订错误，请与本社联系调换，电话：010-63131930

开　　本：170mm×240mm

字　　数：216 千字　　　　　　印　　张：15.75

版　　次：2023 年 5 月第 1 版　　印　　次：2023 年 5 月第 1 次印刷

书　　号：ISBN 978 - 7 - 5194 - 7193 - 4

定　　价：95. 00 元

内容摘要

　　本研究围绕西南沿边口岸经济发展的战略问题，着重从以下几个方面展开论述。首先，考察了西南沿边口岸曲折的发展历史，从生态学、民族学、政治学和经济学的角度总结了西南沿边口岸与内陆口岸不同的特征，认为其在新时代具有非常重要的生态、政治和经济战略地位。其次，通过分析中国海关等官方提供的数据和调研得到的数据，认为近十年来，西南沿边口岸的业务量增长很快，其间虽然有回落，但总体看，不管是货运量、出入境人数、运输工具还是进出口贸易额都大幅增加，但是，西南沿边口岸经济发展还存在着口岸业务量发展不平衡、进出口贸易结构层次较低、边境小额贸易占比过重等特点，认为制约西南沿边口岸经济发展的主要因素包括：互联互通"言易行难"、广西和云南经济实力亟须提升、口岸基础设施有待改善、贸易便利化的措施有待落实、口岸开放程度仍显不足、中外经济合作协调机制亟须完善、部分优惠政策趋于虚化、非传统安全因素不容忽视等。再次，认为"一带一路"倡议、我国新一轮沿边开放战略以及广阔的国外合作空间为西南沿边口岸经济发展提供了良好的机遇，但其仍然受到国际国内经济增长放缓、新贸易保护主义重新抬头、中外政治关系不稳定、腹地物流争夺日趋激烈、承接产业转移面临"双向挤压"及东南亚销售市场竞争激烈等方面的挑战。最后，结合国内外发展口岸经济的经验，根据西南沿边口岸经济发展的现实基础，提出发展西南沿边口岸经济的战略取向、基本原则、总体思路、战略组合和保障措施，具体来看，西南沿边口岸经济发展应该以维护边疆稳定和民族团结、助力"一带一路"建设、落实当代中国边疆治理新理念为战略取向；以口岸为节点，以园区为平台，以经济圈为腹地，以边境经济带为走向，有序推进西南沿边口岸经济建设，构建以"交通物流+口岸发展+腹地经济"为核心的大发展战略，该战略具体包括：交通物流发展战略、现代化口岸体系战略、提升腹地经济战略、通关贸易便利化战略、新型城镇化发展战略和次区域合作战略等，这些战略密切配合，共同发力，不可偏废。这些战略的贯彻实施要有强大的保障措施，包括：在宏观层面要加大对西南沿边地区的开放程度，在微观层面要做好口岸发展规划与各个专项规划的统筹与对接，加强与相关主体的沟通协调，多渠道、多方面提供政策、资金（金融）、人才和安全保障等方面的支持。

目 录
CONTENTS

导　论

一、研究背景

"一带一路"（英文：The Belt and Road，缩写 B&R）是"丝绸之路经济带"和"21 世纪海上丝绸之路"的简称。"一带一路"倡议是我国在科学研判国际国内政治经济形势下，提出的全面提升我国对外开放和促进我国区域协调发展的重大战略举措。共建"一带一路"旨在促进经济要素有序自由流动、资源高效配置和市场深度融合，推动沿线各国实现经济政策协调，开展更大范围、更高水平、更深层次的区域合作，共同打造开放、包容、均衡、普惠的区域经济合作架构。"一带一路"倡议的主要内容包括"设施联通、贸易畅通、资金融通、政策沟通、人心相通"等"五通"，肩负着探寻经济增长之道、实现全球化再平衡、开创地区新型合作这三大使命。边境地区作为连接中国与众多邻国的门户和纽带，在"一带一路"建设中具有独特的地位和作用。

广西壮族自治区和云南省地处我国西南边疆，自古以来便是我国西南地区对外开放的前沿阵地，是联通南亚和东南亚的商贸大通道，也是人文交流的重要区域。在"一带一路"倡议中，云南省和广西壮族自治区是孟中印缅经济走廊和中国—中南半岛经济走廊建设中连接南北、连通南亚和东南亚国家的重要枢纽，西南沿边口岸作为广西壮族自治区和云南省通向南亚和东南亚开放的重要通道和窗口，呈带状分布于孟中印缅经济走廊和中国—中南半岛经济走廊上，其重要性不言而喻。但从目前来看，西南沿边口岸的经济功能还没有得到充分发挥，对西南边境地区经济社会发展的带动作用依然偏弱。因此，探索西南沿边口岸经济在"一带一路"倡议背景下，如何确立新的发展战略，如何利用国家政策红利把沿边口岸优势转化为开放优势和发展优势，让口岸经济成为带动边境地区经济社会发展的引擎，成为广西壮族自治区和云南省在推进边境经济社会发展中需要解决的紧迫任务。

二、研究意义

（一）理论意义

本项目以西南沿边（陆路）口岸作为主要研究对象，通过实践调研、SWOT分析、案例分析等研究方法，深入分析和揭示西南沿边口岸经济的发展现状、面临的机遇与挑战，对西南沿边口岸经济发展战略在"一带一路"倡议背景下作出区域经济学的新解读，为口岸经济理论的研究发展做有益的补充。

（二）现实意义

随着我国"一带一路"倡议的务实推进，西南沿边口岸获得了千载难逢的发展机遇。本项目以问题为导向，力求解决实践中出现的新问题，努力实现理论指导实践的目的。所提出的对策建议，力求做到以下两点：一是对西南沿边口岸经济发展具有直接指导意义，有助于加强我国与周边国家的经贸合作交流，促进西南边疆地区经济发展。二是为其他沿边口岸经济发展提供可借鉴的经验，有助于提升我国边疆地区经济发展水平以及实现边疆地区的稳定和谐。

三、国内外相关研究的学术史梳理及研究动态

（一）学术史梳理

口岸经济理论是边境贸易理论和区域经济理论的重要组成部分。国外文

献中，并没有"口岸经济"这一学术概念。国外学者很少将口岸经济单独作为研究对象进行研究，而是把它纳入整个国家经济贸易发展的大背景下、结合区域经济一体化对边境贸易的发展和国家产业结构调整的影响进行研究。

国际上，对口岸经济理论的初步探索，肇始于美国学者 Losch（1944）所提出的边界贸易理论。此后，学者们在边界贸易理论基础之上不断补充和完善。20 世纪 90 年代以来，随着全球经济一体化及市场一体化的蓬勃发展，加上受新经济地理学和空间经济学研究热潮的影响，从次区域经济合作、空间经济结构角度研究口岸经济问题日趋活跃，出现了 Elizondo、Krugman、Brantly Womack 等代表人物。随着经济全球化和市场一体化的深入发展，不仅给口岸经济理论研究提出了更高、更迫切的要求，也为其大发展、大突破提供了难得的机遇和生动的素材。

（二）研究动态

1. 国外研究动态

国外学者对口岸经济的研究主要分为两个视角，即贸易视角和区域经济视角。

（1）贸易视角

国际上，对口岸经济实践的初步探索，源自 20 世纪上半叶西方学者如 H. B. Morse（马士）、C. F. Remer（雷麦）等对沿江沿海口岸贸易问题的研究与论述。其中，马士（1908）利用长期在中国担任海关官员之便①，通过对中国相关口岸及海关数据的整理，对中国口岸和贸易问题进行了论述。其中，在著作中有关于口岸贸易的专节内容②；雷麦（1926）在《中国对外

---

① 近代对外贸易中，中国完全丧失了关税自主权，表现在，一是中国海关税务司由外国人控制与把持。如英国人赫德就曾任中国海关总税务司的最高行政长官，中国海关的主要官员也是由外国人担任；二是海关的一切条例和税则，完全有利于外商，不利于华商。

② 马士. 中华帝国对外关系史（全三册）[M]. 张汇文，等译. 上海：上海书店出版社，2006：9.

贸易史》中非常详细地阐述了当时中国进出口贸易产品的品种、数量、税率及对中国经济的影响①；班思德的《最近百年中国对外贸易史》也是建立在海关资料的整理基础之上②。

二战结束后，以 John King Fairbank（费正清）和 Rhoads Murphey（罗兹·墨菲）为代表的学者运用经济学、社会学、人类学等社会科学理论，诠释了沿江沿海口岸经济发展与社会变革之间的逻辑关系，并拓展了口岸经济研究的视角。著名历史学家、哈佛大学终身教授费正清在《中国沿海的贸易与外交：通商口岸的开埠（1842—1854）上》中，论述了 1842 年至 1854 年外国列强强迫中国政府开放通商口岸的过程，以及这些通商口岸给中国海港城市带来的经济、政治影响和社会变革；中国历史学和地理学专家罗兹·墨菲在《条约口岸与中国的现代化》（1970）、《中国出迎西方：条约口岸》（1975）中描述了中国历史上所签订的若干不平等条约与中国口岸开放的关系，分析了通商口岸开放给中国进出口贸易、文化、社会、文明、开放乃至近代化和现代化带来的影响。

20 世纪 40 年代之后，Losch（1944）和 Ciersch（1949）在传统贸易理论的基础上提出了边界贸易理论，开辟了陆地口岸经济的研究领域。边界贸易理论认为，边界之间存在的"壁垒效应"阻碍了边界贸易的发展，边界贸易障碍的具体因素包括：第一，边界的存在使得生产者远离中心地区，导致运输成本增加（Losch 1944）③。第二，边界不利于商品的流通（Losch，1944；Heigl，1978）。第三，边界存在着明显的贸易壁垒效应（Hoover 1963）。

20 世纪 80 年代，欧盟经济一体化开始萌芽，传统的边界贸易理论已无

---

① 雷麦. 中国对外贸易史 [M]. 上海：三联书店，1958：14-88.
② 海关总税务司署统计科. 最近十年各埠海关报告（1922—1931）上卷 [R]. 上海：1932：4-340.
③ 冯革群，丁四保. 边境区合作理论的地理学研究 [J]. 世界地理研究，2005（01）：53-60.

法解释这一经济现象，研究者们提出了"边界效应"这一概念，并认为"边界效应"又进一步分为两种效应即"屏蔽效应"和"中介效应"，丰富了传统的边界贸易理论。持边界具有"屏蔽效应"的学者包括（Brocker，1984①；Henk Houtum，1999），其中 Henk Houtum（2000）认为，边界阻碍了生产要素的自由流动，降低了资源优化配置的效率②；Minghi（1983）持"中介效应"的观点，他指出，从经济的角度来研究边界效应和次区域经济合作问题固然重要，但如果借鉴社会学、心理学、行为经济学等相关理论知识来研究，也许边界是增进边界双方相互了解和信任的区域③。

20世纪90年代，研究者开始将目光引向现实，他们利用边界效应理论对实践进行检验，并得出不同的结论。Mccallum（1995）利用统计数据证明在美国与加拿大两国之间存在较大的边界屏蔽效应④；Hanson（1996）的研究表明，伴随着世界经济一体化的发展和边境贸易的增长，边境地区能够对劳动力及经贸企业产生极大的吸引作用⑤；Wei（1996）采用国际贸易距离数据粗略估计边界效应，结论是世界经济合作组织（OECD）国家的边界效应估计值是 5.6 倍⑥；Nitsch（2000）利用重力模型估计了欧盟国家的边界效应，发现欧洲一体化进程中边界效应仍然非常显著⑦；Brantly Womack

① Brocker J. How Do International Trade Barriers Affect Interregional Trade [C] //Anderson A. E., Isard W., Puu T. （ed）. Regional and Industrial Development Theories, Models and Empirical Evidence, 1984：219-239.

② Houtum H. An Overview of European Geographical Research on Border Regoin [J]. Journal of Borderlands Studies, 2000, 23（01）：57-83.

③ 李铁立. 边界效应与跨边界次区域经济合作研究 [M]. 北京：中国金融出版社，2005：7.

④ Mccallum J. National Borders Matter：Canada-U. S. Regional Trade Patterns [J]. The AmericanEconomic Review, 1995（03）：615-623.

⑤ Hanson G H. Integration and the location of activities-economic integration, intraindustry trade, and frontier regions [J]. European Economic Review, 1996, 40：941-948.

⑥ Wei S. J. Intra-National versus International Trade：How Stubborn are Nations in GlobalIntegrate [J]. NBER Working Paper, 1996：5531.

⑦ Nitsch V. National Borders and International Trade：Edidence from the European Union [M]. Canadian Journal of Economic2000, （22）11091-11051.

（2000）对边界贸易基础理论进行了更为系统的研究，分析了沿海地区、内陆地区和边境地区国际贸易的特点与差异，并论证了边境贸易和国家政治经济的相互影响，指出了国家政治经济对边境贸易的影响要比边境贸易对国家政治经济的影响更为显著和突出。进入 21 世纪以来，学者们在论述边界贸易理论时已糅入其他理论，使其具有鲜明的时代特征。

（2）区域经济视角

区域经济理论最初主要关注在资源有限情况下，区域经济的平衡与不平衡发展问题，其中，佩鲁（1955）提出的增长极理论是其中最有代表性的理论。20 世纪 90 年代，随着全球经济一体化及市场一体化的蓬勃发展，新兴的新经济地理学和空间经济学给区域经济学研究开辟了一个新领域并推向了新的高潮。西方研究者们除了糅合新经济地理学和空间经济学理论之外，还结合区域经济一体化、市场经济一体化、投资一体化和贸易一体化等实践，对边界贸易发展进行了研究。其中，Elizondo 和 Krugman（1996）认为，由于区域经济一体化消除了商品、资本、生产要素及技术流动的障碍，使边境地区对生产要素的吸引力不断增强，而国内市场对生产要素的向心力反而不断下降①；近年来，经济活动的空间区位对经济发展和国际经济关系的重要作用引起学者的高度重视，他们在传统边界贸易理论的基础之上，将市场区位、园区经济纳入边境贸易分析的范畴，大大拓展了边境贸易研究的要素构成。

对于跨境经济合作的研究，学者们从实践角度出发，研究了不同国别及地区的跨境经济合作问题，其中，Jorunn Sem Fure（1997）以波兰和德国边境地区为例，从政治学视角研究了边境地区发展问题，认为边境两国的政治因素是影响边境地区发展的一个非常重要的因素②；Joachim Blatter（2000）

---

① Elizondo P L, P Krugman. Trade Policy and Third World Metropolis [J]. Journal of Development Economics, 1996: 137-150.

② Jorunn S F. The German-Polish Border Region. A case of Regional Integration [J]. ARENA Working Papers, 1997: 19.

对欧洲康斯坦茨地区的边境经济合作进行了实证研究，认为影响跨境经济合作的因素是多方面的，其中制度因素的影响较大，制度因素包括政府间制度和非政府间制度①；Gordon H Hanson（2001）对美国和墨西哥的边境城市Pairs进行了实证研究，认为政策和制度环境对美墨一体化起着至关重要的作用，但交通成本却大大阻碍了两国之间的跨境经济合作②。

2. 国内研究动态

我国学者对口岸经济问题的研究可追溯至20世纪初对口岸贸易的实证研究，主要是通过整理海关资料为政府提供决策咨询。最具代表性的如《海关十年报告》，该书从1882年开始编写，由各埠海关所在城市编撰，内容涉及该地经济、政治、社会及文化等，每隔十年送至海关总署汇编成册，由于内容面广而全，为当时政府决策提供了最详实的资料。据相关研究资料显示，当时涌现出不少对海关资料的整理佳作，包括：杨端六、侯厚培等所编《六十五年来中国国际贸易统计》③、唐有壬等编纂《最近中国对外贸易统计图解1912—1930》④ 等。同一时期，有的学者还从进出口贸易反映口岸发展，较有名的作者包括：陈重民（1930）⑤、武堉干（1932）⑥ 和尤季华（1934）⑦ 等。20世纪80年代以后，我国改革开放思潮惠及学术领域，佳作频现，如杨天宏《口岸开放与社会变革——近代中国自开商埠研究》⑧、唐

---

① Joachim Blatter. Emerging Cross-Border Regions As a Step Towards Sustainable Development [J]. International Journal of Economic Development, 2000 (3)：402-439.

② Gordon H. Hanson. U. S. -Mexico Integration and Regional Economics：Evidence from Border-City Pairs [J]. Journal of Urban Economics, 2001：259-287.

③ 六十五年来中国国际贸易统计（中央研究院社会科学研究所专刊第四号）复印件，南京：中央研究院社会科学研究所，1931年.

④ 唐有壬，张肖德，蔡весьма通等. 最近中国对外贸易统计图解1912—1930 [M]. 上海：中国银行总管理处调查部，1931：2-130.

⑤ 陈重民. 中国进口贸易 [M]. 上海：商务印书馆，1934：8-126.

⑥ 武堉干. 中国国际贸易概论 [M]. 上海：商务印书馆，1932：6-620.

⑦ 尤季华. 中国出口贸易 [M]. 上海：商务印书馆，1933：3-67.

⑧ 杨天宏. 口岸开放与社会变革——近代中国自开商埠研究 [M]. 北京：中华书局，2002：6-426.

凌《自开商埠与中国近代经济变迁》① 等。这些著作历史考究，数据详实，真实地反映了近代中国口岸开放对经济、城市发展、社会变革等方面的影响。

在沿边口岸问题研究方面，新中国成立后至 20 世纪 90 年代之前，受历史、国际关系、国内政治等因素的影响，中国边疆经济发展问题被忽视，边疆长期被等同于"边境""边防""国防线"，其功能和地位长期被强调在"屯垦戍边""巩固边防""保卫边疆"等政治军事方面，沿边口岸问题研究基本处于空缺状态。

20 世纪 90 年代，我国开始推进沿边开发开放战略，国内真正意义上的口岸经济概念首先从政策的应用层面提出，口岸经济从理论到实践开始受到人们的重视，口岸经济问题开始引起学者的兴趣。此时学者对口岸经济问题的研究分两条线展开，一是研究口岸经济的一般性问题，二是研究沿边口岸经济问题。在研究口岸经济一般性问题方面，最大的成果是拓展了口岸的内涵和功能；在沿边口岸经济研究方面，有的学者侧重研究边境贸易及其相关理论问题（理论视角），有的学者侧重于对实践探索的归纳、评述和总结（实践视角）。

（1）口岸经济的一般性问题

学者除了运用经济学知识论述口岸经济一般性问题之外，还运用社会学、历史学、城市学等理论知识，研究视角更加多维，大大拓展了口岸的内涵和功能。例如，张洪祥主编的《近代中国通商口岸与租界》（1993）运用历史学、社会学、统计学等理论知识系统、全面地阐述了近代中国通商口岸和外国租界产生、发展以及通商口岸资本主义经济发展的情况，具有较高的学术价值②；2002 年，由中国口岸协会编著的《中国口岸与改革开放》一书，介绍了国务院、国家口岸办及相关职能机构出台的口岸开放的若干法

---

① 唐凌. 自开商埠与中国近代经济变迁［M］. 南宁：广西人民出版社，2002：5-343.

② 张洪祥. 近代中国通商口岸与租界［M］. 天津：天津人民出版社，1993：8-330.

规、政策和文件，对研究我国口岸问题具有十分重要的史料价值①；陈振江
（1991）在论文《通商口岸与近代文明的传播》中，从通商口岸的职能定位
及作用出发，论述了我国通商口岸与近代文明传播和中国城市近代化的
关系②。

（2）研究沿边口岸经济问题

学者的研究侧重从"边境"这一特殊地理区位探讨口岸经济问题，主要
从以下两个视角进行研究。

第一，边境贸易视角。学者主要围绕边界的功能及效应进行研究，得出
基本一致的观点，即认为边界的功能主要为分隔功能和交流功能。后来，学
者又将边界的功能表述为：屏蔽功能和中介功能。与此相适应，边界有两种
效应：屏蔽效应和中介效应。后来，学者根据实践经验，认为边界的屏蔽效
应和中介效应在一定条件下是可以转化的。其中，方维慰（1999）认为在经
济一体化的背景下，边界可以由隔离功能转化为接触、渗透功能③；李铁
立、姜怀宇（2003）指出，在跨边界经济合作中，在区域经济一体化、企业
组织行为变革以及区域和地方组织动力机制的共同作用下，边境地区可以通
过"再创造"使边境地区由"边缘区"转化为"核心区"④；梁双陆
（2015）认为，在开放条件下，边界具有从关税减让效应扩大到市场扩展效
应、资源聚合效应、资本跨境流动效应、技术跨境转移效应和毗邻两国边境
地区双币流通效应等开放效应，跨境经济合作区是边界开放效应充分释放的
特殊区域⑤。

第二，沿边口岸经济视角。纵观学者研究沿边口岸经济问题，可以概括

① 中国口岸协会. 中国口岸与改革开放 [M]. 北京：中国海关出版社，2002：7-378.
② 陈振江. 通商口岸与近代文明的传播 [J]. 近代史研究，1991（1）：62-79.
③ 方维慰. 区域一体化趋势下国家的边界功能 [J]. 西安联合大学学报，1999（2）：3-5.
④ 李铁立，姜怀宇. 边境区位及其再创造初探 [J]. 世界地理研究，2003（4）：38-43.
⑤ 梁双陆. 边界效应与我国跨境经济合作区发展 [J]. 天府新论，2015（1）：136-143.

为以下几个方面。一是发展沿边口岸经济的意义。韩玉玫（2003）的研究指出，口岸、边贸、城镇化三者是互促互动的，口岸经济在我国东北部经济发展中有效地发挥了利国、兴边、富民、睦邻、安邦的作用①；张振强、韦兰英和阮陆宁（2010）以具体的案例论证了以边境贸易为主的口岸经济对本区域经济发展起推动作用②；"一带一路"倡议提出后，学者们认为，"一带一路"倡议给口岸发展提供了良好的发展机遇，口岸建设要顺应历史潮流，助力"一带一路"建设（宋周莺，2015③；涂裕春，刘彤，2016④）。二是沿边口岸经济的发展模式。研究者们认为，口岸经济发展模式应该因地制宜。其中，邢军（2007）认为，口岸功能是不断拓展的，可按照小边贸—大边贸—加工、贸易、国际转运、保税仓储、金融服务等中心—自由贸易区—大城市和国际性城市的发展模式，循序渐进地发展沿边口岸经济⑤；刘建利（2011）认为，发展沿边口岸经济要实行区域经济一体化模式，通过区域经济一体化提升沿边口岸区位优势、降低跨界交易成本⑥。三是沿边口岸发展现状分析及原因分析。研究者普遍认为，我国沿边口岸经济发展还比较滞后。李玉潭、吴亚军（2007）指出，我国口岸经济发展缓慢与口岸作为国家主权的政治功能长期以来居于主导地位，但其经济地位尚未得到提升有很大的关系，同时还缺乏好的发展模式⑦；张永明，段秀芳（2009）认为，各国

① 韩玉玫. 论陆路口岸在我国东北部经济发展中的作用 [J]. 大连大学学报, 2003 (01)：86-89.

② 张振强, 韦兰英, 阮陆宁. 边境贸易与经济增长关系的计量分析——以广西凭祥市为例 [J]. 商业时代, 2010 (21)：51-53.

③ 宋周莺, 车姝韵, 王姣娥, 郑蕾. 中国沿边口岸的时空格局及功能模式 [J]. 地理科学进展, 2015, 34 (5)：589-597.

④ 涂裕春, 刘彤. 民族地区口岸经济发展预判——基于"一带一路"建设的分区域类型研究 [J]. 西南民族大学学报（人文社科版）, 2016, 37 (1)：162-166.

⑤ 邢军. 中国沿边口岸城市经济发展研究 [M]. 北京：知识出版社：2007：58.

⑥ 刘建利. 我国沿边口岸经济特殊性分析及发展建议 [J]. 中国流通经济, 2011 (12)：45-49.

⑦ 李玉潭, 吴亚军. 东北地区沿边口岸体系的建设及存在的问题 [J]. 东北亚论坛, 2007 (6)：3-7.

沿边口岸要以地缘优势为基础，以共同的经济利益为目标，按比较优势进行合作①；王宏丽（2010）认为，我国沿边口岸经济发展滞后的最根本原因是开放意识不强，贸易市场开拓能力弱②。四是量化分析。对口岸经济进行量化分析是近年来学术界的一个趋势。他们从协同发展理论出发，通过构建不同的指标体系，重点考察了口岸经济与城市发展之间的关系，代表作者包括：王舒（2014）③和王亚丰（2014）④等。

近年来，学者们专注于特定区域沿边口岸经济问题的研究。例如，以具体的西南沿边口岸作为案例，对其进行定性和定量分析，尤其是在"一带一路"倡议提出之后，西南沿边口岸特殊战略地位突显，学者们对它们的研究呈现出井喷之势。王群（2015）⑤，马腾、葛岳静、黄宇、胡志丁（2017）⑥，杨利元（2018）⑦等学者运用计量的方法，对云南沿边口岸进行研究，研究的重点是口岸经济对本地经济的带动作用；李世泽（2018）研究了广西沿边口岸在"一带一路"背景下的发展问题，他认为，广西沿边口岸发展存在基础设施水平低、通关便利化程度低、对沿边经济发展带动力低等突出问题。为此，提出"一带一路"背景下加快广西沿边口岸发展的对策，包括：加强口岸基础设施建设，完善口岸集疏运体系；深化口岸管理体制改革，不断提高

① 段秀芳，张永明. 中国与新疆毗邻国家陆路口岸跨境合作分析与评价［J］. 新疆财经，2008（5）：56-60.
② 张永明，王宏丽. 新疆陆路口岸经济发展及对策研究［J］. 发展研究，2010（5）：38-43.
③ 王舒. 口岸经济发展与边境城市扩张相互作用的研究——以丹东市为例［D］. 东北师范大学：2014.
④ 王亚丰，李富祥，谷义，佟玉凯. 基于RCI的中国东北沿边口岸与口岸城市关系研究［J］. 现代城市研究，2014（7）：55-60.
⑤ 王群. 边境口岸物流与载体城市经济增长影响实证研究［D］. 云南财经大学，2015.
⑥ 马腾，葛岳静，黄宇，胡志丁. 微观尺度下边境口岸对载体城市的影响及其机制研究——以德宏州中缅沿边口岸为例［J］. 热带地理，2017，37（02）：185-192.
⑦ 杨利元. 基于SPSS边境口岸经济发展与入境旅游的统计分析——以云南省为例［J］. 旅游纵览（下半月），2018（05）：159-160.

通关效率；以"口岸+"为引领，打造口岸经济发展新平台①。另外，中央民族大学、延边大学、内蒙古大学和辽宁师范大学等高校也非常重视对沿边口岸经济的研究。这些研究的重点是东北亚沿边口岸经济问题并提供了非常详尽的经验案例，研究理论方法已超越了纯经济学的范畴，并拓展至民族学、金融学、法学、人类学等学科领域，大大提升了口岸经济问题研究的理论层次，拓展了口岸经济发展的政策框架和实践范围。

总体而言，国内外学者从不同角度、不同学科对口岸经济问题进行了深入研究，将口岸经济问题研究推向了一个新的高度。目前，沿边口岸经济发展面临着一个崭新的背景，即：我国提出构建"一带一路"的大开放格局；党的十八届三中全会提出要构建开放型经济新体制，扩大内陆沿边开放；国务院出台了《国务院关于加快边境地区开发开放的若干意见》，拉开了我国新一轮沿边开发开放的序幕等。因而，在"一带一路"倡议背景下及我国新一轮沿边开发开放条件下，深入研究西南沿边口岸经济发展，明晰沿边口岸经济的理论内涵体系，在分析西南沿边口岸经济发展现状及制约因素、腹地状况等基础上，探索沿边口岸经济发展战略、支持机制和政策体系，对于促进西南边境地区经济社会发展，维护边疆稳定具有十分重要的意义和作用。

四、理论基础

（一）国际贸易理论

1. 国际贸易理论概述

国际贸易理论内容博大精深，主要包括：古典贸易理论、新古典贸易理论、新贸易理论和新兴古典国际贸易理论。

古典与新古典贸易理论以完全竞争市场为假设前提条件，注重从产业发展

---

① 李世泽. "一带一路"背景下广西边境口岸发展研究 [J]. 桂海论丛，2018，34（1）：73-77.

的角度探讨贸易问题，认为国际贸易是以产业之间互利为驱动力的。古典贸易理论主要涵盖：重商主义、重农学派、绝对优势理论、比较优势理论、保护贸易理论和穆勒的相互需求理论。古典贸易理论的代表人物包括亚当·斯密、大卫·李嘉图等，亚当·斯密的绝对成本说认为，任何一国或地区根据其资源禀赋情况参与国际分工，即生产和出口占绝对优势的产品，进口不占绝对优势的产品，如果在绝对有利的资源禀赋条件下进行生产交换，将会使资源利用效率达到最高，实现共同利益最大化。绝对成本说揭示了国际价格差异和贸易获利的原因，为现代国际贸易理论的发展奠定了基础。

新古典贸易理论以外生比较优势利益为基础，利用新古典的边际分析、均衡分析方法考察国际贸易问题，主要包括赫克歇尔与奥林的生产要素禀赋理论和里昂惕夫悖论。其中赫克歇尔和奥林的生产要素禀赋理论认为，不同国家或地区生产要素禀赋条件差异是国际贸易分工产生的根本原因，如果不考虑需求因素影响并假设生产要素流动存有障碍，那么一个国家或地区利用有利的生产要素条件进行生产与交换，在国际贸易中将处于有利地位并获得竞争优势。随着现代信息互联网技术的迅速发展，还将信息、技术等新的要素纳入生产要素范畴。

新贸易理论以规模经济和非完全竞争市场来解释国际贸易问题，包括新生产要素理论、偏好相似理论、动态贸易理论、产业内贸易理论和国家竞争优势理论等。以保罗·克鲁格曼为代表的一批经济学家提出的一系列关于国际贸易的原因、国际分工的决定因素、贸易保护主义的效果以及最优贸易政策的思想和观点，成为其中最典型的思想。

新兴古典贸易理论以内生比较优势利益为基础，引入专业化经济和交易费用作为核心概念，认为贸易分工所带来的规模报酬递增，推动了国际贸易的发展，代表人物包括杨小凯等。

2. 国际贸易理论对本研究的指导作用

口岸经济具有涉外性和开放性的特征，这两个特征是以沿边口岸发展国际贸易为基础的。"一带一路"建设为西南沿边口岸经济发展创造了良机，西南沿边口岸经济的产业发展必须建立在本地区的资源禀赋基础之上，进行国际贸易要明确本身所具有的绝对优势和比较优势，只有这样，才能在市场竞争中获得竞争优势。

(二) 边境优势理论

1. 边境优势理论概述

边境优势理论发端于 20 世纪 80 年代的边界贸易理论，当时欧盟经济一体化的发展挑战了传统的边界贸易理论，学者们根据这一实践提出边境地区不仅拥有"屏蔽效应"，还拥有"中介效应"。边境地区的"中介效应"在国与国之间政治交往、经济发展、文化交流过程中起着"媒介、传递"的作用，如前文所述 Ming Hi（1983）的观点。在此基础之上，我国学者胡兆量（1993）提出了边境优势理论。他认为，在和平年代，边境的经济与文化作用在逐渐扩大，如果边境两侧文化背景、资源结构、经济结构以及经济发展水平存在差异，即意味着边境两侧的地理梯度和地理势能较大，则双方能够相互吸引、相互补充①。在实践上，"借道出海"正在成为陆路国家发展对外贸易的主要途径。随着全球次区域经济合作的兴起，持边境优势理论的学者越来越多。

2. 边境优势理论对本研究的指导作用

西南边境地区作为我国"向南开放"的重要窗口，负有积极发展和改善与越南、老挝和缅甸等毗邻国家的经贸合作与文化交流，从而保持双边和平稳定的义务。因此，西南沿边口岸经济发展可充分发挥边界的"中介效应"，利用国内腹地和国外腹地的经济要素，选择更经济、更有效率的经济发展模式。

---

① 胡兆量. 边境优势论与沿边口岸建设 [J]. 城市问题, 1993, 12 (3): 30-33.

（三）经济一体化理论

1. 经济一体化理论概述

经济一体化是指为消除区域内生产要素流动障碍或贸易屏障，毗邻或相邻国家或地区制定统一的国内外贸易经济政策，以实现彼此间的经济要素自由流动和经济利益共赢，最终形成一个经济高度协调、统一的有机整体。学术界依据区域内商品、劳动、资本、人力、信息和技术等生产要素自由流动程度，将经济一体化划分为特惠关税区、自由贸易区、关税同盟、共同市场、经济同盟和完全经济一体化等六类。

经济一体化理论提出，通过实现生产要素的自由流动和重新配置，不断提高与市场的关联度，最终实现经济一体化目标。该理论通过扩大市场规模和规模经济实现经济一体化目标，其实质是目的与手段的关系；市场规模扩大，其产生的规模经济将导致区域间生产要素自由流动范围扩大以及商品价格下降，最终将促使区域间实现经济一体化。经济一体化的发展将进一步扩大商品市场规模和产生规模经济，二者相互促进，形成良性循环。

2. 经济一体化理论对本研究的指导作用

"一带一路"建设是要实现劳动力、资金、技术、信息等生产要素在沿线国家间自由流动，最终形成世界性大市场。西南沿边口岸承担着助力"一带一路"建设的历史使命，是人流、物流、资金流等多种要素集聚之地，其国际性综合交通枢纽和物流大通道地位日益凸显，要充分发挥铁路、公路等交通优势，破除各种贸易壁垒和非贸易壁垒，把我国中西部地区和东盟、南亚等地货物运送到各地，促使生产要素流动更有效率。

（四）增长极理论

1. 增长极理论概述

增长极理论是在 20 世纪 50 年代民族国家独立之后、作为新兴民族国家发展经济的"药方"而发展起来的，代表人物包括：佩鲁、缪尔达尔、赫希曼、布代维尔等。该理论认为，从地理空间、经济行业和经济部门上看，经济增长都会呈现不均衡状态，有的发展得快，有的发展得慢。这种不均衡状态的出现与经济发展要素、技术进步（垄断）、规模经济、资本等有关，如果以上要素集中于某地、某行业或某部门，就会形成一种资本与技术高度集中、具有规模经济效益、自身增长迅速并能对邻近地区产生强大辐射作用的增长极。增长极通过其吸引力和扩散力不断地增大自身的规模，对所在部门和地区产生支配性影响，从而不仅使所在部门和地区获得优先增长，而且可以带动其他部门和地区迅速发展。增长极有内生机理和外生机理两种模式，内生机理是从经济体内部自我演化而成的，是经济体产业链延伸、经济积累、市场需求、经济联系等方面共同促进的，外生机理是通过外部干预而形成的，例如可通过政府制定产业规划、优惠政策、产业转移等来促成。增长极理论作为一种政策工具，在实际的区域规划和发展战略制定中得到了普遍的应用，许多国家把这一理论运用于区域经济政策和经济发展战略。

2. 增长极理论对本研究的指导作用

根据增长极理论，区域要实现工业化和经济发展，必须建立增长极，通过增长极的自身发展及对其他地区和部门的影响，推动整个地区的经济发展，为此，政府可以采取积极的干预政策，包括制定产业优惠政策、税收优惠政策等手段集聚经济发展要素。西南边境地区经济发展可以通过政府采取政策刺激等外部形式，打造经济增长点，将其培育成为区域增长极，最终通过增长极的扩散效应带动和辐射整个西南边境地区经济发展。

五、研究对象

本项目的研究对象是：西南地区沿边口岸经济发展战略问题，具体为广西壮族自治区和云南省沿边陆路口岸经济发展战略问题（不包括西藏自治区）。

六、研究思路

本项目在对口岸经济发展理论与实践进行综合研判的基础上，以西南沿边口岸经济发展为基本出发点，紧密结合我国"一带一路"倡议和新一轮沿边开发开放战略背景，运用发展经济学、区域经济学等学科的基本理论和研究范式，着重针对新时期西南沿边口岸经济的基本态势进行综合分析和研究，试图提出适应西南沿边口岸经济发展的战略思路和保障措施等。研究的具体思路和结构安排如下图所示：

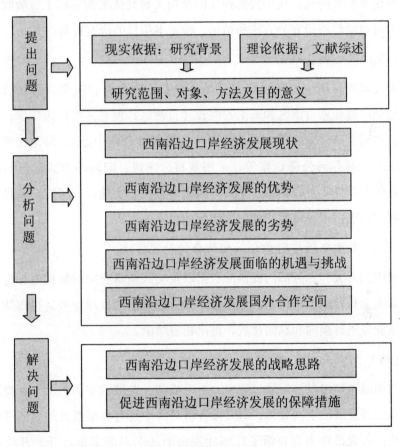

图 1　研究报告结构图

七、研究方法

（一）理论研究方法

通过文献查阅、网络检索等手段综合分析、归纳总结国内外口岸经济的相关理论及相关研究，在比较各种理论及相关研究优劣的基础上，吸收和借鉴前人对口岸经济研究的方法和结论，确定本项目的研究视角。

（二）实地调查研究方法

为完成项目研究，项目组成员足迹遍及我国西南、东北、西北沿边口岸，包括广西壮族自治区和云南省两省（自治区）所有一类沿边口岸；新疆的红其拉甫公路口岸、霍尔果斯口岸（中哈经济合作中心）；黑龙江的东宁公路口岸、绥芬河公路口岸等，采用观察、座谈、询问等方式进行实地调查，获得大量详实可靠的第一手资料和典型案例。实地调查研究对项目研究的顺利进行提供了无可替代的思路和帮助。

（三）定性分析与定量分析相结合的研究方法

对中国海关和商务部门提供的数据以及实践调研获取的数据进行定量分析，着重分析西南沿边口岸的业务量，剖析西南沿边口岸业务运行现状，对各口岸业务进行横向和纵向比较，得出相应结论。

（四）案例分析方法

西南沿边口岸经济发展过程中，不乏成功、典型的案例。由于各类园区是口岸经济发展的空间载体，研究报告将对其中具有典型意义的园区进行重点分析。研究报告主要介绍了广西壮族自治区东兴国家重点开发开放试验区、老挝磨丁经济特区等案例。

（五）SWOT 分析方法

SWOT 分析方法是研究战略问题常采用的一种方法。本研究采用 SWOT 分析方法，列举了与西南沿边口岸经济发展密切相关的内部优势（strength）

和劣势（weakness），以及外部机遇（opportunity）和挑战（threat），并进行系统分析，从而得出相应的结论，为提出西南沿边口岸经济发展的战略思路奠定基础。

八、创新点

（一）研究内容创新

一是提出西南沿边口岸经济发展的战略组合（体系）。即应该构建"交通物流+口岸发展+腹地经济"为核心的大战略，具体为：交通物流发展战略、现代化口岸体系战略、提升腹地经济战略、通关贸易便利化战略、新型城镇化发展战略、次区域经济合作战略，并强调这些战略必须密切配合，不可割裂。二是提出西南沿边口岸经济发展的战略思路。应以区域经济的"点—轴"开发理论为依据，以口岸为节点，以园区为平台，以经济圈为腹地，以经济带为走向，通过点、园、圈、带的对接，稳步推进西南沿边口岸经济基本要素建设，形成以经济内生增长机制为基础，以产业分工链条和网络为核心的口岸经济发展态势。这些学术思想和观点突出了西南边疆地域特色，具有一定的前瞻性和创新性。

（二）研究方法创新

注重综合运用民族学、经济学、统计学、生态学、政治学等多学科研究方法，具体采用理论研究法、实地调查法、定性分析与定量分析相结合研究法、案例分析法、SWOT分析法，既遵循学科发展规律，又使研究内容较好地体现了学科交叉的效果和创新精神。

第一章

西南沿边口岸基本情况

一、口岸及口岸经济概念的界定

（一）口岸

1. 口岸的定义

口岸一词，英文是"port"，意思是：港口，口岸；（计算机的）端口；左舷；舱门。在汉语中，口岸包括以下几层含义：一是"对外通商的港口"，也泛指两国边境设立的过境或贸易的地点。二是"堤岸"，如在《儿女英雄传》第二回所写"邻省水涨，洪泽湖倒灌，上段口岸冲决，我可有什么法子呢？"。三是"港口"，如梁启超在《〈史记·货殖列传〉今义》所言："於是提倡为锁港闭关之说，以通商为大变，以开口岸为大蠹。"可见，"口岸"一词多指连接（国）内与（国）外的地点、通道、区域。

在我国，"口岸"最早使用的时候总是与水域联系在一起的，所以，最早的口岸是指"提供人员、货物和交通工具出入国境的港口"，包括内河港口和沿海港口。后来，由于交通运输工具的变化，口岸的区域、地点、范围又拓展到机场、车站、通道等。因而"口岸"所指的区域、范围随着时代的变迁而不断发生变化，揭示了人类经济交往、活动范围、贸易方式、交通运输方式、科学技术及生产力发展的变化。

但是，关于如何给口岸下一个确切的定义，学者们众说纷纭。在《辞海》中，口岸是指：具有对外通商功能或作用的集镇或城市。中国口岸协会认为，口岸原意指由国家指定的对外通商的沿海港口。根据《中华人民共和国口岸管理条例》第二条的表述，口岸是指"由国家批准的、并指派法定机关负责监管的，供人员、运输工具和货物等出入境时而专设的隔离设施以及查验场所。①"在经济学领域中，口岸多指"贸易的地点"，如通常所说：通商口岸。

2. 口岸的种类

根据不同的标准，可以将口岸分为不同的种类。

一是按口岸的开放程度来划分，可以将口岸分为一类口岸和二类口岸。根据《国务院关于口岸开放管理工作有关问题的批复》（国函〔2002〕14号）文件的定义：口岸按开放程度分为一类口岸和二类口岸。一类口岸是指允许中国籍和外国籍人员、货物和交通工具直接出入国（关、边）境的海（河）、陆、空客货口岸；二类口岸是指仅允许中国国籍人员、货物和交通工具直接出入国（关、边）境的海（河）、陆、空客货口岸，以及仅允许毗邻国家双边人员、货物和交通工具直接出入国（关、边）境的铁路车站、界河港口和跨境公路通道。

二是按出入境的交通运输方式来划分，可将口岸分为水运口岸、陆路口岸和空运口岸。水运口岸是国家在江河湖海沿岸开设的供货物和人员进出国境及船舶往来的通道，其中水运口岸又分为河港口岸和海港口岸。陆路口岸是国家在陆地上开设的供货物和人员进出国境及陆上交通工具往来的通道，根据运输工具不同，陆路口岸又分为公路口岸和铁路口岸。空运口岸是国家在开辟有国际航线的机场上开设的供货物和人员进出国境的通道。

三是按口岸所处地域位置划分，可将口岸分为沿边口岸和内陆口岸。位于邻近一国边界区域的口岸叫沿边口岸，位于一国大陆内部的口岸叫内陆口岸。

---

① 《中华人民共和国口岸管理条例》，第二条［口岸的概念和分类］，2008 年.

四是按是否允许第三国人员、货物、运输工具进出来划分，可分为国际性口岸和双边性口岸。双边性口岸是指允许邻近国双方人员、运输工具、货物和物品出入境的口岸；国际性口岸是指允许双方以及第三国（地区）的人员、运输工具、货物和物品出入境的口岸。

3. 口岸的功能

口岸的功能具有明显的时代性。一般来说，口岸的功能大致包括以下几种：

一是贸易功能。从口岸的发展史来看，口岸最早的功能定位是"通商"。它是主权国家与主权国家（地区）之间进行贸易往来的一个地理（区域）范围和重要平台，在这里，可以进行生产资料、贸易产品的交换，是连接国内市场和国外市场的桥梁和纽带。

二是通道功能。不管口岸设立在港口（海港或河港）还是在陆地边境，口岸是主权国家与主权国家（地区）之间人员流动、信息交换、货物贸易的重要窗口和通道，口岸现在已经成为国与国间沟通和政治、经济、文化等领域交流往来的重要通道。

三是枢纽功能。由于口岸发挥着人员、货物、信息进出的通道作用，必然会带动人员、货物、资金、信息等要素向口岸地区集聚，实现跨国（境）流动。因此口岸具备相应的流通、传递、分拨、中转等跨境要素流转功能，是一种特殊的国际物流结点，是国际货物运输的枢纽。

四是安全保障功能。目前，世界上大多数的沿边口岸都是由早期的边境关卡演化而来的。随着边境两国关系的缓和乃至友好关系的建立，口岸成为两国进行贸易往来、商品交换、人员流动的重要窗口，因而，口岸的功能便由原来单一的军事管理扩大至跨境人员、货物和交通工具的综合管理。主权国家通过对进出境人员、货物、交通工具、信息等的执法检查，来保障国家的政治、经济安全，维护国家的主权和形象。

（二）口岸经济

1. 口岸经济的内涵

在国外文献中，并没有"口岸经济"这一学术概念。我国 20 世纪 90 年代制定了边境开放政策，学者们在研究边境贸易与边境经济问题时提出了"口岸经济"这一概念，但学者们给"口岸经济"下的定义与内涵却不尽相同。例如，张长虹（2006）将口岸经济定义为："口岸经济是指国家和边境地区以口岸为依托，围绕口岸物流、人流、资金流、信息流等形成的多行业、多部门、多层次、多环节、多功能、分工协作的综合经济体系，涵盖了口岸及口岸地区的基础设施建设、进出口贸易、经济技术合作、旅游贸易、服务、进出口加工业、外向型农牧业等。①"张永明（2009）等将口岸经济定义为："口岸经济是指以口岸为载体，以加工贸易为基础，以进出口贸易为主体，通过人流、资金流、物流、信息流等经济元素流动带动进出口贸易、加工、仓储、商贸、金融、旅游、交通及其他服务行业、基础设施建设等领域发展的综合经济系统。②"刘建利（2011）认为："口岸经济是以口岸对人流、物流、资金流、信息流等经济元素的汇集、组合、交换功能为基础，以口岸的国际交通带动贸易、加工、仓储、经济技术合作、旅游购物、金融、服务、基础设施建设等经济活动所形成的多层次的综合经济体系③"等，不胜枚举。

尽管古今中外对"经济"一词有不同的解释与运用，但本项目主要是在"以社会物质资料的生产和再生产为主要内容、以满足人的物质需要为直接目的"的意义上运用"经济"这一概念。由此，本项目认为，口岸经济是指以

---

① 张长虹. 论内蒙古口岸经济发展存在的问题及对策 [J]. 内蒙古大学学报（人文社会科学版），2006（3）：71-74.

② 张永明，段秀芳，王宏丽等. 新疆陆路口岸经济发展与政策研究 [M]. 乌鲁木齐：新疆人民出版社，2009：8.

③ 刘建利. 我国沿边口岸经济特殊性分析及发展建议 [J]. 中国流通经济，2011（12）：45-49.

口岸为空间载体,在口岸区域范围内发生的各种经济关系和经济活动的总称。

2. 口岸经济的特征

很显然,仅从字面意义上看,"口岸经济"便有明显的地域特征,它是区域经济或区域生产力布局的结果。纵观口岸经济的经济关系和经济活动,它具有以下几个方面的特征。

一是涉外性。由于口岸是国家对外开放的门户,是连接国际、国内市场的交汇点,口岸经济的形成与发展、口岸经济发展的要素等必然与国外有千丝万缕的联系①。

二是开放性。口岸经济的发展必须遵循市场的供给与需求原则向腹地开放,腹地包括国内腹地和国外腹地,口岸向国外腹地开放程度取决于口岸"中介效应"的发挥,而"中介效应"受国家地域开放性政策影响较大。

三是枢纽性。口岸是连接国际和国内两种资源、两个市场的重要依托,是各种国际性经济要素流动的中转枢纽,因此口岸经济是连接国内外两个市场经济发展的纽带,具有枢纽性功能。

四是系统性。口岸经济是构成经济系统的小网络,不仅包括工业、商业、交通运输业、建筑业、服务业等众多产业部门,而且还包括财政、金融、税务、工商管理等职能部门,是具有一定经济和社会功能的综合性系统。

二、西南区域范围的界定

在现代汉语中,"西南"代表方向,在地理上使用,通常代表特定的空间区域范围。

在我国古代,使用"西南"一词的原意是指该地处于政治中心位置"中原"的西南方向②。在唐宋之前,"西南"一词常具有中原王朝与民族政

---

① 张永明,段秀芳,王宏丽等. 新疆陆路口岸经济发展与政策研究 [M]. 乌鲁木齐:新疆人民出版社,2009:13.

② 中国古代帝王都认为"天子"所处之地的"中原"是一国疆土之中心乃至天下之中心.

权相对峙的边疆地区的含义，但并没有确定的空间指向。到西汉时期，司马迁在《史记·西南夷列传》中把居住在今四川南部、西部，贵州西部、北部，云南大部的土著居民称作西南夷，使"西南"有了明确具体的空间指向，此后的《汉书》《后汉书》也效仿《史记》，专设《西南夷列传》一章，将"西南"一概视为"别种殊域"的"蛮夷"之地①。也就是自司马迁始，"西南"区域地理概念正式形成。汉朝之后，我国由于王朝更迭、认识定位与治边实践之故，"西南疆域的空间范围通常处于模糊而不确定的状态"②，即便如此，此后我国对于"西南"仍然有一个相对稳定的空间区域划定，即古代西南边疆包括今云、桂、黔诸省和川西南，以及曾隶属中原王朝的中南半岛北部地区。汉、晋、南朝、隋、唐、宋、元、明、清诸朝，对西南边疆有过不同程度的经营，南越、蜀汉、南诏、大理国等政权，也建立了各具特色的统治。到近现代，西南边疆的概念则发生了重大变化，随着主权观念的形成和政治疆界的确立，西南边疆的空间范围由原来的西南边陲之地和与之相邻的藩属地区，转变为只包括国家疆域内的西南各地。③ 从"西南"一词产生以来，尤其是"西南"有了明确的空间指向之后，基于对"西南"认识的不断增加，中国古代对"西南"的定义是多维的，认为"西南"远离中原政治中心，是国与国之间的疆界之地，是多民族杂居之地，因而，"西南"区域地理概念具有丰富的内涵，包括了民族、边疆、政治、经济等多重含义。

本项目研究将"西南"看作一个纯粹的空间地理概念，且仅限于广西壮族自治区和云南省两个省（自治区）。位于西南边疆地区的广西壮族自治区是我国面向东南亚的重要通道，云南省是我国面向东南亚和南亚的重要通道，两省（自治区）在我国与周边国家的政治、军事、经贸和文化等领域交

---

① 张勇."西南"区域地理概念及范围的历史演变 [J]. 中国历史地理论丛，2012（4）：90-99.

② 张勇."西南"区域地理概念及范围的历史演变 [J]. 中国历史地理论丛，2012（4）：90-99

③ 张勇."西南"区域地理概念及范围的历史演变 [J]. 中国历史地理论丛，2012（4）：90-99.

流与合作中扮演着极其重要的角色。其中,云南省与多国相邻,分别与缅甸、老挝、越南接壤,与泰国、印度等国相邻,边界线总长为4060千米,其中中缅段1997千米,中老段710千米,中越段1353千米。云南省有边境沿线共8个地州和25个县市分别与缅甸、老挝和越南相接壤;25个边境县占全省129个县的19.37%,国土面积9.25万平方千米,占全省总面积的23.47%;边境25个县中靠边境沿线的有111个乡镇,843个村委会,9559个自然村。广西壮族自治区与越南陆地边境线长1020千米,8个边境县(市)与越南4省17个县交界,8个边境县中位于边境线20千米以内的有48个乡镇,有90万边民跨境而居。

三、西南沿边口岸的分布

广西壮族自治区和云南省与东南亚各国山水相连,阡陌相通,风俗习惯相似,自古就有许多传统的商道和口岸。到2019年12月为止,我国拥有西南沿边口岸31个,从口岸类型来看,一类口岸19个,二类口岸12个;从对邻国的口岸来看,对越口岸18个,对老口岸2个,对缅口岸11个;从空间分布来看,广西壮族自治区拥有国家一、二类沿边口岸12个(对越口岸),同时拥有中越边民互市通道26个;云南省边境有一、二类口岸19个(其中,对越口岸6个,对老口岸2个,对缅口岸11个),对外开放的边民通道有97条(其中,中越26条、中老7条、中缅64条)和111个边贸互市点。

表1-1 西南沿边口岸分布状况 单位:个

中国省(自治区)	对越口岸	对老口岸	对缅口岸	合计
广西壮族自治区	12	—	—	12
云南省	6	2	11	19
合计	18	2	11	31

资料来源:根据相关资料提供的数据整理而得。

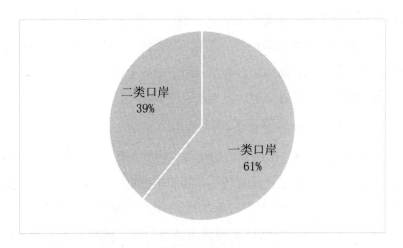

图1-1　2020年西南沿边陆路口岸类型

资料来源：根据相关资料提供的数据整理制作。

按照与相邻国别来分，西南沿边口岸可以分为中越沿边口岸、中老沿边口岸和中缅沿边口岸。

（一）中越沿边口岸分布状况

中国与越南的陆地边境线从中国、越南、老挝三国交界点起，至北仑河口止。中国一侧为云南省和广西壮族自治区，越南一侧为高平、谅山、奠边、莱州、老街、河江和广宁省。中国在中越边境共有陆路口岸18个，其中，一类口岸12个，二类口岸6个。

广西壮族自治区的凭祥、龙州、宁明、大新、东兴、防城、靖西、那坡8个边境县（市）与越南谅山、广宁、高平、河江4省17个县交界，拥有国家一、二类沿边陆路口岸12个，其中，凭祥铁路口岸、友谊关公路口岸、东兴公路口岸、水口公路口岸、龙邦公路口岸、平孟公路口岸、爱店公路口岸7个口岸为国家一类口岸，硕龙公路口岸、峒中公路口岸、平而关公路口岸、科甲公路口岸、岳圩公路口岸5个口岸为二类口岸，同时拥有中越边民互市通道26个。云南省有河口县、麻栗坡县、金平县、富宁县、马关县5

个边境县与越南莱州、老街省的清水、封土、菁门、旺苗等共 5 个县交界，拥有一、二类沿边陆路口岸 6 个，其中，河口铁路口岸、河口公路口岸、天保公路口岸、金水河公路口岸、都龙公路口岸 5 个口岸为一类口岸，田蓬公路口岸为二类口岸，拥有中越边民互市通道 26 个。

（二）中老沿边口岸分布状况

中国与老挝有长达 710 公里的边境线，中方一侧为云南省的江城和励腊两县，老方一侧为丰沙里省的略乌、本赛和丰沙里三县，乌多姆赛省的纳莫县，南塔省的孟新和南塔两县。云南省对老挝的沿边陆路口岸共有 2 个，均为一类口岸，它们是磨憨公路口岸和勐康公路口岸，拥有中老边民互市通道 7 个。

（三）中缅沿边口岸分布状况

云南省与缅甸有 1997 千米的陆地边境线，由库阳山口至中国、缅甸、老挝三国交界的南腊河口。中方边境县（市）包括云南省勐海县、孟连县、沧源县、耿马县、镇康县、瑞丽市、陇川县、盈江县、腾冲市、泸水市 10 个，缅甸边境市（县）包括：木姐市、九谷市、滚弄县、密支那县、勐拉特区 5 个，分别属于克钦邦、果敢特区、佤邦、掸邦第四特区。中国在中缅边境共有陆路口岸 11 个，其中，瑞丽公路口岸、畹町公路口岸、清水河公路口岸、猴桥公路口岸、打洛公路口岸为一类口岸，孟连公路口岸、沧源公路口岸、南伞公路口岸、盈江公路口岸、片马公路口岸、章凤公路口岸为二类口岸，拥有中缅边民互市通道 64 个。

表 1-2 西南沿边陆路口岸分布汇总表

序号	口岸名称	口岸级别	国际/双边口岸	中国依托城镇	相邻国家	邻国依托城镇	邻国对接口岸
1	凭祥铁路口岸	一类	国际性口岸	广西凭祥市		高禄县	同登口岸
2	友谊关公路口岸	一类	国际性口岸	广西凭祥市		高禄县	友谊口岸
3	东兴公路口岸	一类	国际性口岸	广西东兴市		芒街市	芒街口岸
4	水口公路口岸	一类	双边性口岸	广西龙州县		复和县	驮隆口岸
5	龙邦公路口岸	一类	双边性口岸	广西靖西市		茶岭县	茶岭口岸
6	平孟公路口岸	一类	双边性口岸	广西那坡县	越南	河广县	塑江口岸
7	爱店公路口岸	一类	双边性口岸	广西宁明县		禄平县	峙马口岸
8	河口公路口岸	一类	国际性口岸	云南河口县		老街县	老街口岸
9	河口铁路口岸	一类	国际性口岸	云南河口县		老街县	老街口岸
10	天保公路口岸	一类	国际性口岸	云南麻栗坡县		清水县	清水口岸
11	金水河公路口岸	一类	双边性口岸	云南金平县		封土县	马鹿塘口岸
12	都龙公路口岸	一类	双边性口岸	云南马关县		菁门县	越南菁门口岸
13	硕龙公路口岸	二类	双边性口岸	广西大新县		下琅县	里板口岸
14	峒中公路口岸	二类	双边性口岸	广西防城市防城区		平辽县	横模口岸

续表

序号	口岸名称	口岸级别	国际/双边口岸	中国依托城镇	相邻国家	邻国依托城镇	邻国对接口岸
15	平而关公路口岸	二类	双边性口岸	广西凭祥市	越南	长定县	平宜口岸
16	科甲公路口岸	二类	双边性口岸	广西龙州县		下琅县	下琅口岸
17	岳圩公路口岸	二类	双边性口岸	广西靖西市		重庆县	坡标口岸
18	田蓬公路口岸	二类	双边性口岸	云南富宁县		苗旺县	上蓬口岸
19	瑞丽公路口岸	一类	国际性口岸	云南瑞丽市	缅甸	木姐市	木姐口岸
20	畹町公路口岸	一类	国际性口岸	云南瑞丽市		九谷市	九谷口岸
21	清水河公路口岸	一类	双边性口岸	云南耿马县		滚弄县	清水河口岸
22	猴桥公路口岸	一类	双边性口岸	云南腾冲市		密支那县	甘拜地口岸
23	打洛公路口岸	一类	国际性口岸	云南勐海县		勐拉特区	勐拉口岸
24	孟连公路口岸	二类	双边性口岸	云南孟连县		邦康特区	邦康口岸
25	沧源公路口岸	二类	双边性口岸	云南沧源县		勐冒县	绍帕口岸
26	南伞公路口岸	二类	双边性口岸	云南镇康县		果敢县	果敢口岸
27	盈江公路口岸	二类	双边性口岸	云南盈江县		勒新特区	拉咱口岸
28	片马公路口岸	二类	双边性口岸	云南泸水市		石灰卡特区	大田坝口岸

序号	口岸名称	口岸级别	国际/双边口岸	中国依托城镇	相邻国家	邻国依托城镇	邻国对接口岸
29	章凤公路口岸	二类	双边性口岸	云南陇川县	缅甸	雷基市	雷基口岸
30	磨憨公路口岸	一类	国际性口岸	云南勐腊县	老挝	南塔县	磨丁口岸
31	勐康公路口岸	一类	国际性口岸	云南江城县		约乌县	兰堆口岸

资料来源：根据相关资料整理而得。

综上所述，如果按"一带一路"倡议中划定的六大经济走廊来划分，则西南沿边口岸分别属于孟中印缅经济走廊和中国—中南半岛经济走廊，其中属于孟中印缅经济走廊的口岸是：瑞丽公路口岸、畹町公路口岸、猴桥公路口岸、清水河公路口岸、打洛公路口岸、孟连公路口岸、沧源公路口岸、南伞公路口岸、盈江公路口岸、片马公路口岸、章凤公路口岸；属于中国—中南半岛经济走廊的口岸是：河口公路（铁路）口岸、磨憨公路口岸、金水河公路口岸、都龙公路口岸、天保公路口岸、勐康公路口岸、友谊关公路口岸、水口公路口岸、东兴公路口岸、凭祥铁路口岸、平孟公路口岸、龙邦公路口岸、爱店公路口岸、硕龙公路口岸、峒中公路口岸、平而关公路口岸、科甲公路口岸、岳圩公路口岸、田蓬公路口岸。

四、西南沿边口岸的特征

西南沿边口岸位于我国西南边疆地区，这是我国极为特殊的区域，其恶劣的自然环境、极端薄弱的经济基础、曲折坎坷的发展历程、复杂多变的地缘格局、敏感重要的功能定位决定了西南沿边口岸具有与内陆口岸不同的特征。

（一）地形地貌的复杂性

我国西南边境地区的地形地貌十分复杂，处于我国第一阶梯、第二阶梯和第三阶梯，西南沿边口岸错落分布于我国西南边境的河谷平川、河口三角洲和山间盆地之间。其中，中缅沿边口岸大部分地处第一阶梯的横断山脉和第一阶梯向第二阶梯过渡的云贵高原无量山和哀牢山山脉，中老沿边口岸地处第二阶梯，中越沿边口岸大部分地处第二阶梯，只有少部分位于第三阶梯。具体来看，中缅沿边口岸所处之地主要有二，一是地处横断山脉区域。该地也叫云南峡谷地区，据史料记载，"著名的云南峡谷地区，以前叫作横断山脉区。此区的山河走向，由西北而东南，纵列并行，山高谷深，运输困难，对外贸易所受影响不小①"。二是地处云贵高原的湖地断裂带。该地地形险峻，深谷纵横，地质不稳，恶劣的环境极大地影响了对外贸易的发展。由于地质环境恶劣，在近代以前，云南对缅贸易的运输工具完全依赖于骡马等畜力，造就了著名的"马帮文化"。正如 1903 年腾越海关贸易报告所言，"缅货转运滇境全仗骡马之力，势必于缅甸改装，始能便于驮运②"。中老沿边口岸地处云南的西双版纳傣族自治州和思茅市（今普洱市），这两地地势险要，丛林密布，"处处高山深谷，尤其是思茅及其周边无不为崇山峻岭包围。③"中越边界线多处于高山峻岭上，有少数地段以河流为界，沿边地形十分复杂，"中越边民往来的山间小路，纵横交错，崎岖难行，而山瘴瘴气时常流行④"。中越沿边口岸或处于崇山峻岭之间，或处于狭小的河谷之上，或处于两河的交界之处。

综上所述，西南沿边口岸地处西南边陲，这里地势险要，交通不便，对外贸易成本剧增，即便是现代，西南沿边口岸交通不便问题仍是制约其发展的一大瓶颈问题。

---

① 万湘澄. 云南对外贸易概观 [M]. 昆明：新云南丛书社，1946：31.
② 中国旧海关史料. 光绪二十九年岳州口华洋贸易情形论略（第38册）：347.
③ 万湘澄. 云南对外贸易概观 [M]. 昆明：新云南丛书社，1946：31-45.
④ 萧德浩，蔡中武. 苏元春评传 [M]. 南宁：广西人民出版社，1990：58.

（二）时间溯源的历史性

西南沿边口岸的产生和开放并非无源之水，无根之木，有悠久的历史渊源，有漫长的历史演进过程。西南沿边口岸当中，不管是一类口岸、二类口岸还是边民互市口岸都可以追根溯源到近代开埠之前，其漫长的存在源于我国与外国之间的民间贸易需求或政治上的朝贡制度。朝贡制度是小国寻求强国政治庇护的一种手段，它巩固了两国间的政治与经济关系，会随着国家政治力量的变化而发生变化。在西南沿边口岸发展史上，朝贡制度的存在为西南沿边口岸成为"约开口岸"埋下了伏笔。另外，西南沿边口岸的产生和开放还根植于我国与邻国之间的民间贸易需求，自古以来，我国与西南边境邻国间的民间交易从未间断，在我国贸易史上，著名的"云南马帮""西南丝绸之路"是西南边境地区民间贸易最真实的写照，强大而有韧性的民间贸易需求是西南边境口岸产生和存续的现实基础。

（三）与政治相关联的敏感性

在国际关系中，边境问题历来是最为敏感的问题，而口岸则成为体现国际关系问题的矛盾和焦点之一，也是引发冲突摩擦的渠道和途径。由于历史、民族、边界、国际政治等方面的原因，新中国成立以来，我国与西南相邻国家之间的关系几经变化，时好时坏，西南沿边口岸也经过了开放—关闭—重新开放的过程，成为体现两国政治关系的明显标志。可以这么说，西南沿边口岸曲折的发展历程印证了我国与越南、老挝和缅甸三个国家政治关系的浮沉。特别是与中国相邻的缅甸，其北部地区长期处于动荡和战乱状态，除了严重影响了我国西南边境地区的稳定与安全之外，缅甸的难民问题和长期遗留的国籍问题，使中缅沿边口岸成为触发民族情绪、宣泄家国情怀甚至产生冲突摩擦的窗口和通道。

（四）对邻国有强烈的依赖性

西南沿边口岸大多是双边性口岸，少数是国际性口岸，而即便是国际性口岸，由于这些口岸地理位置所限，两国进行的贸易大多服务于本国，其商品贸易和服务贸易大多为本国所需。因此，西南沿边口岸都对邻国有强烈的依赖性，邻国的需求成为决定双边贸易类型、数量等的重要因素，进而成为决定沿边口岸规模的决定性因素。从目前西南沿边口岸进出口贸易的情况来看，由于越南、老挝、缅甸三国经济发展和产业发展势能均低于我国，因而，从我国西南沿边口岸出口的商品大多是工业制成品，进口到我国的主要是我国紧缺的原料等初级产品。近年来，在我国沿边开放政策激励下，西南沿边口岸通过保税物流区、加工园区、开发开放试验区的建设，使口岸贸易由原来的边境贸易开始转向一般贸易、转口贸易、加工贸易等贸易种类，但依然对邻国有强烈的依赖性。

（五）与邻国沿边口岸的一一对应性

沿边口岸与邻国沿边口岸有严格的对应性，这一特点是与海运口岸和航空口岸相比较而言的，海运口岸和航空口岸没有对应性。从上述表1-2可以看到，所有的西南沿边口岸都是一一对应关系，即西南沿边口岸分别对应着唯一的邻国沿边口岸。这种对应关系与西南沿边口岸的产生有很大关系，许多西南沿边口岸产生于清末时期中国与邻国所建立的"对讯"制度，体现了两国政府对边境地区的对等管理手段，或者由两国民众早期自发形成的"集市"发展而来，是相互交换商品、互通有无的需要。

（六）承载功能的多重性

西南沿边口岸的复杂性是由其独特的地理空间位置所决定的。我国西南边境线延绵5000多千米，占我国陆地边境线的四分之一，西南沿边口岸呈点状分布于我国西南边境线上。西南边境地区是我国少数民族集中居住的地区，分布着数量众多的跨界民族，经济问题十分突显，生态十分脆弱，西南沿边口岸作为我国对外的通道和窗口，承载了政治、经济、民族、文化、历史、生态等方面的功能，同时使国际问题与国内问题交织在一起。仅从经济活动内容上看，西南沿边口岸由于地理上与外国相邻，加上现代通讯、交通运输发展，使口岸聚集起巨大的人流、物流、信息流、资金流等现代经济发展要素，毗邻两国进行的国际贸易除了传统的商品贸易（包括一般贸易、小额贸易、边民互市贸易）、边境服务贸易、转口贸易外，还进行着诸多的无形贸易活动，包括：技术、资金、劳务以及旅游贸易活动等，使得西南沿边口岸贸易内容之丰富，交换之广泛，联系之密切，参与人数之多远非沿海口岸所能比拟。

五、西南沿边口岸的开放演变历程

（一）新中国成立前西南沿边口岸的开放

西南沿边口岸与中国沿海通商口岸一样，也是中国近代史的特殊产物，其最早的开放是通过清政府与外国签订条约而约定的，即所谓"约开口岸"。

西南沿边口岸虽是约定开放，但并非无源之水、无根之木，概而言之，西南沿边口岸是建立在朝贡贸易和民间贸易基础之上的。朝贡贸易是我国古代中央政府与他国政府之间形成的政治依附关系在经济上的体现，到了"清朝乾隆以后，安南（越南古称）、缅甸、南掌老挝和暹罗泰国与清王朝保持相对稳定的朝贡贸易关系[①]"。朝贡贸易为外国政府强迫清政府签订条约、打开国门、开辟口岸埋下了伏笔。民间贸易方面，西南边境地区由于边疆的区位特征，中国与邻国的民间贸易源远流长，而且这种民间贸易往来无论战时还是和平之时都不曾间断[②]，尤其是边民的互市贸易往来更是无时不在，甚至云南还发展起了历史上著名的"南方古丝绸之路"跨区域贸易。从史书记载来看，不管是中越民间贸易、中老民间贸易还是中缅民间贸易都曾呈现欣欣向荣的景象。例如，从中缅民间贸易来看，"从云南输往缅甸货物有铜锣、铁锅、绸缎、毯布、瓷器、茶、烟、黄丝、针线等。缅甸输入云南的货

---

① 张永帅. 近代云南的开埠与口岸贸易研究（1889—1937）［D］. 上海：复旦大学，2011.

② 张永帅. 近代云南的开埠与口岸贸易研究（1889—1937）［D］. 上海：复旦大学，2011.

物有铂玉、棉花、象牙、鱼、盐等，中缅之间的海上贸易亦有发展，中国和缅甸之间的海上交通线上，商船往来不绝①"。再如，在中越民间贸易方面，中国与越南之间的民间贸易始于宋代，"到了清代前期，与越南的互市贸易更加繁盛，在与越南交界的边境地区双方民间贸易更是如火如荼。广西边民可以从凭祥、宁明、龙州进入越南进行贸易②"。又如中老民间贸易方面，"有清一代，贸易未曾间断，除定期的朝贡贸易之外，商旅往来、边民互市络绎不绝。与此同时，云南商人和边民也往往深入老挝开展贸易③"。

19世纪中叶，已完成第一次工业革命的英国率领西方众列强用坚船利炮叩开了中国闭关自守的大门。西方列强通过与清政府签订一系列不平等条约强迫中国开港通商，开辟了从中国沿海港口—内河港口—内陆城市的若干"条约口岸"。在这场丧权辱国的历史洪流裹挟下，地处西南一隅的广西壮族自治区和云南省也成为西方殖民主义、帝国主义鱼肉的对象，西南沿边口岸在一系列不平等条约的"约定"下开放了，西南沿边口岸"约定开放"标志着近代西南沿边口岸的官方确立和兴起。西南沿边口岸开放的时间脉络大致如下。

龙州口岸和蒙自口岸的开放。这两个口岸是清政府与法国政府通过签订条约确定的。1883年12月至1885年4月，中法战争爆发。法国想通过侵占广西壮族自治区和云南省的途径进一步侵略中国内地，遭到中国人民的强烈反抗，但这场战争却以清政府求和而结束。1885年6月9日清政府与法国签订《中法新约》规定："保胜以北某处，凉山以北某处，中国设关通商，均须优待。④"1887年6月26日，中法两国在北京续定《中法商务专条》中规定"两国指定通商处所，广西则开龙州，云南省则开蒙自。"1889年6月1

---

① 余定邦. 中缅关系史［M.］北京：光明日报出版社，2000：184.
② 清高宗实录［Z］卷二二六. 北京：中华书局，1985.
③ 张永帅. 近代云南的开埠与口岸贸易研究（1889—1937）［D］. 上海：复旦大学，2011.
④ 许同华，等编. 光绪条约卷15，9-10［Z］//近代史料丛刊续编第8辑（No.78）. 台北：文海出版社，1974.

日，清政府成立龙州海关公署和龙州海关正式成立，成为当时我国最大的陆路边境通商口岸①，云南蒙自也于1889年设立海关开放。

思茅口岸的开放。思茅口岸也是一系列不平等条约的产物。由于当时思茅地理位置优越，交通便利，英法两国都想把它作为进入中国云南省的通道。英国早在1876年与清政府签订《中英烟台条约》时就已暴露出其在云南省边境谋求"通商"的野心，但由于精力所限，无法将之付诸实践，不料却让后来者法国抢占了先机。1895年中法《续议商务专条附章》明文规定"云南之思茅开为法越通商处所，与龙州、蒙自无异，即照通商各口之例，法国任派领事官驻扎，中国亦驻有海关一员。②"1897年1月2日，思茅设立海关正式开埠，英国看到时机已成熟，于1897年2月4日与清政府订立《中缅条约附款》，强迫思茅为对英开放口岸，从而使思茅成为对法越、英缅共同开放的口岸。

腾越口岸的开放。英国在1876年《中英烟台条约》中提出欲在云南省边境通商的要求得到清政府的允诺后，便蠢蠢欲动。此后，英国通过中英《续议滇缅界务商务条款》（1894年）、中英《续议缅甸条约附款》（1897年），以及开展一系列的实地考察与调查之后，发现腾越是"若干世纪以来，通过八莫的这条道路，不论对侵略的军队，或是和平的商人，一向是从中国到缅甸的必经之路。③"最终将腾越确定为开埠地点。1902年5月8日，腾越正式设关开埠。

以上是西南边境四个"约开口岸"的开放过程。其中，龙州口岸位于中越边境，属广西壮族自治区管辖范畴，蒙自口岸、思茅口岸和腾越口岸属云南省管辖，是云南省对外沿边口岸开埠史所称的"三关"。"三关"中思茅关主要辐射范围是滇老、滇缅；腾越关主要辐射范围是滇缅印，蒙自关主要辐射

① 周中坚. 让南疆历史重镇龙州重放光辉［J］. 广西文史，2003（4）：76.
② 王铁崖. 中外旧约章汇编（第1册）［M］. 北京：三联书店，1957：622.
③ 姚贤镐. 中国近代对外贸易史资料（1840—1895）第2册［M］. 北京：中华书局，1962：687-688.

范围是滇越。

清政府确立了西南沿边口岸的"身份"之后，即对西南沿边口岸按海关体系进行管理，并规定以成立海关公署并行使相关职能作为口岸正式开关的标志。为了便于管理和征税，清政府设立了一套从正关到分关再到查卡的海关体系。以下表1-3所示，即是当时西南边境四个约开口岸的正关、分关以及查卡设立情况。

龙州海关体系。1889年6月1日，清政府成立龙州海关公署和龙州海关。龙州海关体系包括龙州正关一处，下设镇南、水口、平而三个分关，分关之下并没有像云南省那样设立查卡。

蒙自海关体系。1889年8月24日，蒙自设关开埠。蒙自海关体系包括蒙自正关一处，马白、河口、碧色寨、云南府四个分关，以及蛮耗、蒙自县（今蒙自市）城外两个查卡。

思茅海关体系。1897年1月2日，思茅开埠。思茅海关体系下辖易武、猛烈、打洛、勐笼、孟连五个分关，思茅县城东关和永靖哨两个查卡。

腾越海关体系。腾越于1902年5月8日正式设关开埠。至民国初年，腾越关下辖龙陵、小辛街、蛮允三个分关，下设蛮允、腊撒、陇川、遮岛、牛栏河、孟定、塘上水七个查卡。

表1-3　清末西南边境海关体系

海关体系	开埠时间	正关	分卡	查卡	备注
龙州海关体系	1889年6月1日	龙州	镇南、平而、水口	—	中越边境，在广西段未设查卡，而实行对汛制度。当时的东兴分卡属北海海关体系

续表

海关体系	开埠时间	正关	分卡	查卡	备注
蒙自海关体系	1889 年 8 月 24 日	蒙自	马白、河口、碧色寨、云南府	蛮耗、蒙自县城外	
思茅海关体系	1897 年 1 月 2 日	思茅	易武、猛烈、打洛、勋笼、孟连	思茅县城东关、永靖哨	
腾越海关体系	1902 年 5 月 8 日	腾越	龙陵（后更名蜿盯）、小辛街、蛮允	蛮允、腊撒、陇川、遮岛、牛槛河、孟定、塘上水	

资料来源：财政部年鉴编纂处. 财政年鉴 [M]. 北京：商务印书馆，1935：421-423.

中越边境在广西段并不设立查卡，而是设立"对汛"制度①。"对汛"制度确立了后来中越边境（广西段）口岸的基础。1896 年，中越设立的对汛具体名录如表1-4 所示。

表1-4　中越对汛（广西段）一览表

中国汛名		越南汛名	
名称	所属县份	名称	所属省份
那梨	思乐	北沙	海宁
爱店	明江	峙马	谅山
平而	龙津	平而	谅山
南关	凭祥	同登	谅山

---

① "对汛"是中法战争之后，中国与越南在边界地区设立的一种管理机构，存续时间从清末到民国时期约半个世纪。"对汛"的职责包括：办理中越边界商务、界务、会巡捕务及华洋诉讼等，其在运作过程中，虽有冲突，但更多的是业务交流，对促进边境经济、政治、文化的发展起到了重要作用.

中国汛名		越南汛名	
水口	龙津	驮隆	高平
硕龙	雷平	平歌	高平
岳圩（办事处）	靖西	重庆	高平
陇邦	靖西	茶岭	高平
平孟	镇边	朔江	高平
百南	镇边	保乐	高平
百怀（办事处）	镇边	旁谷	高平

资料来源：黎日苹. 近代广西边防建设与边疆地区经济发展探究（1885—1911）[D]. 桂林：广西师范大学，2010：48.

西南边境四个海关体系所包括的正关、分关及查卡，以及中越边境（广西段）设立的"对汛"，基本形成了现代西南沿边口岸的雏形。政府通过这些机构，专门负责出入境人员和货物的检查、税收等工作，口岸的管理工作也开始逐步走向正规。

从乾隆年间设立口岸到抗日战争爆发这段时间，西南沿边口岸得到长足发展，有效刺激了当地贸易和经济的发展，引发了广西壮族自治区和云南省开辟更多的"自开商埠"。例如，广西壮族自治区的南宁和云南省的昆明都是"自开商埠"的典型代表。抗日战争爆发以后，由于遭受日军蹂躏、国内政局不稳，西南边境各主要口岸相继关闭，中越、中老、中缅之间贸易基本中断。但是，由于西南沿边口岸特殊的地理位置，使得它在战争年代起着军事要地的作用，广西东兴口岸、云南腾冲口岸等口岸莫不如此。

（二）新中国成立后西南沿边口岸的开放与发展

新中国成立之后，西南沿边口岸发展与以下因素关系十分密切：一是中国与邻国的政治关系，二是我国制定的边境贸易政策。以上两个因素在我国不同历史时期有不同的表现，使西南沿边口岸发展经历了启动、关闭、恢复、发展四个发展阶段，并在各个时期呈现出不同的特点。

1. 口岸启动和曲折发展阶段（1949—1990 年）

新中国成立之后至对越自卫反击战结束之前的这段时期，在世界冷战格局影响下，中国与周边国家关系均以中国与两个超级大国的关系为轴心，呈现出一波三折的局面，西南沿边口岸在此时期的发展历程是：启动和关闭。

（1）新中国成立初期至 20 世纪 60 年代中期。新中国成立之后，美国对新中国进行了全方位的包围。为了冲出美国的包围，争取在中国与西方阵营国家之间形成安全缓冲地带，为国内经济建设营造和平的国际环境，中国与越南、老挝、缅甸都建立了"同志加兄弟"的亲密关系。在边境贸易问题上，中国分别与越南、老挝和缅甸签订了关于发展边境贸易的协定，启动了西南边境地区的开放。1954 年中国与越南签订了相关边境贸易协定，开放了所有中越沿边口岸，之后，沿边口岸物流量剧增，带动了中越边境贸易尤其是边民互市贸易的发展。1953 年，中国与缅甸启动经贸往来。在 20 世纪 50 年代，所有中缅沿边口岸全部开放。在中老边境，虽然还没有形成口岸，但 1963 年 10 月老挝上寮行政委员会与云南思茅专区达成的边民互市和边境小额贸易的口头协议开启了边境贸易发展的序幕，由此推动了中老边境贸易的发展。

（2）20 世纪 60 年代中期至 1990 年。这一时期，随着冷战思维的不断演化，东南亚各国已成为美苏争夺的对象，中国与相邻的越南、老挝、缅甸三国之间友好的政治关系逐渐演变成敏感的地缘政治关系，乃至影响地区安全的战争关系，加上这些国家内部的民族问题、独立问题及华侨问题等，导致中国与越南、缅甸的关系曾一度恶化，西南沿边口岸发展也一蹶不振。但是，这一时期，中越、中老、中缅的沿边口岸发展又各有特点。

从中越沿边口岸发展来看，以 1979 年为分水岭。在此之前，中越邦交关系正常化，中越沿边口岸发展得到有序推进。1979 年对越自卫反击战爆发之后，中越关系进入敌对状态，双方在边界两侧重兵对峙，中越沿边口岸全部关闭，中越边境贸易全部停止。这种紧张局势一直到 20 世纪 80 年代末期才有所缓和。从中缅沿边口岸发展来看，20 世纪 60 年代以后缅北地区发生的变化和产生的一些问题以及 1967 年中缅关系破裂，导致中缅沿边口岸业务全部停止。直到 1980 年，经国务院批准，云南与缅甸的边境贸易才逐步恢复。从中老沿边口岸发展来看，受到对越自卫反击战的影响，20 世纪 70 年代，中老贸易完全停止，直到 20 世纪 80 年代中期以后，中缅之间的边境小额贸易才逐步得到恢复。

2. 口岸重新开放恢复通商阶段（1991—1999 年）

20 世纪 80 年代末、90 年代初，"和平与发展"成为时代的主题，中国与周边国家的关系得到全面改善，1990 年中越之间结束了长达十多年的战争关系，使中越关系正常化，中老关系、中缅关系也走上了新台阶。

面对"和平与发展"的时代主题，中国调整对内对外发展战略，通过制定相关政策，加大对边境地区的投资，促进沿边口岸和边境贸易的发展。1991 年国务院颁布的《关于积极发展边境贸易和经济合作促进边疆繁荣稳定的意见》以及相关边境贸易政策的持续出台，为沿边口岸开放提供了良好的制度基础。1992 年初，邓小平"南方谈话"强调"改革开放胆子要大一些，敢于试验""看准了的，就大胆地试，大胆地闯"[1]。于是，中共中央、国务院在当年正式确立了"沿边开放"的重大战略方针，国务院相继批准瑞丽、畹町、河口、凭祥和东兴等 14 个沿边口岸城市为沿边开放城市，标志着我国对外开放格局正式由沿海、沿江扩大到边境地区，为西南沿边口岸的发展提供了新的契机，按下了中越、中缅和中老沿边口岸开放的"重启键"。

中越沿边口岸重新开放。1990 年以后，中越双方都有恢复口岸的强烈愿望。1991 年 11 月 7 日，中越两国政府签订《关于处理两国边境事务的临时协定》，决定在条件具备时逐步开放中越边境 21 对陆路口岸，于是，1992 年至

---

① 邓小平. 邓小平文选（第 3 卷）[M]. 北京：人民出版社，1993：372.

1996 年，中越边境恢复开放了所有的口岸（具体见表 1-5）。

表 1-5　1990 年后中越双方决定开辟的沿边口岸

序号	中国口岸	越南口岸	序号	中国口岸	越南口岸
1	东兴	芒街	12	平孟	朔江
2	峝中	横模	13	田蓬	上蓬
3	爱店	峙马	14	董干	普棒
4	友谊关	友谊	15	天保	清水河
5	凭祥（铁路）	同登（铁路）	16	都龙	箐门
6	平而	平而	17	桥头	猛康
7	水口	驮隆	18	河口	老街
8	科甲	河谅	19	金水河	马鹿塘（巴嫩贡）
9	硕龙	里板	20	坪河	乌马都洪（秋隆）
10	岳圩	坡标	21	龙富	阿巴寨
11	龙邦	茶岭			

资料来源：《中越关于处理两国边境事务的临时协定》。

中老沿边口岸恢复开放。进入 20 世纪 90 年代，中老两国在原有的边民互市贸易口岸的基础上，推进口岸的升级发展。其中，磨憨公路口岸 1992 年 3 月被国务院批准为国家开放口岸，是国家首批列为沿边开放的地区之一，次年 12 月，中老两国共同宣布正式开通磨憨—磨丁国际口岸。

中缅沿边口岸恢复开放。进入 20 世纪 90 年代，中缅两国开始重视边境贸易发展，中缅沿边口岸进入快速发展的通道。1991 年 8 月，清水河公路口岸、猴桥公路口岸、打洛公路口岸同时被云南省政府批准为二类口岸，1992 年，打洛公路口岸被列为国家首批沿边开放地区之一。至 20 世纪 90 年代中期，中缅所有沿边口岸全部开放。为促进中缅沿边口岸正常化、制度化发展，中缅两国政府还签署了《关于边境贸易的谅解备忘录》（1994 年）、《关于成立经济贸易和技术合作联合工作委员会的协定》（1997年）等协定，为促进中缅沿边口岸开放和发展提供了制度性保障。

总之，在这一时期，西南沿边口岸的恢复开放，促进了边境贸易规模的扩大，边境贸易已不限于满足边民的基本生活需要，而且成为边境地区发展经济新的增长点，甚至成为地方财政收入的重要来源之一。

3. 口岸全面开放发展阶段（2000—2012年）

从国际环境看，进入新世纪，世界政治进入地区多边主义的蓬勃发展时期，经济上出现经济一体化的浪潮。在欧盟经济一体化的影响下，中国—东盟自由贸易区于2002年建立，中国还参与了各种各样的次区域经济合作。从国内环境看，从2000年开始，中国启动了西部大开发，出台了促进西部地区开发开放的优惠政策，并实行了边境口岸升级等措施。在良好的国内外环境下，西南沿边口岸取得长足发展，并呈现出两个明显特点。

一是越来越多的西南沿边口岸升格为一类口岸。西南边境贸易快速发展充分说明中国贸易产品吸引力在增强，也更具竞争力。因此，国务院将更多的西南沿边口岸调整为一类口岸。这一时期，中越边境的龙邦公路口岸（2003年）、平孟公路口岸（2011年）、河口公路口岸（2011年）、天保公路口岸（2011年）等都升格为国家一类口岸，中缅边境的猴桥公路口岸和打洛公路口岸分别于2000年和2007年升格为国家一类口岸。2011年7月24日国务院批准中老边境的勐康公路口岸对外开放，成为继磨憨公路口岸之后第二个对老挝开放的沿边开放口岸。

二是通过园区建设壮大口岸经济发展。为了让口岸经济发展有较好的地域空间，广西壮族自治区和云南省通过省级（自治区）和国家级层面批复了各类园区建设，帮助各级开发区（园区）、边境经济合作区、口岸经济区和海关特殊监管区域等园区建设蓬勃发展，目前园区已经成为生产要素的集聚之地，成为产业集聚的空间载体。例如，2000年6月云南设立磨憨口岸为边境贸易区（2006年9月更名为"云南西双版纳磨憨经济开发区"）；2005

年，广西壮族自治区和越南提出了建立中越跨境经济合作区的设想；2007 年初，云南省启动了中缅瑞丽—木姐边境经济合作区论证工作；2008 年 12 月，国务院正式批准设立广西壮族自治区凭祥综合保税区；2012 年国务院批准设立广西壮族自治区东兴重点开发开放试验区等。

表 1-6　新中国成立后西南边境一类口岸发展历程

中国口岸	地理位置	国外口岸	口岸发展历程
凭祥 铁路口岸	位于广西壮族自治区凭祥市南区的凭祥火车站内	越南 同登口岸	1953 年经国务院批准对外开放； 1955 年 8 月中越国际联运正式开办货运客运； 2013 年 9 月凭祥（铁路）口岸顺利通过世界卫生组织口岸核心能力达标单位检查验收
友谊关 公路口岸	位于广西壮族自治区凭祥市友谊镇，中越边境 1116—1117 号界碑处	越南 友谊口岸	1951 年开通； 1979 年关闭； 1992 年 4 月经国务院批准恢复对外开放； 2012 年 9 月友谊关口岸荣获世界卫生组织口岸核心能力达标单位
东兴 公路口岸	位于广西壮族自治区东兴市繁华市区，通过北仑河大桥和越南芒街口岸连接	越南 芒街口岸	1958 年经国务院批准对外开放； 1978 年关闭； 1994 年 4 月 17 日恢复对外开放； 2011 年国务院批准设立东兴开发开放试验区
水口 公路口岸	位于广西壮族自治区龙州县水口镇，中越边界 943（1）号界碑处	越南 驮隆口岸	水口口岸是广西壮族自治区最早的通商口岸，于乾隆五十七年（1792 年）即对外开放； 1978 年曾一度关闭； 1992 年 10 月，恢复对外开放

续表

中国口岸	地理位置	国外口岸	口岸发展历程
龙邦公路口岸	位于广西壮族自治区百色市靖西市龙邦镇，地处中越边境741—742号界碑	越南茶岭口岸	1954年设龙邦口岸工作委员会； 1979年关闭； 1996年8月作为二类口岸恢复开通； 2003年1月，升格为一类口岸； 2007年正式对外开放
平孟公路口岸	位于广西壮族自治区百色市那坡县平孟镇，中越边界第647—648号界碑处	越南朔江口岸	1955年设平孟口岸工作委员会、边境工作部； 1979年口岸关闭； 1996年8月平孟作为二类口岸恢复开通； 2011年1月，升格为一类口岸
爱店公路口岸	位于广西壮族自治区崇左市宁明县爱店镇，中越边境1223—1224号界碑处	越南峙马口岸	1957年设为二类口岸； 2015年1月升格为一类口岸
河口公路口岸	位于云南省红河哈尼族、彝族自治州河口县城	越南老街口岸	1952年2月成立河口边防检查站、对外开放； 1979年1月关闭； 1993年6月30日恢复开通； 2011年7月，升格为一类口岸
河口铁路口岸	位于云南省红河哈尼族、彝族自治州河口县城	越南老街口岸	1992年12月国务院批准设立河口边境经济合作区； 1996年，恢复开通

中国口岸	地理位置	国外口岸	口岸发展历程
天保 公路口岸	位于云南省文山州麻栗坡县天保镇	越南 清水河口岸	1954年3月1日正式对外开放； 1960年12月关闭； 1963年3月，恢复对外开放； 1979年1月关闭； 1993年升格为一类口岸； 2011年6月12日，被国务院批准为国际公路客货运输口岸
金水河 公路口岸	位于云南省红河哈尼族彝族自治州金平苗族自治县城金水河镇	越南 马鹿塘口岸	1954年12月作为边民互市口岸正式开放； 1978年12月关闭； 1993年2月25日国务院批准设立国家开放口岸； 1993年11月10日正式对外开放
都龙 公路口岸	位于云南省马关县都龙镇茅坪村委会东南面、中越边境线二段五号界碑老国门处	越南 菁门口岸	1954年3月正式开通； 1960年12月关闭； 1963年底复通； 1974年4月关闭； 1994年1月恢复开放； 2015年1月12日，被国务院批准为国际性常年公路客运货运口岸； 2018年3月26日，正式对外开放
畹町 公路口岸	位于云南省西部德宏傣族景颇族自治州南部	缅甸 九谷口岸	1950年，口岸开通； 1952年8月被政务院批准为新中国首批开放口岸； 1992年6月，国务院批准畹町为对外开放城市； 1992年9月国务院批准设立畹町边境经济合作区（国家级）； 1999年1月国务院批准撤销畹町市，并入瑞丽市，设立畹町经济开发区

中国口岸	地理位置	国外口岸	口岸发展历程
清水河公路口岸	位于云南省耿马傣族佤族自治县孟定镇人民政府所在地	缅甸清水河口岸	1957年正式对外开放； 1991年8月被批准为二类口岸； 2004年10月升格为一类口岸； 2007年11月经国家验收正式对外开放
猴桥公路口岸	位于云南省腾冲市猴桥镇的槟榔江畔，距中缅边界南4号界桩19公里	缅甸甘拜地口岸	1991年8月被批准为二类口岸； 2000年4月升格为一类口岸
打洛公路口岸	位于云南省西双版纳州勐海县西南端打洛镇	缅甸勐拉口岸	1950年11月，成立海关打洛支关； 1956年，正式对外开展边境小额贸易进出口业务； 1991年8月被批准为二类口岸； 1992年被列为国家首批沿边开放的地区之一； 1997年3月被列为对第三国人员开放的口岸； 2007年11月升格为一类口岸
磨憨公路口岸	位于云南省西双版纳州勐腊县城南58公里的磨憨经济开发区	老挝磨丁口岸	1992年3月被国务院批准为国家开放口岸，是国家首批列为沿边开放的地区之一； 1993年12月中老两国宣布正式开通磨憨—磨丁国际口岸； 2000年6月被批准为边境贸易区； 2004年9月被批准对第三国人员开放
勐康公路口岸	位于云南省普洱市江城县，	老挝兰堆口岸	2011年7月被批准对外开放，口岸性质为双边公路客货运输口岸； 2019年10月升格为一类口岸

资料来源：根据相关资料整理而得。

4. 口岸转型升级发展阶段（2013 年至今）

党的十八大以来，我国实行沿边开发开放新战略。此时期，以 2013 年国务院出台《国务院关于加快边境地区开发开放的若干意见》（国发〔2013〕50 号）为标志，开启了我国边疆治理新篇章，而"一带一路"倡议的提出，使边境地区成为推进"一带一路"建设的重点区域，沿边口岸作为对外开放的通道和窗口，更加突显了它的战略意义，迎来了升级转型发展的良机。

为配合国家沿边开发开放新战略，国家出台了若干政策、文件，除了前文所述的《国务院关于加快边境地区开发开放的若干意见》（国发〔2013〕50 号）外，还包括《国务院关于支持沿边重点地区开发开放若干政策措施的意见》（国发〔2015〕72 号）等，在《国务院关于支持沿边重点地区开发开放若干政策措施的意见》中指出，要以改革创新助推沿边开放，西南边境地区有 19 个口岸、3 个重点开发开放试验区、5 个边境城市、6 个边境经济合作区被列入国家重点地区名录当中（具体见表 1-7）。在"一带一路"建设中，提出要建设六大经济走廊，其中，西南边境地区属于孟中印缅经济走廊和中国—中南半岛经济走廊，西南沿边口岸则分别属于孟中印缅经济走廊和中国—中南半岛经济走廊建设的节点。西南边境各地通过实施"口岸+"建设，加快口岸转型升级。其中，最主要是通过"口岸+产业"发展来实现，许多口岸从原来单一的"过货"功能，发展成为产业集聚地，形成以园区为载体的加工制造型、资源利用型、商贸物流型产业基地，除了发展传统的边境贸易外，还发展了转口贸易、服务贸易、技术贸易等多种贸易。

表 1-7　西南边境地区列入国家重点地区名录一览表

重点地区类别	西南边境地区名称	备注
重点开发开放试验区	广西：东兴重点开发开放试验区 云南：勐腊（磨憨）重点开发开放试验区、瑞丽重点开发开放试验区	

重点地区类别	西南边境地区名称	备注
沿边国家级口岸	铁路口岸（2个）：广西凭祥，云南河口 公路口岸（17个）： 广西：东兴、爱店、友谊关、水口、龙邦、平孟 云南：天保、都龙、河口、金水河、勐康、磨憨、打洛、孟定、畹町、瑞丽、腾冲	
边境城市	广西：东兴市、凭祥市 云南：景洪市、芒市、瑞丽市	
边境经济合作区	广西：东兴边境经济合作区、凭祥边境经济合作区 云南：河口边境经济合作区、临沧边境经济合作区、畹町边境经济合作区、瑞丽边境经济合作区	
跨境经济合作区	无	国家今后批准设立的重点开发开放试验区、沿边国家级口岸、边境城市、边境经济合作区和跨境经济合作区自动进入本名录

资料来源：《国务院关于支持沿边重点地区开发开放若干政策措施的意见》（国发〔2015〕72号）。

综上所述，西南沿边口岸从产生到现在，口岸数量由少到多，由单个口岸发展成为口岸群，呈带状延绵分布于我国大西南边境线上，为中国与周边国家发展边境贸易作出了巨大贡献。面对"一带一路"等历史机遇，西南沿边口岸的地位和作用更加凸显。因而，通过发展西南沿边口岸经济，带动西南边境地区经济社会发展成为当今社会各界的共识。

第二章

西南沿边口岸经济运行现状

口岸开放以来，贸易通道功能是西南沿边口岸的主要功能。例如，腾冲猴桥公路口岸是历史上"南方丝绸之路"的重要通商口岸，是抗日战争时期"史迪威公路"（中印公路）的枢纽，是云南省通向南亚的大通道之一。畹町公路口岸是中国历史上较早通向东南亚、南亚的主要贸易通道，是"南方丝绸之路"的重要驿站，抗日战争时期，滇缅公路通车后，成为当时中国大后方对外联系的唯一国际陆运口岸。河口公路口岸历史上就是我国与越南、东南亚各国进行经济文化交流的门户和咽喉，是"南方丝绸之路"的第二条通道，1895 年河口公路口岸被辟为商埠，1910 年，随着滇越铁路的建成通车，当时云南进出口物资有 80% 以上经河口公路（铁路）口岸进出，河口公路（铁路）口岸成为中国西南对外商贸的最大集散地。友谊关公路口岸是我国九大名关之一，是越南向清政府进贡及清政府回赐越南货物的必经之地。东兴公路口岸历史悠久，素有"百年商埠"之称。如今，西南沿边口岸承载着中越、中老、中缅沿边口岸 70% 以上的货物流通。

一、口岸业务量稳步攀升

中国海关统计资料显示，近十年来，西南沿边口岸的业务量增长很快，其间虽然有回落，但总体看，不管是货运量、出入境人数还是运输工具，

2018 年的数量均比 2009 年大幅增加（数据见表 2-1 所示）。西南沿边口岸业务量的大幅增长，得益于我国对外贸易关系的不断深化，得益于我国与周边国家交通基础设施的不断改善，充分彰显了我国对外开放战略的成效。

表 2-1　2009—2018 年西南沿边口岸业务量情况

（货运量、客运量、运输工具）

年份	货运量（万吨）			出入境人数（万人）			运输工具（万辆）		
	中越口岸	中老口岸	中缅口岸	中越口岸	中老口岸	中缅口岸	中越口岸	中老口岸	中缅口岸
2009 年	389.9	38.1	159.1	871.3	61.2	938.4	23.8	11.3	179
2010 年	390.2	62	383.1	846.4	67.1	993.5	21.3	16.7	233.1
2011 年	576.3	76.4	399	658.6	33.7	102.4	17.6	14.6	255
2012 年	465.5	100.5	347.9	375.4	32.2	110	15.7	11.2	254.7
2013 年	612.9	124.1	493.8	456.6	40.1	115.8	24	24	271.8
2014 年	597.7	158.3	745.4	525.9	54	160.6	20.3	30.4	321.5
2015 年	537.8	159.3	695.5	566.1	74	219.8	23.5	36.8	320.2
2016 年	717.2	150	699.8	1306.6	125.2	1828.1	48.5	40.8	483.7
2017 年	993.1	201.9	1169.7	1819.4	156.1	2071.8	76.7	45.5	481.5
2018 年	719	248.1	537.9	2190.3	163.9	2138.7	93.7	27.9	474.2

资料来源：根据《中国口岸年鉴》（2010—2019）提供的数据整理。

（一）口岸货运量情况

1. 货运量总体情况

总体来看，2009—2018 年，西南沿边口岸的货运量呈现出不断增加的趋势，2009 年仅为 587.1 万吨，至 2017 年达到最高值 2364.7 万吨，增长了 3 倍多，2018 年由于受世界经济放缓、国际贸易保护主义等因素的影响，西南沿边口岸货运量需求出现下滑，该年货运量比 2017 年大幅减少，减少幅度达36.36%（如图2-1所示）。

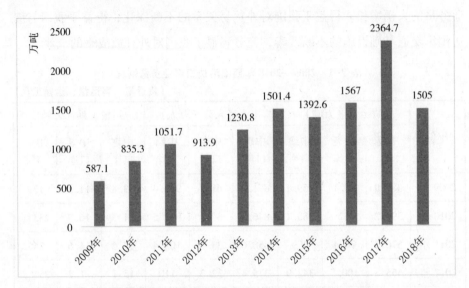

图2-1　2009—2018年西南沿边口岸货运量（总趋势）

资料来源：根据《中国口岸年鉴》（2010—2019）提供的数据制作。

从对邻国的各类口岸来看，在2009—2018年间，中越、中老、中缅沿边口岸货运量大体上呈增长趋势，且中越沿边口岸、中缅沿边口岸的货运量要远远大于中老沿边口岸的货运量，中缅沿边口岸货运量增长幅度大于中越沿边口岸货运量，中老沿边口岸货运量虽然小于中越沿边口岸和中缅沿边口岸，但纵向相比，2018年业务量已6.5倍于2009年。2015年由于受到中越两国政治关系的影响以及越南和缅甸对中国实行外贸管制等因素的影响，中越和中缅沿边口岸货运量出现回落，2018年在国内国外经济形势低迷的影响下，企业库存增加，中越和中缅沿边口岸货运量比2017年相比分别减少：27.6%、54.01%（如图2-2所示）。

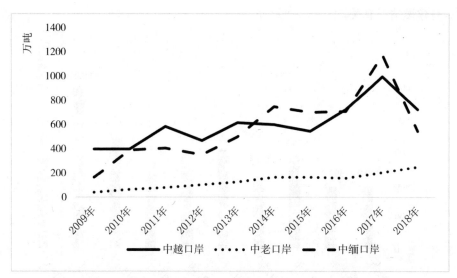

图 2-2 2009—2018 年西南沿边口岸货运量（中越、中老、中缅）

资料来源：根据《中国口岸年鉴》（2010—2019）提供的数据制作。

2. 中越沿边口岸货运量情况

中国海关统计资料显示，2009—2018 年中越沿边口岸货物流通在总体上呈现出不断增长的趋势，进出口货运量从 2009 年的 389.9 万吨上升到 2018年的 718 万吨，2017 年进出口货运量高达 993.1 万吨，十年间货运量增长将近一倍，但是，有些年份进出口货运量出现回落，比较明显年份如 2012 年、2014 年和 2015 年，主要原因是这几年中越关系遇冷影响了双方进出贸易（如图 2-3 所示）。

从各口岸货运量排名情况来看，2009—2018 年，河口（公路、铁路）口岸、友谊关公路口岸、凭祥铁路口岸三个口岸的货运量位列前三，其中，河口（公路、铁路）口岸除了 2012 年和 2014 年外，其他年份货运量都排在第一位，成为货运量最大的口岸，友谊关公路口岸和凭祥铁路口岸大多数年份货运量分别位列第二和第三。从货运绝对数量来看，各口岸货运量有涨有跌（数据见表 2-2 所示），这跟中越两国政治经济关系密切相关，也与口岸本身建设情况有关。

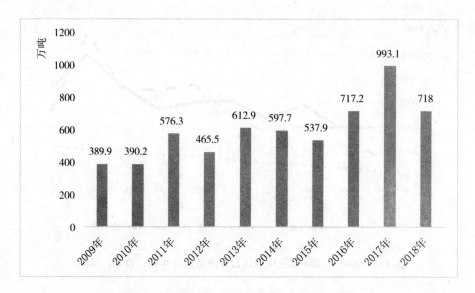

图 2-3　2009—2018 年中越边境进出口货运量

资料来源：根据《中国口岸年鉴》（2010—2019）提供的数据制作。

3. 中老沿边口岸货运量情况

中老边境目前开放磨憨和勐康两个公路口岸，勐康公路口岸由于开放时间短，中国海关统计其货运量、出入境人数、运输工具数据的时间分别为：2018 年、2014 年和 2016 年。为便于对比分析，仅对磨憨公路口岸进行分析。

2009—2018 年，磨憨公路口岸货运量快速增长，除了 2016 年比 2017 年稍有回落之外，其他年份均比上一年增加。从数量来看，从 2009 年的 38.13 万吨上升到 2018 年的 248.13 万吨，货运量增长了 5.51 倍，2012 年昆曼公路的全线开通，使得当年磨憨公路口岸货运量便突破 100 万吨大关（如图 2-4 所示），说明昆曼公路对中老贸易发展起着非常重要的作用。

表2-2　2009—2018年中越沿边各口岸进出口货运量

单位：万吨

年份	凭祥铁路口岸	友谊关公路口岸	东兴公路口岸	水口公路口岸	龙邦公路口岸	河口公路（铁路）口岸	天保公路口岸	金水河公路口岸
2009年	81.77	48.56	21.82	14.49	4.42	201.11	11.85	5.9
2010年	80.56	87.2	20.23	15.58	4.64	164.03	11.65	6.35
2011年	63.22	215.01	24.45	20.67	2.81	241.38	8.36	0.40
2012年	59.62	208.55	44.8	10.35	2.19	131.78	7.75	0.44
2013年	51.49	238.02	21.26	7.98	7.85	267.08	18.05	1.19
2014年	42.69	290.58	35.56	6.39	7.03	184.64	28.51	2.29
2015年	40.41	162.82	52.70	3.60	4.07	244.62	28.42	1.21
2016年	176.44	183.53	57.63	2.40	3.67	257.86	33.85	1.83
2017年	165.58	196.80	65.49	4.02	7.25	528.22	24.55	1.21
2018年	18.81	240.73	71.20	10.24	1.22	355.17	19.82	1.80

资料来源：根据《中国口岸年鉴》（2010—2019）提供的数据整理。

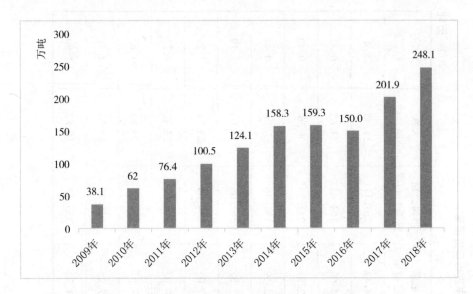

图 2-4　2009—2018 年中老沿边磨憨口岸进出口货运量

资料来源：根据《中国口岸年鉴》（2010—2019）提供的数据制作。

注：《中国口岸年鉴》从 2018 年才开始统计勐康公路口岸的货运量。为使数据统计口径一致，仅对磨憨公路口岸进行统计分析。

4. 中缅沿边口岸货运量情况

中国海关统计数据显示，2009—2018 年，中缅沿边口岸货运量呈现波浪起伏的态势，2009 年中缅沿边口岸的货运量仅为 159.1 万吨，到 2017 年已达 1169.7 万吨，增长了 6.35 倍，但到 2018 年，受缅北战事和木材停止进口政策的影响，中国对缅沿边口岸货运量数量骤减为 537.9 万吨，仅为 2017 年的 50%（如图 2-5 所示）。

从各个口岸来看，2009—2018 年，瑞丽公路口岸和腾冲公路口岸是货运量最大的口岸，两者交替位列第一或第二，也是全国货运量较大的口岸，瑞丽公路口岸货运量在 2016 年、2017 年和 2018 年在全国公路口岸货运量的排名分别为：第 6 位、第 5 位和第 12 位，但是，瑞丽公路口岸货运量波动幅度较大，例如，2018 年货运量仅相当于 2012 年的货运量，主要原因是 2018

年 5 月缅甸北部木姐地区发生武装冲突事件，对中缅边境安全造成严重威胁，严重影响中缅边境地区的生产、生活和贸易等活动，瑞丽公路口岸是与缅甸木姐口岸相对应的中方口岸，因而各种商贸活动被迫中断。腾冲公路口岸由于区位优势明显，货运量也很大，2016 年、2017 年和 2018 年在全国公路口岸货运量排名分别为：第 13 位、第 8 位和第 8 位。孟定清水河公路口岸货运量除了 2016 年稍比 2015 年回落外，一直处于稳定增长状态，增长势头良好（数据见表 2-3 所示）。

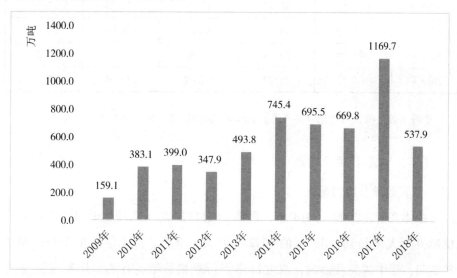

图 2-5 2009—2018 年中缅沿边口岸进出口货运量

资料来源：根据《中国口岸年鉴》（2010—2019）提供的数据制作。

表 2-3 2009—2018 年中缅沿边各口岸进出口货运量

单位：万吨

年份	瑞丽公路口岸	畹町公路口岸	清水河公路口岸	猴桥公路口岸	打洛公路口岸
2009 年	89.44	105.20	6.46	46.96	5.68
2010 年	111.49	14.46	8.92	242.96	5.26

年份	瑞丽 公路口岸	畹町 公路口岸	清水河 公路口岸	猴桥 公路口岸	打洛 公路口岸
2011 年	135. 23	12. 04	21. 20	225. 26	5. 29
2012 年	157. 80	13. 11	26. 58	145. 47	4. 92
2013 年	199. 18	17. 81	36. 87	230. 57	9. 36
2014 年	363. 11	17. 24	51. 94	301. 24	11. 86
2015 年	454. 81	16. 42	52. 60	154. 28	17. 36
2016 年	434. 38	19. 16	46. 64	158. 56	11. 08
2017 年	793. 79	31. 09	56. 58	279. 02	9. 23
2018 年	162. 52	21. 31	65. 02	273. 56	15. 50

资料来源：根据《中国口岸年鉴》（2010—2019）提供的数据整理。

（二）口岸客运量情况

1. 客运量总体情况

总体来看，2009—2018 年，西南沿边口岸的出入境人次由 2009 年的 1870.9 万人增长到 2018 年的 4492.9 万人，增长了 2.4 倍，在 2011—2015 年期间，受中越关系影响，双方口岸实行严格管制，有的口岸甚至完全封闭，出入境人数大幅下滑，直到 2016 年中越关系正常化后，口岸恢复常态，出入境人数才大幅上升（如图 2-6 所示）。

从对邻国的口岸来看，2009—2018 年间，中越沿边口岸和中缅沿边口岸出入境人数要远大于中老沿边口岸，其中 2018 年中越沿边口岸和中缅沿边口岸的出入境人数都 10 倍于中老沿边口岸。在此期间，中越、中老、中缅沿边口岸出入境人数都出现了波动，中缅沿边口岸人数在 2011—2015 年出现大幅下滑，主要原因是受中缅关系及缅北局势不稳的影响。中老沿边口岸在 2014—2015 年出入境人数有所增长，中越沿边口岸在 2012—2015 年出入境人数由于受到中越关系紧张的影响导致出现大幅降低（如图 2-7 所示）。

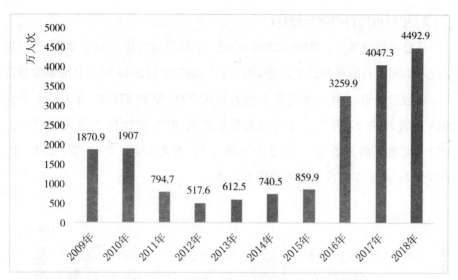

图 2-6　2009—2018 年西南沿边口岸出入境人数（总趋势）

资料来源：根据《中国口岸年鉴》（2010—2019）提供的数据制作。

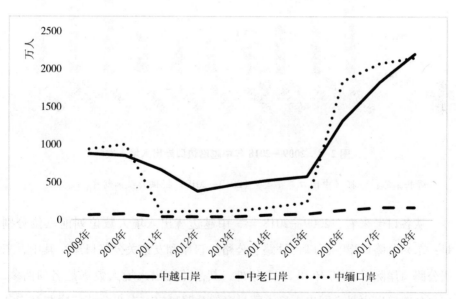

图 2-7　2009—2018 年西南沿边口岸出入境人数（中越、中老、中缅）

资料来源：根据《中国口岸年鉴》（2010—2019）提供的数据制作。

2. 中越沿边口岸客运量情况

从总体趋势来看，2009—2018 年间，中越沿边口岸人数从 2012 年以后呈现出不断上升的局面，尤其是 2016 年、2017 年和 2018 年上升的幅度非常大，从数量来看，中越边境出入境人数由 2009 年的 871.32 万人，上升到 2018 年的 2190.27 万人，出入境人数最多的 2016 年比出入境人数最少的 2012 年增加了将近 5 倍（如图 2-8 所示），在此期间，2012 年、2013 年、2014 年和 2015 年，出入境人数回落明显。

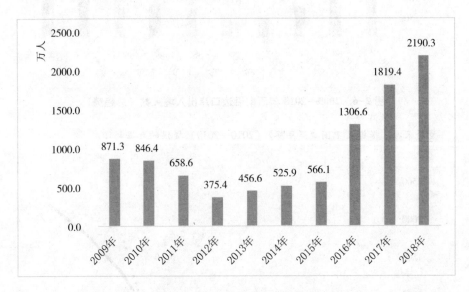

图 2-8　2009—2018 年中越沿边口岸出入境人次

资料来源：根据《中国口岸年鉴》(2010—2019) 提供的数据制作。

从各口岸来看，2009—2018 年，中越边境出入境人数位列前三位分别是：东兴公路口岸、河口（铁路、公路）口岸和友谊关公路口岸，其中，东兴公路口岸除了 2010 年和 2011 年外，其余年份出入境人数都是名列前茅，东兴公路口岸也是全国出入境人数最多的公路口岸。东兴公路口岸与越南芒街口岸仅隔一条北仑河，两者之间有北仑大桥相连，中越边民每天都络绎不绝地往返于中越两地，有的边民甚至形成了"早出（出国）晚归（回国）"

的工作和生活状态。河口公路口岸和友谊关公路口岸出入境人数排名在不同的年份分列第二位或第三位，从 2016 年开始，水口公路口岸、龙邦公路口岸、天保公路口岸和金水河公路口岸出入境人数迅速增加，其中，金水河公路口岸出入境人数最多的年份（2018 年）与出入境人数最少年份（2011年）相差将近 265 倍，水口公路口岸出入境人数最多的 2018 年是出入境人数最少的 2011 年的 33 倍，天保公路口岸出入境人数最多的 2018 年是出入境人数最少的 2011 年的 14 倍（数据见表 2-4 所示）。水口公路口岸、龙邦公路口岸、天保公路口岸和金水河公路口岸进出境人数迅猛增加的原因在于基础设施得到了改善，从而大大促进了边境贸易的发展。

3. 中老沿边口岸客运量情况

在 2009—2018 年期间，中老沿边口岸出入境人数保持快速增长。磨憨公路口岸和勐康公路口岸出入境人数不断增加，磨憨公路口岸比勐康公路口岸开放的时间更早，基础设施及通关条件也比勐康公路口岸更成熟，每年出入境人数明显多于勐康公路口岸，从 2012 年开始，磨憨公路口岸出入境人数始终处于上升趋势。2018 年，通过磨憨公路口岸和勐康公路口岸的人数已达 163.91 万人（见表 2-5 所示）。

4. 中缅沿边口岸客运量情况

2009—2018 年间，中缅边境出入境人数呈现"U"字型趋势，2009 年达到 938.4 万人，2010 年近 1000 万人，但 2011—2015 年期间由于受到各种因素的影响，出入境人数迅速回落，最低年份为 2011 年的 102.4 万人，此后，2016 年始迅速回升到 1828.1 万人，2018 年达 2138.7 万人，与 2009 年相比，已增长了 1 倍多（如图 2-9 所示）。

表 2-4 2009—2018 年中越沿边各口岸出入境人次

单位：万人

年份	凭祥铁路口岸	友谊关公路口岸	东兴公路口岸	水口公路口岸	龙邦公路口岸	河口公路（铁路）口岸	天保公路口岸	金水河公路口岸
2009 年	6.73	82.47	386.10	24.14	2.18	342.58	20.06	7.06
2010 年	5.84	97.66	330.36	19.92	1.54	362.68	21.53	6.91
2011 年	6.33	94.95	148.34	1.58	0.00	399.10	8.14	0.18
2012 年	7.27	89.68	200.59	1.67	0.84	6.48	10.26	0.33
2013 年	7.72	88.75	274.42	2.06	1.39	70.75	11.07	0.46
2014 年	5.88	86.38	364.85	1.95	1.39	51.82	13.07	0.55
2015 年	6.15	92.38	397.41	2.27	1.06	45.61	20.40	0.81
2016 年	7.33	131.26	663.88	16.08	14.59	314.87	114.31	44.29
2017 年	7.19	170.60	996.51	37.08	10.63	446.87	107.43	43.09
2018 年	7.12	210.87	1218.84	52.10	7.48	548.26	98.80	46.80

资料来源：根据《中国口岸年鉴》（2010—2019）提供的数据整理。

注：2011 年，龙邦公路口岸数据未做统计。

表 2-5 2009—2018 年中老沿边口岸出入境数据表

年份	出入境人次（万人）		运输工具（万辆次）	
	磨憨公路口岸	勐康公路口岸	磨憨公路口岸	勐康公路口岸
2009 年	61.22	——	11.33	——
2010 年	67.09	——	16.66	——
2011 年	33.71	——	14.63	——
2012 年	32.20	——	11.23	——
2013 年	40.12	——	23.95	——
2014 年	51.93	2.02	29.47	0.95
2015 年	70.89	3.12	36.76	——
2016 年	119.40	5.84	36.97	3.84
2017 年	145.32	10.80	42.08	3.44
2018 年	153.71	10.20	25.29	2.59

资料来源：根据《中国口岸年鉴》（2010—2019）提供的数据整理。

注：中国海关提供的统计资料中，勐康公路口岸出入境人数从 2014 年开始统计，运输工具从 2014 年开始统计，但 2015 年中断未统计。

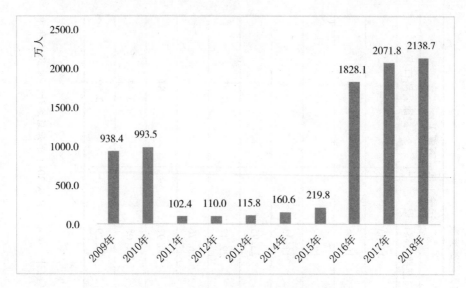

图 2-9 2009—2018 年中缅沿边口岸出入境人数

资料来源：根据《中国口岸年鉴》(2010—2019) 提供的数据制作。

从各个口岸来看，瑞丽公路口岸和打洛公路口岸每年出入境的人数最多，两者交替位列第一位或第二位，2009 年、2010 年、2016 年、2017 年和 2018 年，瑞丽公路口岸位列第一，在 2012—2015 年间，打洛公路口岸位列第一，同时，在 2009—2018 年间，打洛公路口岸出入境人数波动最小，其他口岸出入境人数波动幅度较大，体现在 2011—2015 年间，出入境人数大幅减少（数据见表 2-6 所示）。由于瑞丽公路口岸在中缅沿边口岸客运量占比最大，因而，瑞丽公路口岸出入境人数变化极大影响了中缅沿边口岸客运量的变化。

表 2-6 2009—2018 年中缅沿边各口岸出入境人数

单位：万人

年份	瑞丽公路口岸	畹町公路口岸	清水河公路口岸	猴桥公路口岸	打洛公路口岸
2009 年	808.88	35.89	25.09	22.08	46.42

年份	瑞丽 公路口岸	畹町 公路口岸	清水河 公路口岸	猴桥 公路口岸	打洛 公路口岸
2010 年	857. 71	34. 92	23. 11	29. 76	48. 03
2011 年	37. 74	0. 97	4. 92	17. 48	41. 25
2012 年	43. 27	0. 99	4. 04	17. 00	44. 65
2013 年	47. 23	1. 04	7. 23	3. 24	57. 01
2014 年	65. 26	1. 60	12. 70	2. 14	78. 94
2015 年	87. 40	2. 94	15. 67	3. 54	110. 21
2016 年	1575. 65	71. 88	39. 37	38. 29	102. 89
2017 年	1768. 39	90. 16	91. 62	44. 62	77. 02
2018 年	1736. 60	104. 72	112. 66	54. 03	130. 66

资料来源：根据《中国口岸年鉴》（2010—2019）提供的数据整理。

（三）口岸运输工具出入情况

1. 运输工具出入总体情况

总体来看，2009—2018 年，出入西南沿边口岸的运输工具大幅增加，由 2009 年的 214.1 万辆增加到 2018 年的 595.8 万辆，增长了将近 2 倍，且在此期间除了 2012 年比 2011 年稍有回落之外（少近 6 万辆），其他年份都呈现显著增加趋势（如图 2-10 所示）。

从对邻国口岸来看，2009—2018 年，出入中缅沿边口岸的车辆要远远大于中越沿边口岸和中老沿边口岸，出入中缅沿边口岸车辆至少 8 倍于中老沿边口岸，最高的甚至达到 22 倍，出入中缅沿边口岸车辆比中越沿边口岸车辆也高达 5-16 倍（如图 2-11 所示）。

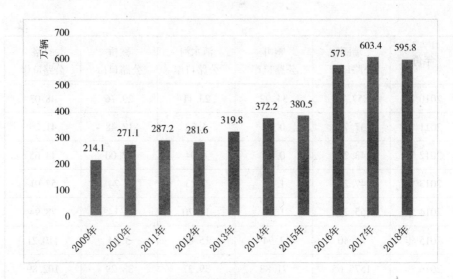

图 2-10 2009—2018 年西南沿边口岸运输工具（总趋势）

资料来源：根据《中国口岸年鉴》（2010—2019）提供的数据制作。

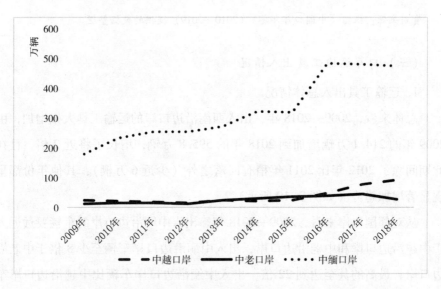

图 2-11 2009—2018 年西南沿边口岸运输工具（中越、中老、中缅）

资料来源：根据《中国口岸年鉴》（2010—2019）提供的数据制作。

2. 中越沿边口岸运输工具出入境情况

总体来看，2009—2018 年，中越沿边口岸运输工具辆次有升有降，其间由于受到中越关系影响，运输工具出入境减少，明显的年份如 2011 年和 2012 年都未达 20 万辆，从 2016—2018 年，中越沿边口岸运输工具迅猛增加，2018 年达到 93.7 万辆，这与中越沿边口岸交通基础设施改善、中越关系恢复有很大的关系（如图 2-12 所示）。

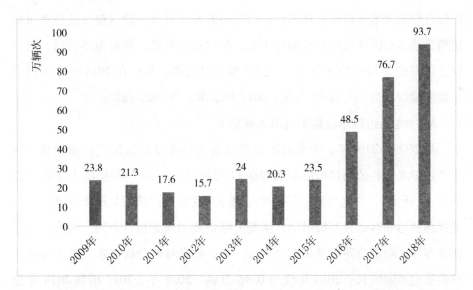

图 2-12　2009—2018 年出入中越沿边口岸运输工具（含公路和铁路）

资料来源：根据《中国口岸年鉴》（2010—2019）提供的数据制作。

注：水口公路口岸 2012—2015 年数据均未统计，龙邦公路口岸 2011 年、2012 年、2015 年数据均未统计。

第一，公路口岸。2009—2018 年，河口公路口岸成为中越沿边口岸运输最繁忙、来往运输工具最多的口岸，其来往车辆从 2009 年的 14.09 万辆增加到 2017 年的 34.96 万辆，增长了 1.47 倍。从 2016 年始，中越沿边各口岸车辆来往数量迅速增加，尤其是友谊关公路口岸和东兴公路口岸最为明显，天保公路口岸运输车辆在 2009—2018 年间，增长了 3.6 倍，金水河公路口岸车辆来往数量增加最快，从2009年的1631辆增加到2018年的4.66万辆，增长了27.61倍，成为出入境运输工具增加最快的口岸（数据见表2-7所示）。第二，铁路口岸。中越沿边铁路口岸包括：凭祥铁路口岸和河口铁路口岸。凭祥铁路口岸在2009—2017年运输车辆不断减少，从2009年的3353辆减少到2017年的1526辆，减少了一半多，但在2018年运输车辆猛增至20875辆，其原因在于，凭祥铁路口岸是国家"一带一路"倡议面向东盟的国际合作重要节点口岸，近年来，口岸不断改造升级，建设包含进境水果指定监管场地的国铁凭祥口岸物流中心，货物进出便捷，贸易循环畅通。河口铁路口岸在2011—2018年间，列车数量有升有降，其中在2014年，运行列车数量最少，当年只有41列次，2017年最多，为1922列次。

3. 中老沿边口岸运输工具出入境情况

从2009—2018年，中老沿边口岸运输工具通过数量保持快速增长。每年经过中老磨憨公路口岸的车辆均在11万辆以上，2017年达42.1万辆（如图2-13所示），中老磨憨公路口岸地理条件优越，经济贸易往来频繁，是中老铁路货运和客运大型编组站，昆曼公路由此通向老挝、泰国、越南、马来西亚等国。勐康公路口岸2011年7月24日正式对外开放以来，进出运输工具数量也不断增长，2014年仅为0.95万辆，2016年、2017年和2018年分别为：3.84万辆、3.44万辆和2.59万辆（数据见表2-5所示）。

4. 中缅沿边口岸运输工具出入境情况

总体来看，在2009—2018年的十年间，出入中缅沿边口岸的运输工具数量出现稳步上升的局面，未曾出现过大的波动，从2009年的179万辆上升到2018年的474.2万辆，增长1.6倍（如图2-14所示）。

表 2-7　2009—2018 年出入中越沿边各口岸运输工具数据

单位：万辆

年份	凭祥铁路口岸	友谊关公路口岸	东兴公路口岸	水口公路口岸	龙邦公路口岸	河口公路口岸	天保（公路和铁路）口岸	金水河公路口岸
2009 年	0.34	4.89	1.22	0.81	0.84	14.09	1.46	0.16
2010 年	0.33	5.28	1.42	0.29	0.71	11.82	1.28	0.17
2011 年	0.32	0.10	0.02	0.12	0.00	15.35	1.56	0.13
2012 年	0.31	0.14	0.01	0.00	0.00	11.46	3.14	0.67
2013 年	0.27	0.30	0.05	0.00	0.01	18.86	3.49	1.05
2014 年	0.23	0.33	0.03	0.00	0.00	14.36	4.18	1.19
2015 年	0.18	0.39	0.01	0.00	0.00	16.52	4.11	2.28
2016 年	0.17	11.00	3.12	2.18	0.33	20.30	8.31	3.05
2017 年	0.15	23.59	3.78	2.05	0.60	34.96	8.03	3.51
2018 年	2.09	29.53	15.47	1.83	0.57	32.78	6.77	4.66

资料来源：根据《中国口岸年鉴》（2010—2019）提供的数据整理。

注：水口口岸 2012—2015 年数据均未统计，龙邦口岸 2011 年、2012 年、2014 年、2015 年数据均未统计。

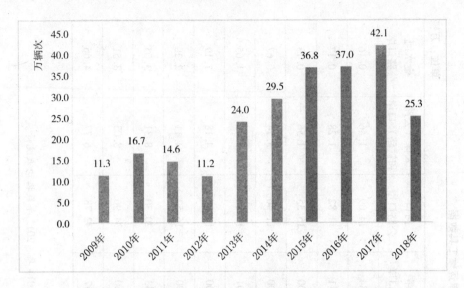

图 2-13　2009—2018 年出入中老磨憨公路口岸运输工具数据

资料来源：根据《中国口岸年鉴》(2010—2019) 提供的数据制作。

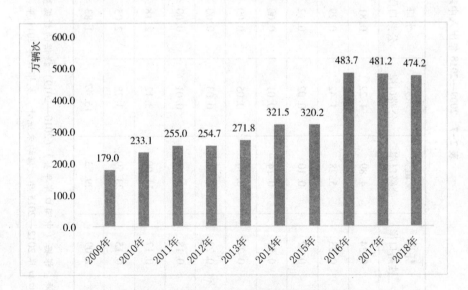

图 2-14　2009—2018 年出入中缅边境运输工具数据

资料来源：根据《中国口岸年鉴》(2010—2019) 提供的数据制作。

具体从各个口岸来看，2009—2018 年间，出入瑞丽公路口岸的运输工具数量远远大于其他口岸，且每年数量都大于其他口岸数量之和，数量最多的 2016 年曾达 397.51 万辆，最少的 2009 年也有 152.9 万辆。瑞丽公路口岸是全国著名的交通运输通道，近年中国海关统计数据显示，每年出入瑞丽公路口岸的运输工具数量都排名靠前，2016—2018 年，其在全国公路口岸出入运输工具数量的排名分别为：第 3 位、第 3 位和第 2 位，说明瑞丽公路口岸已发展成为辐射东盟各国的交通枢纽（数据见表 2-8 所示）。

表 2-8　2009—2018 年出入中缅沿边各口岸运输工具数据

单位：万辆

年份	瑞丽公路口岸	畹町公路口岸	清水河公路口岸	猴桥公路口岸	打洛公路口岸
2009 年	152.92	4.66	4.91	8.13	8.38
2010 年	194.95	6.95	5.78	12.55	12.83
2011 年	219.29	10.00	6.25	6.08	13.42
2012 年	213.74	15.11	5.59	4.38	15.93
2013 年	213.99	20.38	11.89	6.56	18.95
2014 年	238.11	27.03	19.61	13.53	23.23
2015 年	226.56	26.14	25.68	12.80	29.00
2016 年	397.51	22.96	23.58	10.47	29.16
2017 年	386.32	23.04	21.88	15.87	34.12
2018 年	377.89	13.23	21.84	7.46	53.77

资料来源：根据《中国口岸年鉴》（2010—2019）提供的数据整理。

（四）口岸进出口贸易额情况

1. 进出口贸易额总体情况

相关资料显示，2010—2017 年，西南沿边口岸进出口贸易额不断增加，基本每年都上一个新台阶，由 2010 年的 96.07 亿美元增加到 2017 年的 428.61 亿美元，增长了约 3.5 倍（如图 2-15 所示）。

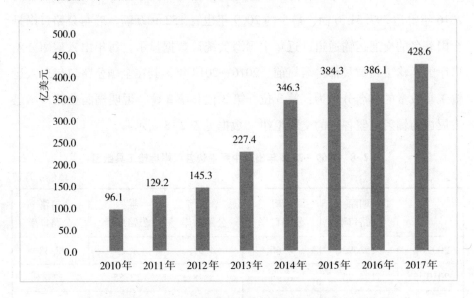

图 2-15　2010—2017 年西南沿边口岸进出口贸易额（总趋势）

资料来源：云南沿边口岸进出口贸易额来源于《云南商务年鉴》（2011—2018），广西沿边口岸进出口贸易额来源于南宁海关。

从邻国对应口岸来看，中越沿边口岸进出口贸易额要远远大于中老沿边口岸和中缅沿边口岸进出口贸易额（如图 2-16 所示），这充分说明，中越之间的经贸来往深度和广度要远大于中缅和中老之间的经贸活动。与老挝和缅甸相比，越南沿边口岸经济发展起步早、基础好、重视程度高，国家和边境地区都出台了明确的促进口岸经济发展的优惠政策，注重与中国开展产业合作和劳务合作，所有这些都使得中越之间的经贸活动更频繁、更深入。

2. 中越沿边口岸进出口贸易额情况

从中越沿边各口岸进出口贸易额来看，在 2010—2017 年间，凭祥铁路口岸进出口贸易额都独占鳌头，其次是东兴公路口岸（数据见表 2-9 所示）。

结合前面关于口岸货运量的分析，在中越沿边口岸货运量排行中，凭祥铁路口岸货运量并不是最大的，据表2-14所显示，凭祥铁路口岸出口包括钢材、汽车摩托车配件等商品，因而，凭祥铁路口岸进出口贸易额大说明：凭祥铁路口岸进出口商品单位价值高、凭祥边境小额贸易以及其他沿边商贸活动是繁荣的。东兴公路口岸是我国进出境人数最多的陆路口岸。东兴公路口岸隔着中越北仑河大桥与越南芒街口岸相对应，是中国与东盟国家唯一海陆相连的国家一类国际性口岸，自古以来就是对外通商重要口岸，近年来，尤其是2012年广西壮族自治区东兴国家重点开发开放试验区获批之后，东兴边境贸易发展迅猛，电子商务、边境旅游等产业得到蓬勃发展，第三产业带旺了这个边境小城。河口（铁路）公路口岸虽然是中越沿边口岸中货运量最大的口岸，但其贸易进出口额并不大，说明河口（铁路）公路口岸"通道经济"特征明显。

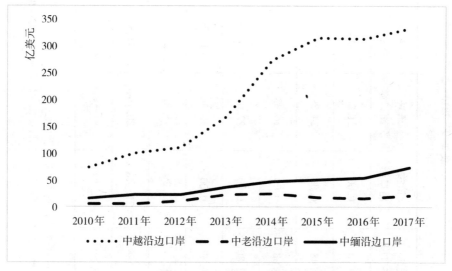

图2-16　2010—2017年西南沿边口岸进出口贸易额（中越、中老、中缅）

资料来源：云南沿边口岸进出口贸易额来源于《云南商务年鉴》（2011—2018），广西沿边口岸进出口贸易额来源于南宁海关。

表 2-9 2010—2017 年中越沿边各口岸进出口贸易额

单位：亿美元

年份	凭祥铁路口岸	友谊关公路口岸	东兴公路口岸	水口公路口岸	龙邦公路口岸	河口（公路）和铁路）口岸	天保公路口岸	金水河公路口岸
2010 年	40.70	0.00	21.27	0.64	0.92	8.31	1.72	0.05
2011 年	61.48	0.00	24.89	0.83	0.81	9.93	1.85	0.04
2012 年	84.08	0.00	16.33	0.72	0.81	8.00	1.16	0.04
2013 年	123.80	0.00	22.08	4.75	5.30	10.50	1.39	0.13
2014 年	206.37	0.00	38.26	14.79	2.99	8.42	1.84	0.16
2015 年	128.11	62.20	75.82	29.12	5.35	13.77	1.35	0.14
2016 年	169.88	217.18	80.76	31.87	5.93	16.05	6.24	2.60
2017 年	196.27	174.75	75.35	23.94	7.52	21.44	5.79	2.61

注：2010—2014 年友谊关公路口岸数据缺失。

资料来源：根据《云南商务年鉴》（2011—2018）和南宁海关提供的数据整理。

3. 中老沿边口岸进出口贸易额情况

中老沿边口岸进出口贸易额在 2010—2017 年间增长很快，由 2010 年的 5.72 亿美元，增加到 2017 年的 21.04 亿美元，增长了 3 倍（如图 2-17 所示）。其中，磨憨公路口岸的进出口贸易额要远远大于勐康公路口岸进出口贸易额，说明磨憨公路口岸作为中老泰三国陆路货物运输、跨境旅游的中转站和集散地的效应已初步显现。

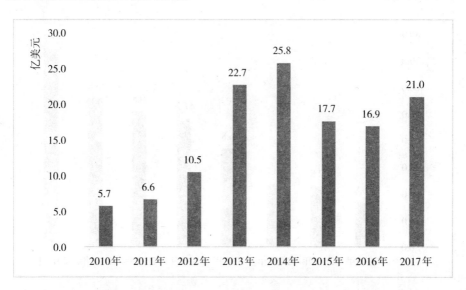

图 2-17 2010—2017 年中老沿边口岸进出口贸易额

资料来源：根据《云南商务年鉴》（2011—2018）提供的数据整理制作。

4. 中缅沿边口岸进出口贸易额情况

云南商务部门提供的数据显示，2010—2017 年间，中缅沿边口岸的进出口贸易额不断增长，由 2010 年的 16.75 亿美元，增加到 2017 年的 74.63 亿美元，增长了 3 倍多（如图 2-18 所示）。

具体从各个口岸来看，在 2010—2017 年间，瑞丽公路口岸进出口贸易额遥遥领先于其他口岸，每年都数倍于畹町公路口岸、清水河公路口岸、猴桥公路口岸和打洛公路口岸进出口贸易额之和，2010—2017 年其倍数分别是：2.99 倍、2.73 倍、5.4 倍、3.96 倍、5.82 倍、7.26 倍、4 倍、4.95 倍，结合前文关于货运量、客运量等方面的分析，说明瑞丽公路口岸作为西南最大的内陆口岸，在物流、旅游、商贸及劳务合作等方面已得到很大发展，其后发潜力还有待进一步挖掘。清水河公路口岸 2010—2017 年进出口贸易额增长也很快，2010 年贸易额仅为 1.02 亿美元，到 2017 年猛增至 6.44 亿美元（数据见表 2-10 所示）。

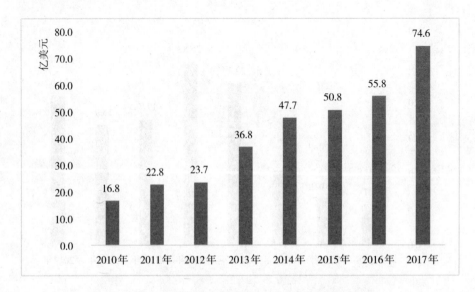

图 2-18 2010—2017 年中缅沿边口岸进出口贸易额

资料来源：根据《云南商务年鉴》（2011—2018）提供的数据整理制作。

表 2-10 2010—2017 年中缅沿边各口岸进出口贸易额

单位：亿美元

年份	瑞丽 公路口岸	畹町 公路口岸	清水河 公路口岸	猴桥 公路口岸	打洛 公路口岸
2010 年	12.55	0.78	1.02	1.95	0.45
2011 年	16.66	0.53	1.00	4.09	0.49

年份	瑞丽公路口岸	畹町公路口岸	清水河公路口岸	猴桥公路口岸	打洛公路口岸
2012 年	19.97	0.78	1.05	1.20	0.67
2013 年	29.36	1.31	1.00	1.94	3.17
2014 年	40.74	0.95	1.47	1.56	3.02
2015 年	44.66	0.76	1.48	2.04	1.87
2016 年	44.66	1.21	6.74	1.98	1.24
2017 年	62.07	2.12	6.44	2.98	1.01

资料来源：根据《云南商务年鉴》（2011—2018）提供的数据整理。

二、口岸业务量发展不平衡

从整个西南沿边口岸来看，由于各口岸相邻国、区域位置、开放程度、基础设施及监管措施不同，不管是货运量、出入境人数、运输工具还是进出口贸易额，西南沿边口岸的业务量都相差很大，呈现出口岸业务量发展不平衡的局面。

中越沿边口岸。中越边境的东兴公路口岸、友谊关公路口岸、凭祥铁路口岸、河口公路口岸、天保公路口岸业务量较大，水口公路口岸、爱店公路口岸、龙邦公路口岸和金水河公路口岸业务量稍少，但发展势头较好。以2018 年出入境人数为例，当年东兴公路口岸出入境人数为 1218.8 万人，占中越边境出入境人数的 55.6%，是龙邦公路口岸的 163 倍，是金水河公路口岸的 26 倍，是水口公路口岸的 23 倍。但是，中越沿边口岸中一些开放得较晚的口岸却因特色而"声名鹊起"。例如，爱店公路口岸多年来坚持以发展中草药边贸业务为导向，业务量增长很快，近两年通过爱店公路口岸进出口药材达 10 亿元人民币，如今爱店公路口岸已经成为中越边境乃至东盟最大的中草药边贸市场。

中老沿边口岸。磨憨公路口岸是国家一类口岸，地处昆曼公路大通道，除中、老两国边民外，每年有来自100多个国家或地区的人员从口岸出入，是云南省除昆明机场之外，第三国人员出入境国别及人数最多的口岸，也是中老边境业务量最大的口岸。勐康公路口岸于2019年5月才被国务院批准为国家一类口岸，其业务量正处于上升阶段，但业务量进一步拓展还需要时间积累。

中缅沿边口岸。总体来看，中缅边境的瑞丽、猴桥、打洛三个公路口岸综合业务量较大，畹町公路口岸和清水河公路口岸业务量较小。其中，瑞丽公路口岸是目前中缅沿边口岸中出入境人员、车辆、货物流量和进出口贸易额最大的口岸，是通往南亚、东南亚的重要门户，其经济发展不仅得益于一般贸易、边境小额贸易和边民互市贸易，近些年转口贸易的迅猛发展推动了口岸业务的快速发展。2018年，瑞丽公路口岸出入境人数为1736.6万人，占中缅沿边口岸的81.2%，分别是畹町、清水河、打洛三个公路口岸的61.6倍、15.4倍和13.3倍，2018年瑞丽公路口岸货运量是162.5吨，分别是畹町、清水河、打洛三个公路口岸的7.6倍、2.5倍和10.5倍，2018年出入瑞丽公路口岸的车辆数为377.9万辆，占中缅沿边口岸的79.7%，是畹町、清水河、打洛三个公路口岸的28.6倍、17.3倍和7倍，在2010—2017年间，瑞丽公路口岸进出口贸易额也数倍于其他口岸之和。

三、口岸与口岸城市协调性有待提高

从当前的研究成果来看，相对集中指数（Relative Concentration Index，RCI）分析法是基于口岸与口岸城市发展规模关系，对口岸经济发展规模进行评价时常用的方法。RCI指数是Vallega于1979年提出的、用于评测地中

海沿岸港口与港口城市发展规模关系的。近年来，我国学者（张必清等，2014①；王亚丰等，2014②；宋周莺，2015③；陈闻君，2018④；苏日古嘎，2019⑤）等采用 RCI 指数应用于口岸与口岸城市关系的评价。本研究借鉴前人的研究成果，采用 RCI 指数对西南沿边口岸与口岸城市发展规模关系进行定量分析，评价西南沿边口岸与口岸城市发展的协调性问题。本研究采用的 RCI 指数计算公式为：

$$T_i = t_i / T$$

$$P_i = p_i / P$$

$$RCI_i = T_i / P_i$$

其中，T 和 P 分别是西南沿边口岸总进出口货运量和西南边境城市总人口数量；t_i 和 p_i 分别是西南沿边口岸 i 进出口货运量和西南边境城市 i 人口数量；T_i 和 P_i 分别为边境口岸 i 的口岸货运量以及口岸城市年末总人口在西南全部沿边口岸的口岸货运总量和口岸城市年末人口总量中的占比。RCI 值表示沿边口岸与口岸城市的相对规模水平，RCI = 1 表示口岸与口岸城市关系比较均衡，规模相当；RCI>1 说明口岸功能大于城市功能，RCI 值越大说明口岸的拉动作用越明显；RCI<1 说明口岸功能小于城市功能，RCI 值越小说明口岸功能越弱。

①　张必清，吴瑛. 边境口岸与载体城市规模关系的演化分析与比较评价——以云南为例 [J]. 昆明学院学报，2013（5）：76-80.

②　王亚丰等. 基于 RCI 的中国东北沿边口岸与口岸城市关系研究 [J]. 现代城市研究，2014（7）：55-60.

③　宋莺周等. 中国沿边口岸的时空格局及功能模式 [J]. 地理科学进展，2015（5）：589-597.

④　陈闻君等. 边境口岸对沿边口岸城市发展影响的实证研究——以新疆与中亚边境口岸为例 [J]. 新疆财经，2018（2）：72-80.

⑤　苏日古嘎. 内蒙古沿边口岸经济发展研究 [D]. 内蒙古大学，2019.

表 2-11 基于 RCI 指数的口岸与口岸城市分类

类型	RCI 取值	特征
一般内陆城市	X<0.33	口岸功能小于城市功能。口岸城市发展不以口岸发展为依托，口岸城市发展轨迹与内陆城市相似。
边境口岸城市	0.33≤X<0.75	口岸城市发展大于口岸发展规模。口岸城市自身发展能力较强，对口岸依赖程度较小。
口岸城市	0.75≤X<1.25	口岸发展规模与口岸城市发展处于理想互动状态。两者互为依托，口岸城市特征明显。
门户城市	1.25≤X≤3	口岸发展规模大于城市发展规模。口岸对城市发展的带动作用较强，口岸已成为口岸城市的主要支撑。
枢纽口岸	X>3	口岸发展规模明显大于口岸城市发展规模。口岸流通服务的影响力、辐射力超出对本地行政区域的影响，而口岸城市只是物流转换的中转站。

资料来源：苏日古嘎. 内蒙古沿边口岸经济发展研究［D］. 内蒙古大学，2019.

在西南沿边一类口岸中，由于勐腊公路口岸 2011 年才对外开放，其货运量 2018 年才开始统计，平孟公路口岸、爱店公路口岸和都龙公路口岸由于国务院批准开放或验收不满三年，中国海关在相应年份并未统计其相关数据。考虑到数据的可获得性和代表性，本研究将选取友谊关公路口岸、水口公路口岸、东兴公路口岸、凭祥铁路口岸、龙邦公路口岸、河口公路（铁路）口岸、金水河公路口岸、天保公路口岸、瑞丽公路口岸、畹町公路口岸、猴桥公路口岸、清水河公路口岸、打洛公路口岸、磨憨公路口岸 14 个一类口岸和其所在的 12 个沿边口岸城市作为研究对象，选取 2009—2018 年以上 14 个沿边口岸货运量和口岸所在城市年末人口总量数据指标，其中，广西壮族自治区沿边口岸货运量数据来源于南宁海关，云南省沿边口岸货运量数据来源于《云南商务年鉴》（2011—2018 年），广西壮族自治区沿边口岸所在城市年末人口数据来源于《广西统计年鉴》（2010—2019 年），云南省沿边口岸所在城市年末人口数据来源于《云南统计年鉴》（2010—2019 年），通过计算，得到西南沿边 14 个一类口岸 2009—2018 年的 RCI 指数（数值见表 2-12 和表 2-13 所示），通过比照 RCI 取值范围得知，西南沿边具备了全部口岸与口岸城市功能关系的组合类型，大部分沿边口岸处于口岸功能与城市功能关系的不平衡状态中，口岸发展对城市的带动作用不突出，"过货化"现象比较明显。

表 2-12 2009—2018 年西南沿边口岸 RCI 指数值

年份	凭祥市		东兴市	龙州县	靖西市	河口县	麻栗坡县
	凭祥铁路口岸	友谊关公路口岸	东兴公路口岸	水口公路口岸	龙邦公路口岸	河口公路（铁路）口岸	天保公路口岸
2009 年	4.86	2.89	1.14	0.34	0.05	12.65	0.28
2010 年	3.41	3.69	0.74	0.27	0.03	7.34	0.20
2011 年	2.13	7.25	0.69	0.28	0.02	8.64	0.11
2012 年	2.32	8.12	1.44	0.17	0.01	5.43	0.12
2013 年	1.52	7.01	0.50	0.10	0.04	8.20	0.21
2014 年	1.03	6.99	0.68	0.06	0.03	4.64	0.27
2015 年	1.04	4.18	1.07	0.04	0.02	6.63	0.29
2016 年	4.13	4.29	1.04	0.02	0.01	6.34	0.32
2017 年	2.52	3.00	0.76	0.03	0.02	8.42	0.15
2018 年	0.45	5.71	1.28	0.10	0.01	8.88	0.19

资料来源：根据南宁海关、《云南商务年鉴》（2011—2018）、《云南统计年鉴》（2010—2019）和《广西统计年鉴》（2010—2019）提供的数据计算而得。

表 2-13　2009—2018 年西南沿边口岸 RCI 指数值（续表）

| 年份 | 金平县 | 勐腊县 | 瑞丽市 | | 耿马县 | 腾冲市 | 勐海县 |
	金水河公路口岸	磨憨公路口岸	瑞丽公路口岸	畹町公路口岸	清水河公路口岸	猴桥公路口岸	打洛公路口岸
2009 年	0.11	0.96	3.44	0.40	0.15	0.48	0.11
2010 年	0.08	1.03	2.89	0.38	0.14	1.77	0.07
2011 年	0.00	1.01	2.76	0.25	0.27	1.31	0.06
2012 年	0.01	1.53	3.69	0.31	0.38	0.97	0.06
2013 年	0.01	1.41	3.40	0.30	0.40	1.14	0.09
2014 年	0.02	1.48	4.95	0.23	0.46	1.23	0.09
2015 年	0.01	1.61	6.58	0.24	0.50	0.68	0.15
2016 年	0.01	1.37	5.64	0.25	0.40	0.63	0.09
2017 年	0.01	1.20	6.63	0.26	0.32	0.73	0.05
2018 年	0.01	2.31	2.13	0.28	0.58	1.12	0.12

资料来源：根据南宁海关、《云南商务年鉴》（2011—2018）、《云南统计年鉴》（2010—2019）和《广西统计年鉴》（2010—2019）提供的数据计算而得。

表 2-12 和表 2-13 动态地反映了西南沿边各口岸的 RCI 值，从两表可以看出，2009—2018 年，凭祥铁路口岸、友谊关公路口岸、河口公路（铁路）口岸、瑞丽公路口岸发展规模比较大，有力地促进和带动了所在城市的发展；磨憨公路口岸规模不断加大，RCI 值从 2009 年的 0.96 上升至 2018 年的 2.31，使勐腊县逐渐成为通往东南亚的门户城市。东兴公路口岸物流不显著，但人流量大，使东兴市成为通往越南的门户城市；其他口岸与城市之间的相关性不显著，所在城市呈现出内陆城市的特征。

静态来看，在 2018 年，西南沿边口岸与沿边口岸城市之间的关系包括以下几种类型：① 一般内陆城市（$X < 0.33$）。龙州县（水口公路口岸，

0.10)、靖西市(龙邦公路口岸,0.01)、麻栗坡县(天保公路口岸,0.19)、金平县(金水河公路口岸,0.01)、勐海县(打洛公路口岸,0.12)。水口公路口岸、龙邦公路口岸、天保公路口岸、金水河公路口岸和打洛公路口岸的口岸职能几乎没有显现出来,口岸发展规模明显小于口岸城市发展规模,口岸对口岸城市发展的贡献较小,口岸城市的发展不以口岸为依托,与内陆城市发展轨迹相似。②边境口岸城市(0.33 ≤ X < 0.75)。耿马县(清水河公路口岸,0.58)。说明耿马县自身发展能力较强,对清水河公路口岸依赖程度较小。③口岸城市(0.75 ≤ X < 1.25)。腾冲市(猴桥公路口岸,1.12)。说明腾冲市与猴桥公路口岸之间关系基本协调,猴桥公路口岸功能大于腾冲市

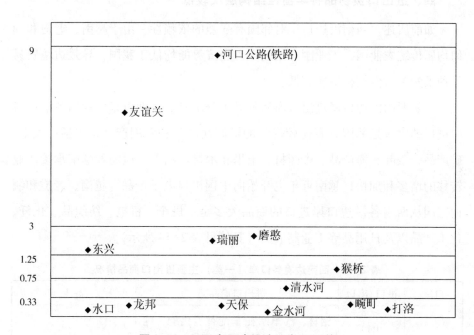

图 2-19 2018 年西南沿边口岸 RCI 值

资料来源:根据《中国口岸年鉴》(2019)、《云南统计年鉴》(2019)和《广西统计年鉴》(2019)提供的数据整理制作。

功能，腾冲市已发展成为口岸城市。④ 门户城市（$1.25 \leqslant X \leqslant 3$）。东兴市（东兴公路口岸，1.28）、勐腊县（磨憨公路口岸，2.31）、瑞丽市（瑞丽公路口岸和畹町公路口岸，2.41）。说明东兴公路口岸对东兴市、瑞丽公路口岸和畹町公路口岸对瑞丽市的带动作用较强。⑤ 枢纽口岸（$X > 3$）。凭祥市（凭祥铁路口岸、友谊关公路口岸，6.16）、河口县[河口公路（铁路）口岸，8.88]。说明凭祥铁路口岸和友谊关公路口岸及河口公路（铁路）口岸流通服务的影响力、辐射力已超出对本地行政区域的影响，而凭祥市、河口县只是物流转换的中转站。

四、进出口贸易品种丰富但结构层次较低

如前所述，西南沿边口岸对邻国有强烈的依赖性。由于越南、老挝和缅甸均属传统农业国，工业刚开始起步，经济势能均低于我国，导致边境贸易品种虽然丰富但结构层次较低。

一是西南沿边口岸进出口商品种类十分丰富。长期以来，西南各沿边口岸进口的大多是邻国具有比较优势的资源性产品和农副产品，包括：大米、矿产品、茶叶、海产品、中药材、干果和木材产品等，但随着越南承接产业转移的增多和加快，越南近年也开始向中国出口电子产品。越南、老挝和缅甸三国从西南各沿边口岸进口的商品大多是：机车、机电、纺织品、化纤、化工产品以及日用品等工业制成品（具体见表2-14所示）。

表2-14　西南边境各口岸（一类）主要进出口商品情况

口岸	进口/出口	进出口商品	备注
凭祥铁路口岸	出口	钢材、汽车摩托车配件、化肥、纯碱、生活日用品	
	进口	茶叶、铁矿、大米	进境中药材、水果指定口岸；2020年2月，正式列入进境水果指定监管场地名单

续表

口岸	进口/出口	进出口商品	备注
友谊关 公路口岸	出口	五金家电、机械产品及零配件、棉纱、服装	
	进口	大米、木材、家具、电子产品	全国进境粮食指定口岸；全国最大水果贸易进口口岸
东兴 公路 口岸	出口	纺织品、机械设备、电缆、塑料制品	
	进口	橡胶、红木、海产品、干果、糖果、棉纱	进境中药材、水果和种苗（景观树）指定口岸
水口 公路 口岸	出口	家电、纺织品、机电配件及日用品	
	进口	大米、坚果、海产品、铁矿、钛矿、炼焦油	全国进境粮食指定口岸；进境水果指定口岸
龙邦 公路 口岸	出口	机械产品及零配件、电子产品及零配件、棉制纺织品	
	进口	大米、腰果、核桃、冷冻海产品、铁矿	全国进境粮食指定口岸；进境中药材、水果指定口岸
平孟 公路 口岸	出口	农用物资、农副产品、生活用品、建材、纺织品、日用品	
	进口	中药材、干果、木材产品	中药材已成为口岸发展潜力大、独具特色的进口商品

续表

口岸	进口/出口	进出口商品	备注
爱店公路口岸	出口	中草药、生活日用品,服装等纺织品	中草药出口额占广西中草药出口额的90%
	进口	带鱼、鱿鱼、木薯、香蕉片、花生、茶叶等海产品和农副产品	
河口公路(铁路)口岸	出口	电力、机车、五金矿产品、机电设备、化工产品、煤炭及制品、农副产品	
	进口	铁矿砂、水果、蔬菜、化肥、焦炭、木薯	全国进境粮食指定口岸;进境中药材、植物种苗及罗汉松指定口岸;冰鲜水产品检验检疫口岸
天保公路口岸	出口	音像设备及其零附件、家电、针织或钩编的服装及附件	
	进口	矿产品(铁矿、铜矿、锌矿、锡精矿)、农副产品、海产品、工艺品、木材、粗锡锭、钢材、大米、茶多酚、橡皮筋	全国进境粮食指定口岸(仅限木薯);进境中药材指定口岸;冰鲜水产品检验检疫口岸
金水河公路口岸	出口	机电设备、五金机械、服装、针织品	
	进口	玉米、木薯、稻谷、茶叶、咖啡	
瑞丽公路口岸	出口	汽车、石油、机械及零部件、船舶	
	进口	珠宝玉石、矿物燃料,中药材	全国进境粮食指定口岸;进境中药材、植物种苗及罗汉松指定口岸;全国进口中药材通关量最大口岸;中国重要的珠宝集散地

续表

口岸	进口/出口	进出口商品	备注
畹町公路口岸	出口	成套设备和机电产品、摩托车配件、消费品	
	进口	木材、畜产品、大米	全国进境粮食指定口岸
清水河公路口岸	出口	化工产品、工业原料、消费品	
	进口	农产品、畜牧产品、林产品、矿产	全国进境粮食指定口岸
猴桥公路口岸	出口	服装、音像设备及其零附件、化工产品	
	进口	大米、海产品、木材、橡胶	全国进境粮食指定口岸
打洛公路口岸	出口	棉制纺织品、塑料制品、小型家电	
	进口	大米、玉米、各种豆类	
磨憨公路口岸	出口	工业品、加工制成品、建材、日用品及食品、家用电器	
	进口	矿产品、电力、农产品、手工业产品	全国进境粮食指定口岸；进境水果、植物种苗及罗汉松进口指定口岸
勐康公路口岸	出口	工业品、加工制成品、建材、日用品及食品、家用电器	
	进口	矿产品、电力、农产品、手工业产品	进口水果占云南进口水果总量50%以上

资料来源：根据相关资料整理而得。

注：都龙公路口岸于2018年3月26日才正式对外开放，成为国际性常年开放公路客运货运口岸，无法获取其主要进出口商品资料。

二是贸易结构层次比较低。从表2-14可以看出，西南沿边口岸进出口贸易的商品仍以低附加值的产品为主，即便是我国出口的产品中，深加工、高技术和高附加值产品比重也较低，整体水平有待提高。

五、边境小额贸易扮演重要角色

西南边境地区充分发挥沿边开发开放的政策优势和边境口岸优势，大力发展边境小额贸易，使边境小额贸易在外贸进出口中处于十分重要的地位。目前，边境小额贸易已经成为广西壮族自治区首要贸易方式。2006—2019年，广西壮族自治区边境小额贸易占广西壮族自治区与东盟进出口贸易总额的平均比例为56.14%，最低年份为42%，最高年份高达74%（如图2-20所示）。在边境城市崇左市，边境小额贸易更是占据了绝对主导地位，边境小额贸易总额已经连续多年位居全国第一，边境小额贸易占全国比重将近三分之一，有"中国边贸第一市"之称。研究资料显示，"2010—2014年崇左市对外贸易中，边境小额贸易总额分别占进出口总额77.5%、86.8%、93.14%、95.78%和85.92%。①"

云南省边境小额贸易活动也十分活跃，交易额逐年增大，所占比例也不容忽视。云南省商务厅提供的数据显示，2014—2019年间，云南省对缅甸、越南和老挝三国的贸易进出口总值不断增长，边境小额贸易额占云南省对缅甸、越南和老挝三国贸易进出口总额的比重均保持在1/3左右，其中，2014年占35.88%，2017年占31.20%，这说明，边境小额贸易已成为云南省对缅甸、越南和老挝三国贸易的重要贸易方式，特别是云南省对缅甸的贸易中，边境小额贸易占比更重，分别达到41.30%、35.24%、41%、43.50%、43.66%和34.12%（数据见表2-15所示）。

---

① 覃娟，陈禹静. 广西沿边口岸经济发展研究——以崇左市为例 [J]. 中国边疆学，2015（1）：64-69.

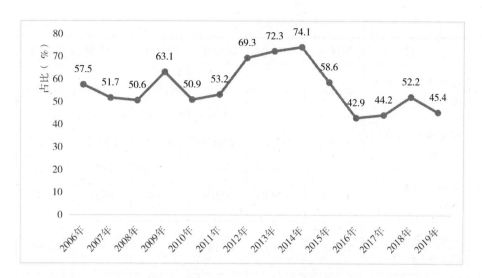

图 2-20　2006—2019 年广西壮族自治区边境小额贸易占东盟进出口总额比例

资料来源：根据《广西统计年鉴》（2007—2020）提供的数据制作。

表 2-15　2014—2019 年云南省对越、老、缅三国进出口总值

单位：万美元

项目	2014 年	2015 年	2016 年	2017 年	2018 年	2019 年
对缅、越、老进出口贸易总额	998132	897353	947079	1096815	1180056	1386202
其中：边境小额贸易	358176	249069	294683	342238	327440	310800
边境小额贸易占比（%）	35.88%	27.76%	31.11%	31.20%	27.75%	22.42%
对缅甸进出口贸易总额	704661	585518	606442	631070	658537	812885
其中：边境小额贸易	291265	206336	248670	274669	287504	277339

项目	2014 年	2015 年	2016 年	2017 年	2018 年	2019 年
边境小额贸易占比（%）	41.30%	35.24%	41%	43.50%	43.66%	34.12%
对越南进出口贸易总额	155987	233195	268239	364722	415380	447255
其中：边境小额贸易	37301	29903	32530	51456	30717	30616
边境小额贸易占比（%）	23.90%	12.80%	12.13%	14.11%	7.39%	6.85%
对老挝进出口贸易总额	137484	78640	72398	101023	106139	126062
其中：边境小额贸易	29610	12830	13483	16113	9219	2845
边境小额贸易占比（%）	21.50%	16.31%	18.62%	15.95%	8.69%	2.26%

资料来源：根据《云南商务年鉴》（2014—2020）提供的数据整理。

第三章

西南沿边口岸经济发展的 SWOT 分析

SWOT 分析法是 20 世纪 80 年代初，美国管理学教授韦里克提出的，用于确定企业战略的一种分析方法，后被引用于多个领域，现在已经成为研究战略问题常用的一种分析方法。SWOT 分析方法将分析对象所具有的内部优势（strength）、劣势（weakness）及外部的机遇（opportunity）、挑战（threat）等，通过调研，一一列举，并对要素进行系统分析，从而得出相应的结论。本项目的研究重点是西南沿边口岸经济发展的战略问题，以下采用 SWOT 分析方法，通过内部资源和外部环境的有机结合来清晰地了解西南边境地区发展口岸经济所拥有的资源优势和缺陷，从国际国内宏观经济背景及产业发展等角度分析其面临的机会和挑战，为提出西南沿边口岸经济发展的战略思路提供理论依据。

一、西南沿边口岸经济发展的优势

（一）已达成多项协议和共识

中越、中老、中缅山水相连，唇齿相依，历史文化源远流长。近年来，中越、中老、中缅领导人保持频繁互访和接触，在各领域的友好交往与互利合作不断加强，取得了多方面的共识并签订了不少协议，为开展经贸合作提供了法律基础，也为西南沿边口岸经济发展创造了便利条件。

1. 中国与越南达成的协议和共识

1999 年初，中越两国确定了"长期稳定、面向未来、睦邻友好、全面合作"的关系框架。在这样的关系框架下，中越两国关系得到积极发展，虽然其间有些矛盾，但"和平友好是历史发展的主流，矛盾冲突是短暂的支流"①。近年来，中越两国高层互访频繁，政治互信不断加强，边界领土等问题逐步得到解决，为两国关系，尤其是经贸合作关系的进一步发展提供了新的、更大的动力，中国提出的"一带一路"倡议已经得到越南的高度认可，越南高层表明态度要加入"一带一路"建设。据统计，1991 年中越关系正常化以来，中越双方迄今已签署三十多项双边协定，协定涉及经济技术合作、双边经贸合作、旅游合作、渔业合作、铁路交通运输、公路交通运输和海运等方面，主要包括：《关于鼓励和相互保护投资协定》（1992 年 12月）、《关于货物过境的协定》（1994 年 4 月）、《关于保证进出口商品质量和相互认证的合作协定》（1994 年 11 月）、《边贸协定》（1998 年 10 月）、《关于扩大和深化双边经贸合作的协定》（2006 年 11 月）、《2012—2016 年阶段中越经贸合作五年发展规划》（2011 年 10 月）、《中越经贸合作五年发展规划重点合作项目清单》（2013 年 5 月）、《边贸协定（修订版）》（2016 年 9月）、《2012—2016 年阶段中越经贸合作五年发展规划延期和补充协议》（2016 年 9 月）、《关于确定 2017—2021 年中越经贸合作五年发展规划重点合作项目清单的谅解备忘录》（2017 年 11 月）、《关于推动"两廊一圈"框架和"一带一路"倡议对接的谅解备忘录》（2017 年 11 月）等。

2. 中国与老挝达成的协议和共识

1989 年中老关系正常化以来，双边关系得到全面恢复和发展，在政治、经济、军事、文化和教育等领域的友好交流与合作不断深化，尤其是我国提出"一带一路"倡议以来，得到了老挝政府的高度认可与响应。

---

① 梁志明. 中越关系的历史渊源与发展前瞻 [J]. 人民论坛·学术前沿，2014（9）：19-29.

相关资料显示，中国与老挝在投资与贸易方面签订的协定涉及投资、旅游、运输和税收等方面，具体来看，主要包括：《中老贸易协定》（1988 年12 月）、《中老关于鼓励和相互保护投资协定》（1993 年 1 月）、《中老汽车运输协定》（1993 年 12 月）、《中老澜沧江——湄公河客货运输协定》（1994年 11 月）、《中老旅游合作协定》（1996 年 10 月）、《中老关于成立两国经贸技术合作委员会协定》（1997 年 5 月）、《中老避免双重征税协定》（1999 年1 月）、《中国、老挝、缅甸和泰国四国澜沧江——湄公河商船通航协定》（2000 年 4 月）、《关于加强两国边境地区经贸合作的协定》（2016 年 11 月）等。此外，中老两国还开展了司法领域的合作，签订了包括《中老民事刑事司法协助条约》（1999 年 1 月）、《中华人民共和国和老挝人民民主共和国引渡条约》（2002 年 2 月）和《争端解决机制协议》（2004 年 11 月）等在内的多个条约和协定。

3. 中国与缅甸达成的协议和共识

历史上，中缅两国关系曾出现波折，但缅甸加入大湄公河次区域（Great Mekong Subregion，简称 GMS）经济合作以后，与中国的交往与合作逐渐加强，尤其是中国提出"一带一路"倡议之后，缅甸各方积极响应和主动融入"一带一路"合作倡议。近年来，中缅以"一带一路"的"五通"为着力点，先后签署政府间推进"一带一路"建设谅解备忘录和《关于共建中缅经济走廊的谅解备忘录》（2018 年 9 月）。中国国家主席习近平 2020 年访问缅甸期间，中缅发表了《联合声明》，表示"将加强共建'一带一路'合作，推动中缅经济走廊从概念规划转入实质建设阶段，着力推进中缅边境经济合作区公路、铁路、电力、能源等互联互通骨架建设"①。

在此之前，中缅签订的协定主要包括：《关于边境贸易的谅解备忘录》（1994 年）、《关于农业合作的协定》（1995 年 6 月）、《农业合作谅解备忘

---

① 孙敬鑫. 中缅共建"一带一路"的新契机［EB/OL］. http：//www. chinatoday. com. cn/zw2018/bktg/202004/t20200426_ 800202146. html

录》(2000 年 2 月)、《渔业合作协定》(2001 年 12 月)、《关于鼓励促进和保护投资协定》(2001 年 12 月)、《关于促进贸易、投资和经济合作的谅解备忘录》(2004 年 3 月)、《关于信息通讯领域合作的谅解备忘录》(2004 年 7 月)和《中缅航空运输协议》(2006 年 2 月)等。

(二)国家高度重视沿边口岸经济发展

近年来,中央实行新的沿边开放战略,推动我国对外开放格局由沿海、沿江扩大到沿边,走向全面开放。"一带一路"倡议的提出,更是将边境地区推向了对外开放的前沿阵地。《西部大开发"十二五"规划》《边境地区开发开放规划(2011—2020)》以及《国务院关于加快边境地区开发开放的若干意见》(国发〔2013〕50 号)等明确提出,加快推进重点边境城镇、重点口岸、国家重点开发开放试验区建设,打造沿边对外开放桥头堡和经济增长极。可见,未来国家有望加大对重点口岸、边境城镇、国家重点开发开放试验区的投入,基建、土地、财税和金融等一系列支持重点口岸发展的政策措施也有望加快"落地"。因此,在新一轮沿边开放战略的驱动下,西南边境地区无疑将成为今后相当长一个时期大有可为的黄金地区。

专栏 1 我国支持沿边口岸经济发展系列文件(节选)

★《西部大开发"十二五"规划》

第三章第十一节沿边开放区提出"制定和实施特殊开放政策,加快重点口岸、边境城市、边境(跨境)经济合作区和重点开发开放试验区建设,探索沿边开放新模式。培育和建设一批富有活力的边境重点口岸、边疆区域性中心城市,形成边境地区要素集聚高地,带动边境地区整体发展。"

第四章第十三节强化铁路建设提出完成重点铁路工程"南宁至凭祥铁路等扩能改造"国际铁路项目。

★《中共中央关于全面深化改革若干重大问题的决定》

第七 构建开放型经济新体制提出：加快沿边开放步伐，允许沿边重点口岸、边境城市、经济合作区在人员往来、加工物流、旅游等方面实行特殊方式和政策。

★《边境地区开放开发规划（2011—2020）》

总方向：加快边境地区开发开放，将坚持统筹国内开发与对外开放，以开发促开放，以开放促发展。以国际大通道为依托，以开发开放试验区为重点，以沿边重要口岸城镇为支撑，以各类开放园区为载体，通过建设东盟合作高地、西南开放桥头堡、向西开放门户、东北亚开放枢纽，构建边境地区开发开放的战略布局。

★《关于加快边境地区开发开放的若干意见》（国发〔2013〕50 号）

提出："研究设立广西壮族自治区凭祥、云南磨憨、内蒙古二连浩特、黑龙江绥芬河、吉林延吉、辽宁丹东重点开发开放试验区。"

资料来源：根据相关资料整理而得。

（三）交通基础设施不断完善

1. 国内交通基础设施不断完善

经过多年的开发与建设，西南沿边口岸对外交通网络日趋完善。

一是公路建设方面。目前，西南边境地区所有一类公路口岸已连通高速公路，所有二类公路口岸已连通二级公路，有的正在建设高速公路，如广西壮族自治区崇左市至水口公路口岸、隆安县至硕龙公路口岸的高速公路前期工作正在有序开展。从广西壮族自治区来看，在 2020 年实现"县县通高速"的目标已提前完成，目前正在推进西部陆海新通道建设，加强与越南沿边口岸的交通基础设施建设。从云南省来看，近年来，云南省在推进全省县域高速公路"能通全通"工程的基础之上，按《云南省道网规划修编（2016—2030年）》的规划，确定建设"五纵五横一边两环二十联"高速公路网，着重推进云南省与周边国家和省（区、市）多路连通，在"十四五"规划中，已规划建设沿边高速公路①；2017年，昆曼公路中国境内段已经全程实现高速化。

二是铁路建设方面。西南边境地区的铁路建设步伐已超越全国平均水平。广西壮族自治区方面，截至2018年底，铁路运营里程已达5202公里，其中高铁运营里程1771公里，位居全国第一，构建了贯通东西南北、点线协调配套的现代化铁路网，实现了从"慢车"起步到"超车"变速的蜕变；另外，通往沿边口岸的湘桂铁路南宁至凭祥段扩能改造已经完成，沿边铁路防城港—崇左—百色铁路各项工作正在准备中。云南省方面，已经建设了辐射全省的铁路框架，下一步将按照"滇中加密、沿边拉通、滇西循环"的原则，进一步提升互联互通水平，增强辐射带动能力，沿边铁路②已经纳入云南省"十四五"规划。

2. 国际交通基础设施顺利推进

广西壮族自治区和云南省抓住"一带一路"、中国—中南半岛经济走廊、孟中印缅经济走廊和大湄公河次区域经济合作建设的契机，加入了《次区域便利货物及人员跨境运输协定》（以下简称《便运协定》）等推进交通基础设施的协定，目前已完成《便运协定》全部17个附件和3个议定书的谈判和签署工作，与越南签署了《中越关于在河口—老街实施便运协定的谅解备忘录》和《中越关于将友谊关—友谊出入境站点及昆明—百色—南宁—友谊关—友谊—谅山—河内路线列入便运协定议定书—的谅解备忘录》，与老挝

---

① 云南省沿边高速公路起于泸水，止于富宁，串联边境地区8个州市24个县，规划总里程约1802公里，总投资2214亿元.

② 云南省沿边铁路。设计时速200公里/小时，双线客货共线，新建线路全长1087公里，估算总投资1544亿元，项目分两期建设，一期建设腾冲至芒市至临沧至普洱段、蒙自至文山至富宁段，长695公里；二期再建设剩余路段.

签署了《中老关于在磨憨—磨丁实施便运协定的谅解备忘录》，开通了 13 条国际道路运输线路，积极跟踪推进境外公路铁路建设项目，互联互通建设工作取得重要突破。目前，中老铁路等重大互联互通项目建设进展顺利，中越国际铁路通道对接工作已启动，越南已规划改造河口至河内铁路，中缅国际铁路公路建设前期工作得到缅方的大力配合（具体见表 3-1 所示），极大地推动了与周边国家的经济合作，也密切了人员的交流。

表 3-1　我国与越南、老挝、缅甸陆上基础设施互联互通状况

	主要通道	主要通道规划情况	主要通道建设现状
中缅	泛亚铁路西线	昆明—瑞丽 623 千米 木姐—皎漂 885 千米	大理—瑞丽段顺利推进（大理至保山段 2008 年 6 月开工，预计 2021 年建成，保山至瑞丽段 2014 年 7 月开工，预计 2023 年建成）；2018 年 10 月 22 日，缅甸铁路局与中国方面签署木姐—曼德勒铁路项目可行性研究备忘录
	中缅公路	昆明—瑞丽—曼德勒—皎漂高速公路，缅甸境内长 1022 千米	昆明—瑞丽通道境内段除龙陵至瑞丽段在建外已全部高速化；保山—腾冲段已建成高速公路
中老	泛亚铁路中线	昆明—磨憨 602 千米 磨丁—万象 229 千米 万象—曼谷 639 千米	昆明—玉溪及昆明枢纽正在加紧建设，2015 年通车；玉溪—磨憨铁路已于 2015 年 8 月开工，2021 年建成
	昆曼高速公路	全程 1807 千米 昆明—磨憨 688 千米	2012 年 12 月 13 日老挝会晒至泰国清孔的大桥合龙，昆曼公路全线贯通

续表

主要通道			主要通道规划情况	主要通道建设现状
中越	昆明—河内经济走廊	泛亚铁路东线	昆明—河口 390 千米 河口—河内 296 千米	昆明—蒙自段建成运营;蒙自—河口段正在加快建设;越南已规划改造河口至河内铁路
		昆明—河内高速公路	昆明—河口 400 千米 河口—河内 264 千米	境内段已实现高速化
	昆明—老街—河内—海防—广宁经济走廊	—	—	—
	南宁—谅山—河内—海防—广宁经济走廊	—	—	—
南宁—新加坡经济走廊	南宁—河内—万象(或金边)—曼谷—吉隆坡—新加坡走廊	南宁经友谊关与越南连接,南下经柬埔寨、泰国、马来西亚直达新加坡	—	南宁至越柬边界,柬泰边界至新加坡路段已经建成通车;河内嘉林站以南一直到新加坡的米轨路段需要改建为准轨铁路
		南宁经友谊关与越南贯通南北的 1 号公路连接,再通过老挝、柬埔寨、泰国、马来西亚至达新加坡	—	从中越边境友谊关至老挝万象约 500 千米的低等级公路需要进行改造或新建

资料来源:根据相关资料整理而得。

（四）口岸建设不断取得新成果

近年来，广西壮族自治区和云南省积极落实《国家"十二五"口岸发展规划》《国家"十三五"口岸发展规划》及《国务院边境地区开发开放规划（2014—2020 年）》等国家关于口岸发展的相关规划、文件和政策，在口岸基础设施建设、口岸通关便利化和口岸功能拓展等方面都取得不俗成绩。

1. 口岸基础设施得到优化

广西壮族自治区和云南省通过地方财政拨款和专项资金投入等手段，加大口岸基础设施建设，优化口岸通关环境，提高口岸通关效率。经调研得知，近年来，广西壮族自治区先后投入 10 多亿元资金用于口岸基础设施建设，进一步完善了口岸基础设施，所有一类公路口岸都已实现"人货分离"通关，凭祥铁路口岸基础设施实现改造升级。云南省以口岸通关便利化为抓手，加快口岸配套设施和通关便利化建设，并在经费上、制度上和监管上都做了充分保障，极大改善了云南省口岸的基础设施条件和现代化程度。在经费保障上，2009 年以来，中央财政和云南省财政每年拨付 2 亿元口岸建设经费；在制度保障上，出台了《云南省口岸建设专项资金管理办法》和《云南省口岸建设项目管理实施办法（试行）》等文件；在监管保障上，由职能部门组织专家或评审组对口岸项目建设进行评审，切实做好口岸建设项目的申报、审核、评审、上报、下达和建设工作，保证口岸建设达到预期要求。

2. 口岸便利化程度得到提高

广西壮族自治区和云南省主动服务和融入"一带一路"倡议，全面、深入研究沿边口岸通关建设工作，从夯实基础、构建平台、优化环境、深化改革和强化保障等方面对通关便利化建设做出全面部署。广西壮族自治区建立并完善了"一站式办公，一次性检查，一卡式服务"通关服务模式；在东兴公路口岸建立互市贸易智能化管理系统；在友谊关公路口岸开通电子口岸并设立 GMS 通关信息服务站，并于 2014 年 11 月启动海关与检验检疫关检合作"三个一"工作，对企业申报、联合查验和统一放行等环节进行整合，使通关手续更加简便。云南省出台了《云南省人民政府关于加强口岸工作推进大通关建设的实施意见》（云政发〔2015〕63号）等文件，对全省口岸大通关建设做出了全面部署，为全省大通关建设奠定了坚实基础。同时，云南省加快电子口岸大通关服务平台建设及补充项目建设，积极推进口岸各部门"三互"（信息互换、监管互认、执法互助）和"三个一"（一次申报、一次查验、一次放行）工作，大力推广国际贸易"单一窗口"的应用，实现了让企业足不出户、零花费达到货物、运输工具申报、贸易许可和原产地证书申领的目的，降低了企业成本、提高了口岸通关效率。

3. 口岸功能得到拓展

广西壮族自治区和云南省都在省级（区）层面建立了口岸发展规划，在规划中进一步优化全省口岸布局，扩大口岸开放力度，促进口岸功能的发挥。一是对原有一类口岸扩大开放性质。近年来，广西壮族自治区和云南省按照口岸开放的相关程序，有序推动相关口岸由双边性口岸升格为国际性口岸，如2019年10月7日，国务院批准云南省勐康公路口岸扩大开放为国际性口岸，实现对双边和第三国持有效证照人员和货物通行。二是继续推动原二类口岸有序升格。广西壮族自治区和云南省都采取各项措施，提升二类口岸各项条件，并积极向国家口岸办汇报推进。例如，2015年1月，国务院批准广西壮族自治区爱店公路口岸升格为一类口岸。目前，广西壮族自治区和云南省的所有二类口岸都已进入本省（自治区）口岸建设项目库或一类口岸储备库，各项口岸升格工作正有序推进。三是申请成为国家级特定货物进口指定口岸。进口指定口岸建设是监管口岸和扩大口岸业务的有效手段，广西壮族自治区和云南省根据国家有关部署和政策，积极推动西南沿边口岸的分类工作。经调研得知，广西壮族自治区和云南省的许多沿边口岸都已成为各类别进口产品的指定口岸，例如，到目前为止，云南省已推动建成20个粮食、水果、种苗、冰鲜水产品进境指定口岸，开展8个输华农产品风险分析工作，促成老挝和缅甸6种农产品获得检疫准入。

4. 国际口岸通关合作得到加强

广西壮族自治区和云南省围绕建设面向南亚、东南亚辐射中心，积极开展与邻国关于口岸通关便利化的磋商和洽谈等工作，推动建立与周边国家部门间双边通关便利化合作机制与平台，大大提升了西南沿边口岸的通关效率，促进双方贸易往来。目前，广西壮族自治区已与越南边境省签订了口岸通关便利化合作备忘录，所提出的"两国一检"（在信息互换、监管互认的情况下一次查验操作）的概念得到中越两国的认可，广西壮族自治区跟谅山海关已经达成一些合作意向，但要进一步向前推进，还有很多问题要解决，如双方认同的海关技术标准是什么？检验检疫技术标准是什么？这些都要形成共识，否则无法合作。云南省除了与缅甸、老挝、越南进行通关便利化磋商之外，还通过中越两国沿边口岸合作委员会、中国云南—老挝北部合作工作组会议及中国云南—缅甸合作论坛等平台，推动建立国家、省、州市和县等多级层面的双边口岸合作机制。近几年，云南省还根据国际形势，推进边检机关国际警务交流合作。为此，云南省于2017年下发了《关于进一步深化与毗邻和重点通航国家（地区）边检机关国际警务交流合作的通知》，深入推进边检国际执法执勤合作，健全完善与周边国家和地区以及与通航重点国家边检（移民）机关之间的协作交流机制。例如，在磨憨边防检查站与老、泰两国边检（移民）机关共同推动下，建立了中国磨憨边防检查站、老挝磨丁公安检查站、会晒第四友谊大桥公安检查站和泰国清孔移民检查站"三国四站"边检国际警务合作工作机制，实现了昆曼大通道上的边检（移民）管控与服务工作连点成线，合力保障快捷、高效、顺畅的昆曼大通道，形成了具有中老泰边境特点和陆地口岸亮点的边检国际警务合作交流机制。

（五）口岸经济发展顺利推进

目前，西南沿边口岸经济建设顺利推进，除了前文所述口岸业务量稳定攀升之外，还包括中外产业合作全面推进、各类园区建设取得良好成效等。

1. 产业合作全面推进

产业合作是中外双方在发展经济过程中的实际需求。在国家政策鼓励下，西南边境地区的中外产业合作一直持续开展、全面推进。目前，中越、中老、中缅的产业合作涉及工业、金融、农业畜牧及文化旅游等领域，其中，农业合作是广西壮族自治区和云南省与越南、老挝、缅甸的合作重点，也是最有前景的领域。早在 2007 年，广西壮族自治区与越南广宁省签署了《农业合作协议书》，确定了农业技术培训、现代农业示范园区建设、农作物病虫害防治、种业、饲料以及农业信息交流等重点合作领域。近年来，广西壮族自治区先后实施了越南甘蔗种植加工和剑麻种植基地、老挝果蔬新品种试种基地和蔬菜种植开发、缅甸杂交玉米试种基地等一系列农业合作项目，在越南、老挝等国家建设糖料、木薯、蔬菜、水稻、桑蚕、剑麻等生产基地，不仅缓解了国内企业原料供应不足的问题，还带动了农民增收和农业生产发展。随着中国与东盟的旅游合作逐步深化，在旅游合作方面，目前跨国游和边境游已成为广西壮族自治区和云南省旅游新品牌，推出的中越、中缅等跨国自驾游、胡志明足迹之旅等旅游项目，都深受旅游者喜爱。例如，广西壮族自治区东兴市 2013 年 8 月 3 日正式恢复全国边境旅游异地办证业务以来，目前已开通了东兴—芒街一日游，东兴—芒街—茶谷二日游，东兴—芒街—下龙湾三日游，东兴—芒街—下龙湾—河内四日游及桂林—防城港（东兴）—越南芒街—下龙黄金旅游线跨境自驾游等边境旅游精品线路，有效带动了地方经济发展。

2. 各类园区建设取得良好成效

围绕口岸经济发展主轴，西南边境地区通过布局各类产业园区吸引产业落地，从最初的经济开发区到后来国家特别为边境地区设立的边境经济合作区、沿边重点开发开放试验区和跨境经济合作区等，园区建设已经由单一性、分散性向多功能、专业化和规模化发展，以点到线，园区承载能力不断增强，已成为当地经济发展的引擎，为西南沿边口岸经济的良好发展提供广阔空间。

（1）边境经济合作区运行良好。边境经济合作区是我国于 1992 年由国务院批准设立的、推动边境地区加工贸易发展的一类经济园区。到目前为止，西南边境地区共有 6 个国家级边境经济合作区，它们分别是：广西壮族自治区凭祥边境经济合作区、广西壮族自治区东兴边境经济合作区、云南省畹町边境经济合作区、云南省河口边境经济合作区、云南省瑞丽边境经济合作区和云南省临沧边境经济合作区。自成立以来，6 个边境经济合作区统筹国内国际"两个市场、两种资源"，逐步培育起一批特色优势产业和外向型产业，在促进边境地区产业集聚发展方面发挥了积极作用。根据调研获悉，广西壮族自治区东兴边境经济合作区的跨境电子商务已形成较为完整的产业链，涵盖了公务服务、人才培训、产品展示、创业孵化、跨境结算及物流配送等产业链，已连续多年入选阿里研究院发布的中国县域电子商务百强县，位居广西壮族自治区第一。云南省瑞丽边境经济合作区和畹町边境经济合作区的机电和 IT 产业发展迅速，当地居民"开瑞丽汽车、骑瑞丽摩托、看瑞丽电视、用瑞丽手机、游瑞丽风光"已成为边境地区一景。在产业的带动下，6 个边境经济合作区已发展成为边境地区重要的经济增长点，加快了所在地的城镇化步伐，不少边境小镇依托边境经济合作区逐步发展成为繁荣、现代的口岸城市。数据显示，"2017 年，东兴边境经济合作区占东兴市经济总量的比重达 60%，河口边境经济合作区占河口县经济总量的比重达55.69%，凭祥边境经济合作区占凭祥市经济总量的比重为 50.76%。凭祥边境经济合作区城镇居民人均可支配收入与设立之初相比增加了 5 倍多。①"近年来，为了进一步加强对边境经济合作区的管理，广西壮族自治区和云南省主要围绕边境经济合作区的发展规划开展制度化管理并给予相应的政策支持。例如，云南省于 2018 年颁发了《云南省边境经济合作区体制机制创新指

---

① 晏澜菲. 边合区、跨合区成沿边地区发展重要引擎 [EB/OL]. http：//www. comnews. cn/
article/ibdnews/201908/20190800014655. shtml.

导意见》和《云南省边境经济合作区管理办法》，开发建设了"云南省开发区数据综合统计信息平台"，实现对全省边境经济合作区数据信息的信息化、网络化和科技化管理。

（2）沿边重点开发开放试验区经济实力不断提升。沿边重点开发开放试验区建设始于 2010 年，旨在支持边境地区经济和对外贸易发展。到目前为止，我国共建有 7 个沿边重点开发开放试验区，其中，西南边境地区有 4 个，它们分别是：广西壮族自治区东兴重点开发开放试验区、广西壮族自治区凭祥重点开发开放试验区、云南省瑞丽重点开发开放试验区和云南省勐腊（磨憨）重点开发开放试验区。

经过十年建设，西南边境地区 4 个沿边重点开发开放试验区的基础设施建设取得了巨大成效，国际大通道枢纽的功能日益凸显，未来将着力构建面向东南亚、南亚的国际综合运输通道；通过先行先试，构建了边境地区开发开放的制度体系，在跨境金融、产业合作和劳务合作等方面积累了一批可复制可推广的经验；经济综合实力不断提升，据资料显示，"2019 年上半年瑞丽、勐腊、凭祥重点开发开放试验区 GDP 增速分别达到 10%、9%、8.4%，领先全国平均水平。[1]"

案例 1　广西壮族自治区东兴重点开发开放试验区

2012 年 7 月，国务院批准《广西东兴重点开发开放试验区建设实施方案》，广西东兴国家重点开发开放试验区（以下简称"东兴试验区"）是全国首批三个获批沿边重点开发开放试验区之一。东兴试验区建设上升为国家战略，至 2022 年满十年征程。十年来，东兴试验区在各个领域取得了斐然的成绩。

---

[1]　黄令妍. 沿边重点开发开放试验区成中国边境地区发展增长极［EB/OL］. http：//www. chinanews. com/cj/2019/11-26/9018080. shtml.

"先行试"的名片不断擦亮。勇担为沿边地区高质量发展改革探路的历史使命，完成构建开放型经济新体制综合试点试验，一批先行先试改革创新成果全国、全（自治）区领先。全国首张34证合一的"一照通"营业执照在防城港产生。沿边金融改革创造3个全国第一、多个全（自治）区第一，开创人民币对越南盾直接报价兑换的"试验区模式"。积极争取自主先行先试改革事项近100项，成功探索跨境贸易结算、商事制度改革等36条可复制推广经验，先后获国务院表彰3次，中越文旅六联合模式获得国家文旅部肯定。"互市+落地加工""跨境旅游六联合"等模式在全国复制推广。

"产业兴"的实力显著提升。依托独特的区位优势，大力发展临港工业和边境特色产业，加快构建形成以绿色制造业为基础、现代物流业为依托、现代服务业为先导的现代产业体系，进一步缩小了与沿边沿海地区的发展差距，壮大了产业发展实力。2021年规上工业总产值突破1900亿元。钢铁全行业产值逾千亿元，四个千亿级产业集群和五个百亿级特色产业加快形成。经济技术开发区年完成工业产值接近1800亿元，稳居广西壮族自治区第一，工业投资连续四年居广西壮族自治区首位。东湾物流园获评全国优秀物流园区。广西壮族自治区钢铁基地、盛隆技改、华昇生态铝等一批重大项目建成投产，五金铜卫浴产业园等一批产业链项目开工建设。全国首个"5G云上钢厂"落户试验区。跨境贸易、跨境金融、跨境电商等六大跨境产业实现快速发展。

"通道畅"的支撑全面拓展。南宁至东兴、东兴至防城港的高速公路建成通车，南宁至防城港高铁开通、防城港至东兴高铁加快建设，成为国内第一个通高铁的沿边试验区。建成全国唯一连接东南亚国家的海陆冷链物流通道。防城港保税物流中心封关运营。中越北仑河二桥建成使用，防城港口岸、东兴口岸获批扩大开放，东兴公路口岸进境水果指定口岸、进境种苗（景观树）指定口岸开通运营，防城港口岸获批全国首批进境粮食指定口岸、海港进境水果指定口岸，中越北仑河二桥进境水果指定监管场地获准运营，边民互市区从250亩扩建到1500亩，进境食用水生动物指定监管场所通过海关总署验收。峒中公路口岸（含里火通道）正等待国家验收以升格为国家一类口岸。东兴公路口岸成为我国出入境人数最多的边境口岸。

"边民富"的成果日益丰硕。深入推进兴边富民行动，"跨境经济助力兴边富民"发展模式成为全国59个经验案例之一，在广西率先实施城乡居民养老保险制度，率先启动基本医疗保险城乡统筹试点，城镇化率突破80%，获批为第三批国家公共服务体系示范区。

资料来源：广西壮族自治区人民政府新闻办公室. 广西东兴国家重点开发开放试验区设立十周年新闻发布会召开［EB/OL］. 广西壮族自治区人民政府网，http://www.gxzf.gov.cn/zt/xwfb/xwfbh0513/dt/t11950001.shtml.

（3）跨境经济合作区建设顺利推进。跨境经济合作区是相邻两国政府在政治互信基础上，基于经济共赢目的，遵循优势互补、资源共享和互利互惠的原则，通过制度安排，由双方共同推动、多方经济主体共同参与建设而形成的一种跨越两国地域疆界的经济综合体。当前，西南边境地区的中老磨憨—磨丁经济合作区已正式获得国家批准，这是继中哈霍尔果斯国际边境合作中心之后，中国与毗邻国家建立的第二个跨国境的经济合作区，此外，西南边境地区正在建设、有待国家批准的跨境经济合作区还包括：中越凭祥—同登跨境经济合作区、中越东兴—芒街跨境经济合作区、中越龙邦—茶岭跨境经济合作区、中越河口—老街跨境经济合作区和中缅瑞丽—木姐跨境经济合作区等。

中老边境设立的跨境经济合作区。目前，中老边境设立的跨境经济合作区是中老磨憨—磨丁经济合作区。中老磨憨—磨丁经济合作区于2015年8

月获得中国和老挝两国政府的正式批复。2015 年 8 月 31 日，中老两国政府正式签署《中国老挝磨憨—磨丁经济合作区建设共同总体方案》，标志着中老磨憨—磨丁经济合作区进入实质性推进阶段。仅仅两年时间，中老磨憨—磨丁经济合作区经济发展方面便取得了不凡的成绩。据资料统计，"中老磨憨—磨丁经济合作区 2017 年招商引资到位资金 11.5 亿元；工业总产值 6.08 亿元，同比增长 68.9%；实现利税总额 1.89 亿元，同比增长 70.3%；对外经济贸易总额 149.19 亿元，同比增长 34.23%①"。

中越边境设立的跨境经济合作区。中越两国建立跨境经济合作区的设想可追溯到 2005 年。2007 年，中越两国地方政府签订《中国广西壮族自治区与越南谅山省建立中越边境跨境经济合作区合作备忘录》，正式将建立中越跨境经济合作区提上日程，开启了中越跨境经济合作区的"自下而上"建设模式。这种"自下而上"建设模式是广西壮族自治区和云南省各级政府通过制度创新、与越南签订协议、开展实质性工作使中越跨境经济合作区不断得到两国中央政府肯定的建设模式。在中央政府层面，2013 年 10 月，中越两国签订《关于建设跨境经济合作区的备忘录》，明确"双方通过交流磋商，选择具备条件的地区建设跨境经济合作区"，标志着中越跨境经济合作区建设取得重大突破。2015 年 4 月《中越联合公报》提出"尽快协商并确定跨境经济合作区建设共同总体方案，切实推进基础设施互联互通项目"的要求。为落实《联合公报》相关事宜，2015 年 5 月和 9 月，我国商务部牵头云南省、广西壮族自治区和越南工贸部就推进中越跨境经济合作区建设在北京举行了司局级工作磋商会议，标志着两国从中央层面正式重启中越跨境经济合作区建设推进工作。在推进中越跨境经济合作区建设过程中，广西一直先行先试，将多种中央政策结合起来，使中越跨境经济合作区建设取得丰硕成果。例如，作为中越凭祥——同登跨境经济合作区核心示范区的广西壮族自

---

① 晏澜菲. 边合区、跨合区成沿边地区发展重要引擎［EB/OL］. http：//www. comnews. cn/article/ibdnews/201908/20190800014655. shtml.

治区凭祥综合保税区已逐步构筑了"五中心一基地三条黄金物流线路"的产业发展格局，成为中国采购优质大米、热带水果、橡胶、风景苗木和东盟采购中国机电产品、化肥、水果等大宗商品的重要采购配送基地，良好的发展态势起到了示范效应。

中缅边境设立的跨境经济合作区。中缅瑞丽—木姐跨境经济合作区也是云南省地方政府先行先试、不断探索和不断创新的结果，目前正在申请中央政府的批复。2008 年，云南省瑞丽市与缅甸木姐提出共建中缅跨境经济合作区的设想后，中缅双方借助滇缅论坛、中缅瑞丽—木姐跨境经济合作区国际研讨会等平台，构建了联合工作组协调机制，就交通基础设施的互联互通、社会影响评估、环境影响评估、法律对接等问题进行多轮沟通磋商与实践探索，中方通过在瑞丽建设国家开放开发试验区这一渠道，展示了中缅跨境经济合作区的美好前景。

（六）中外贸易往来更加频繁

1. 云南省与越南、老挝、缅甸的贸易额日益增长

云南省通过改善口岸基础设施、提高通关效率等措施，不断推进贸易便利化，有力地推动了与越南、老挝、缅甸的贸易往来，对越南、老挝、缅甸的进出口额大幅增长。统计资料显示，2008—2019 年，云南省对越南、老挝、缅甸的进出口贸易额均增长六倍以上，其中，云南省对越南的进出口贸易额从 2008 年的 6.45 亿美元增加到 2019 年的 44.73 亿美元，对老挝的进出口贸易额从 2008 年的 1.1 亿美元增加到 2019 年的 12.61 亿美元，对缅甸的进出口贸易额从 2008 年的 11.93 亿美元增加到 2019 年的 81.29 亿美元，缅甸已经成为云南省的第一大贸易伙伴、第一大进口来源国和第一大出口市场（如图 3-1 所示）。

2. 广西壮族自治区与越南进出口贸易额不断攀升

中国—东盟自由贸易区建立以来，广西壮族自治区与东盟的双边贸易持续快速发展，东盟已经连续多年成为广西壮族自治区最大的贸易伙伴，其中，广西壮族自治区与越南的进出口贸易额所占比例最大，越南连续多年位

居广西壮族自治区第一大贸易合作伙伴，是广西壮族自治区企业"走出去"投资合作的首选地。2010—2019 年，广西壮族自治区与越南进出口贸易额不断增长，从 2010 年的 51.28 亿美元增长到 2019 年的 265.15 亿美元，在十年的时间里，增长了 4 倍（如图 3-2 所示）。

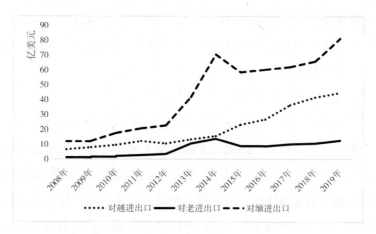

图 3-1 云南对越南、老挝、缅甸进出口贸易额（2008—2019 年）

资料来源：根据《云南统计年鉴》（2009—2020）提供的数据制作。

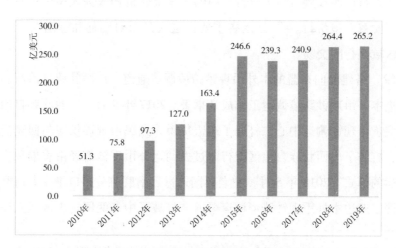

图 3-2 2010—2019 年广西对越南进出口贸易额

资料来源：根据《广西统计年鉴》（2011—2020）提供的数据制作。

（七）跨境金融合作得到加强

广西壮族自治区和云南省作为西南边境省（区），推进跨境金融合作具有天然的优势。2013 年，广西壮族自治区和云南省同时获批建立沿边金融改革试验区，2018 年 12 月，广西壮族自治区获批建设面向东盟的金融开放门户。在实际工作中，广西壮族自治区和云南省紧扣国家战略布局，突出沿边金融、跨境金融以及地方金融特色，大胆创新，先行先试，为口岸经济发展提供了强大的金融支持。

1. 跨境金融基础设施得到夯实

（1）打造人民币对东盟国家货币区域银行间交易平台。2014 年，"中国人民银行南宁中心支行以市场化的方式推动人民币对东盟国家货币银行间区域交易市场建设①"，首先推动的是人民币与越南盾、柬埔寨瑞尔两个国家货币的区域银行间交易建设。自该项工作开展以来，交易规模及交易主体数量稳步增加。统计资料显示，"截至 2018 年 5 月末，广西壮族自治区已有 6 家报价银行和 6 家参与银行开展人民币对越南盾银行间市场区域交易，有包括中国银行广西壮族自治区分行在内的 7 家金融机构成为人民币对柬埔寨瑞尔的买卖双向报价行。②"云南省主要推进人民币对缅甸和越南两个国家货币的区域银行间交易。

（2）搭建面向东盟的本外币现钞跨境调运通道。广西壮族自治区和云南省推进本外币现钞跨境调运工作成效卓著。2017 年 9 月，广西壮族自治区成立东盟货币现钞调运中心，打通了东盟货币、人民币现钞供应与回笼的双向通道，打破了广西壮族自治区银行业过去调运外币现钞需经由香港和广东转口调运的模式。2018 年 5 月，中老两国通过云南磨憨公路口岸、老挝磨丁口岸开辟了双边本外币现钞跨境调运渠道，打破了中老两国过去调运人民币现

---

① 谭卓雯. 广西跨境人民币业务：在家门口就能换越南盾泰铢［N］. 广西日报，2017-10-06（04）.

② 谭卓雯，孙喜扬. 广西与东盟国家区域金融合作日益深化［N］. 金融时报，2018-6-23（03）.

钞绕道泰国"舍近求远"的局面。广西壮族自治区和云南省搭建的本外币现钞跨境调运通道,在西南边境地区建立起人民币现钞供应与回笼的直接通道,使人民币"出得去、留得住、回得来",加快了人民币在周边国家的国际化进程。

(3)成立跨境反假币工作中心。为加强与东盟各国的金融交流合作,提升金融风险监测、预警和处理的能力,有效防范和化解金融风险以维护金融稳定。云南省和广西壮族自治区都成立了跨境反假币工作中心,中心的主要职能是"加强与周边国家和地区反假币合作,加大对境外假人民币监测力度,及时掌握境外制贩假币特点与犯罪动向,因地制宜防控假币,严厉打击假币犯罪活动。①"为维护边境金融稳定保驾护航。

(4)搭建中国—东盟金融服务平台。为更好地服务于我国与东盟的金融合作、创新工作,2014 年 4 月 1 日,广西壮族自治区搭建了中国(东兴试验区)东盟货币服务平台即中国—东盟金融服务平台。该平台的职责包括:办理人民币与越南盾兑换、提供越南盾汇率报价、人员培训、为各类服务行业和经济体提供资金交易服务等,其中最重要的创新工作是建立了中越两国本币直接结算机制,实现了人民币对越南盾的直接报价兑换。目前,由中国—东盟金融服务平台编制发布的中国—东盟(南宁)货币指数(CAMI)已经成为东盟+中日韩"10+3"宏观经济研究办公室跟踪研究标的和中国与东盟国家货币交易的重要标尺。该平台除了发布人民币与越南盾汇率报价之外,还相继完成了人民币与印度尼西亚卢比、马来西亚林吉特、菲律宾比索、新加坡元、泰铢、老挝基普、缅甸缅币及柬埔寨瑞尔等 9 个东盟币种的汇率挂牌交易,有效地促进了人民币跨境双向流通和东盟货币交易兑换。同时,云南省德宏州、红河州和文山州也成功发布人民币兑缅币和越南盾的"瑞丽指数""YD 指数"。

---

① 王仕洋,杨喜孙. 跨境反假货币工作(南宁)中心成立 [EB/OL]. http://www. gx-news. com. cn/staticpages/20171031/newgx59f7f55c-16632757. shtml.

（5）建设边民贸易结算服务中心。在该中心成立之前，边民贸易结算曾长期依赖"地摊银行"，不仅效率低下，而且风险极大。2015年，广西壮族自治区创新建立了边民贸易结算服务中心，并将之纳入正规金融服务范畴。不仅让边民省去了以往要携带大量现金以及兑换现金的麻烦，还降低了边民分散结算的时间成本、资金成本和风险，因而获得了"互市贸易收银台"的称号。另外，边民贸易结算服务中心通过"边贸服务平台"实现了与海关互市进出口数据的对接，解决了对边民银行真实性审核的难题，大大提升了边民互市贸易结算的便利化和规范化。

（6）成立中国—东盟征信研究中心。为了探索中国与东盟各国的跨境征信合作，2012年9月，广西壮族自治区和云南省都成立了中国—东盟征信研究中心。中心的主要任务是研究在坚持互惠互利和国家信息安全的基础上，中国与东盟各国如何从政府层面推动征信数据共享。中心现阶段是探索中国与老挝、柬埔寨等国家的跨境征信合作，未来将结合东盟各国金融发展的差异性和个性化特点，实施分层、分批试点，逐步推广。

2. 跨境金融服务不断创新

（1）跨境人民币结算业务。跨境人民币结算业务既是市场的自发选择，也是我国政府引导的结果，是人民币国际化的重要内容。目前，广西壮族自治区和云南省跨境人民币结算业务已包括全部经常项目和资本项目投融资领域，结算主体从企业延伸至普通个人。相关统计资料显示，"截至2019年9月末，云南省与境外92个国家或地区开展了跨境人民币业务，累计结算量达5021亿元，个人跨境人民币累计结算100.4亿元，跨境人民币业务已覆盖云南16个州市和23个省级以上口岸，提供结算服务的银行25家，参与结算企业3400余家。①"相关统计资料显示，广西跨境人民币结算数量已从2010年的126亿元，增加到2019年的1570亿元，累计总金额达到9700亿

---

① 浦超. 云南跨境人民币累计结算突破5000亿元 [N]. 经济参考报, 2019-11-01 (04).

元（如图 3-3 所示），结算量排名全国第十，其中与东盟各国的结算量占比约为 80%①。自 2012 年起，广西壮族自治区跨境人民币结算量就领衔西部12 省（自治区）、8 个边境省（自治区），自 2014 年起，人民币超过美元成为广西壮族自治区跨境收支第一大结算币种。跨境人民币结算业务对促进广西壮族自治区外贸和经济稳定增长发挥了重要作用。

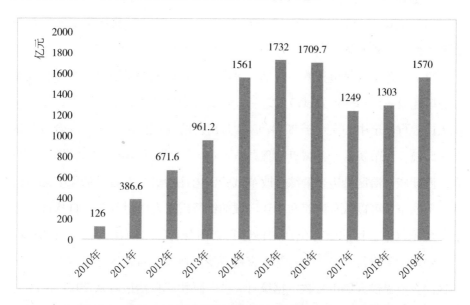

图 3-3　2010—2019 年广西壮族自治区跨境贸易人民币结算额

资料来源：根据相关资料制作而成。

注：2010 年从 6 月份开始起算，因为该业务是从 6 月份开始实施。

（2）货币兑换业务。目前，广西壮族自治区和云南省初步构建了以银行间市场区域交易为支撑、银行柜台交易为基础、特许兑换为补充的全方位、多层次人民币与周边国家货币的区域性货币交易货币兑换模式。云南省的银行柜台挂牌交易币种已经实现周边国家货币全覆盖。截至 2018 年 12 月末，

① 徐友仁. 先试先行：广西跨境人民币业务步入收获期［N］. 中国金融新闻网［EB/ OL］. http：//www. financialnews. com. cn/qy/dfjr/201806/t20180616_ 140339. html.

云南省银行累计办理泰铢、越南盾、老挝基普等柜台兑换交易 14.50 亿元人民币，便利了企业和个人的货币兑换①。广西壮族自治区东兴开发开放试验区仅在 2018 年就为个人办理货币兑换业务 10470 笔，金额合计 29826.17 万元人民币②。

3. 金融市场创新取得新突破

（1）人民币"双向"贷款业务。人民币"双向"贷款指跨境人民币贷款和人民币境外放款。

第一，跨境人民币贷款。跨境人民币贷款是国家给予沿边金融综合改革试验区建设一系列先行先试政策之一，也被誉为最具"含金量"的政策，中国人民银行南宁中心支行于 2014 年 11 月出台的《广西沿边金融综合改革试验区跨境人民币贷款业务试点管理办法》（南宁银发〔2014〕308 号）规定：在广西壮族自治区沿边金融综合改革试验区内注册成立并在试验区实际经营或投资的企业可以从东南亚和南亚区域的银行借入人民币资金。自从该《办法》实施以来，目前已有包括中国银行泰国分行、中国建设银行新加坡分行、中国工商银行新加坡分行等多家银行给广西壮族自治区金融改革综合试验区的企业提供人民币贷款。据统计，"广西壮族自治区自从 2014 年 11 月启动跨境人民币贷款业务以来，截至 2017 年 6 月末，广西壮族自治区沿边金融改革试验区已有 14 家企业从新加坡、泰国等东盟国家境外银行融入资金，贷款签约项目 22 个，合同金额 59 亿元，提款金额 57 亿元，主要投向港口贸易、基础设施建设、清洁能源等符合宏观调控和产业政策导向的领域。③"

第二，人民币境外放款。根据中国人民银行 2011 年 1 月 13 日颁布的

---

① 杨抒燕，张彤. 先行先试尽显"国际范"——云南沿边金融综合改革试验区建设 5 周年记 [N]. 云南日报，2019-02-15 (02).

② 张冠年. 东兴：金融改革激发新活力 [N]. 广西日报 2018-12-20 (01).

③ 闫磊，覃星星，徐海涛. 中国—东盟金融合作"叠加效应"明显 [EB/OL]. http://jjckb. xinhuanet. com/2017-09/06/c_ 136589398. htm? from＝singlemessage.

《境外直接投资人民币结算试点管理办法》，广西壮族自治区与全国其他19个省份一起，成为我国首批境外直接投资人民币结算试点省份。依据该《办法》，试点省份的银行可以为企业境外投资发放人民币贷款。自该项工作开展以来，广西壮族自治区政府和各商业银行积极宣传，简化办事程序，为广西壮族自治区企业"走出去"到东盟国家投资、与东盟国家企业开展经贸合作提供了强大的融资支持，尤其是在国家将广西壮族自治区定位为"'一带一路'有机衔接门户"之后，广西壮族自治区银行业金融机构主动对接"一带一路"海外项目，为企业参与"一带一路"建设提供更多的人民币境外放款。据统计，"截至2017年6月，广西壮族自治区全辖境外贷款余额达到245.78亿元，近两年增幅达20%。①"其中大部分款项是投放给广西壮族自治区"走进"东盟各国的项目。

（2）成立面向东盟的产业基金。为支持广西壮族自治区与东盟各国的产业合作，调动各方积极性，广西壮族自治区在政府层面和企业层面分别成立了面向东盟的产业基金。政府层面，广西壮族自治区于2018年4月成立广西东盟"一带一路"产业投资基金，此基金重点是投向广西壮族自治区和东盟具有合作前景的行业。企业层面，具备实力的企业、园区通过成立基金以促进企业与东盟国家进行各项产业合作，其中最典型的代表是中马钦州产业园成立的各类基金。该园区先后成立了清控东盟产业基金（50亿元）等，还与马来西亚、以色列等基金公司合作，探索成立国际产能基金。

（八）人文交流合作日益密切

借力"一带一路"建设，广西壮族自治区和云南省推出各项举措，加强与越南、老挝和缅甸等东南亚国家的人文交流合作，为经贸活动奠定牢固的民心基础。

---

① 吴婧. 对接"一带一路"广西银行业境外贷款余额逾245亿［N］. 国际金融报，2017-06-22（03）.

1. 人文交流合作趋向常态化

（1）出台相关文件。为促进与邻国开展人文交流，云南省近年出台了《云南省关于新形势下与缅北地方特区政府开展经贸合作人文交流的实施意见》《云南省关于进一步深化与缅甸经贸合作及人文交流的指导意见》和《云南省关于进一步深化与老挝经贸合作及人文交流的实施办法》等文件，成为云南省加强沿边开放、促进与周边国家开展边贸合作、人文交流往来的纲领性文件。

（2）开展国际友城工作。广西壮族自治区和云南省的边境地区城市积极开展国际友城工作。例如，广西壮族自治区崇左市与越南谅山市建立国际友城关系，与老挝他曲市建立国际友城事宜已获全国友协批复同意，与缅甸勃固市、柬埔寨腊达那基里省、波兰比亚韦斯托克市签署友城意向书；广西壮族自治区龙州县与越南高平省复和县、广西壮族自治区凭祥市与越南谅山省高禄县、广西壮族自治区宁明县与越南谅山省禄平县建立国际友城关系。

2. 人文交流内容更加广泛

基于文化同源之故，长期以来，中越、中老、中缅之间各种官方、民间的文化交流活动从未间断，"一带一路"倡议提出之后，中越、中老、中缅的文化交流活动更是将"民心相通"工作推上新的台阶。例如，广西壮族自治区除了每年都在东兴开展中越龙舟比赛、唱山歌比赛、中国书法比赛和拔河比赛等文化交流活动之外，近年来为推动中越口岸经济合作，已连续开展多期针对越南各级领导干部的培训班（培训对象为越南工贸部、科学社会翰林院以及高平、谅山、广宁、河江等部门、边境省负责跨境经济事务的领导干部），希望通过学习、交流和研讨进一步增强合作意识。再如，云南省边境各级政府积极搭建经济文化交流平台，以促进中外文化互融和带动经济互惠。2009 年以来，中老越三国轮流举办的丢包狂欢节，进一步促进了中、老、越三方经贸、文化、体育、旅游、教育等领域交流合作；瑞丽中缅胞波狂欢节，扩大了中缅胞波的交流与合作，推动中缅边境地区的旅游、边贸、文化及社会繁荣与进步；腾冲边交会已逐渐成为促进滇西贸易的一个重要平台，同时也是腾冲加强与国内其他地区以及与南亚东南亚国家进行经济文化交往的一座重要桥梁，腾冲边交会只是云南省与邻国开展人文交流的一个缩影。

二、西南沿边口岸经济发展的劣势

（一）互联互通仍需完善

1. 国际国内互联互通有待加强

（1）国内和国际互联互通需着力补齐短板。近年来，中国通过推进"一带一路"建设和中国—中南半岛经济走廊等渠道大力促进中国与相邻国家的交通基础设施建设。但是，目前重大互联互通设施尚未形成有效的配套和衔接，特别是基础设施建设方面存在着路网规模小、运输能力不足及技术等级偏低等问题。

铁路方面。从运输能力看，铁路运输能力要明显高于公路运输能力。目前，连接中越、中老、中缅的国际铁路建设还存在不完善的地方。中越铁路方面，广西南宁—崇左—凭祥的铁路仍没有建设，已经建成的跨国铁路南宁—河内段线，技术等级低、铁路轨距不同，要换装货物，运行速度慢，已经严重制约了跨国通道能力的发挥。云南省与老挝的中老铁路、与缅甸的中缅铁路①尚未完全连通，通往边境的铁路也正在建设。中老铁路是泛亚铁路中线的重要组成部分，于2016年12月全线开工，2017年年中进入全面施工状态，2021年12月建成通车。中缅铁路是泛亚铁路的西段，国内连接一类口岸区域性干线铁路、国家实施"一带一路"建设、建设孟中缅印经济走廊的重要项目。大理至临沧铁路已于2015年12月6日开工建设，中国国内段从昆明到大理的改造升级已经完成、新建的从大理到瑞丽段正在建设中，但国际部分由于种种原因而搁浅，中方与缅方于2018年10月22日才签署中缅

---

① 中缅国际铁路起点为中国云南省昆明市，终点为缅甸最大城市仰光。按照规划，昆明至仰光铁路全长约1920公里，中国境内段昆明至瑞丽铁路全长690公里。

铁路木姐—曼德勒段（缅甸境内起始段）铁路可行性研究备忘录。

公路方面。近年来，广西壮族自治区实施"县县通高速"工程，几乎所有边境县都已连通高速公路，但是，沿边口岸公路等级却不理想，例如，广西壮族自治区水口公路口岸、硕龙公路口岸、岳圩公路口岸和平孟公路口岸不但偏远，而且公路等级、密度都很低。南宁—友谊关高速公路虽已建成，但由于越方与广西连接的部分高速公路断头，没有形成全程贯通的国际高速公路通道。云南省与老挝的主要公路有曼昆国际公路①，长达1800千米的昆曼国际公路已于2012年全线通车，但老挝境内仅有247千米（磨憨—琅南塔—会晒），公路等级仅为三级。目前中老高速公路②还在建设当中，中老高速公路后三段，万荣至琅勃拉邦段的路线方案已经提交至老挝政府审批，琅勃拉邦至乌多姆赛段、乌多姆赛至磨丁段正在开展选线工作，计划在2020年内完成万荣至磨丁段的全线工程可行性研究工作。另外，中缅公路虽然基础较好，但中缅边界线长，在建高速公路仅有昆明—瑞丽—曼德勒—皎漂高速公路。国内部分的昆明—瑞丽通道境内段除龙陵至瑞丽段在建外已全部高速化，缅甸境内长1022千米的曼德勒—皎漂高速公路仍没有完成。

（2）越南、老挝、缅甸交通基础设施比较落后，实现互联互通难度较大。我国与邻国陆上基础设施互联互通尽管不断推进，但越南、老挝、缅甸三国由于经济发展水平低，基础设施落后，实现国际大通道便捷高效畅通难度很大。

首先，三个国家分别属于三个独立的铁路系统，它们之间并不联通（目

---

① 昆曼国际公路，全长1880千米，东起昆（明）玉（溪）高速公路入口处的昆明收费站，止于泰国曼谷，全线由中国境内段、老挝段和泰国境内段组成，于2008年12月正式通车。至此，从云南昆明出发，最终抵达泰国首都曼谷，横跨三个国家，昆曼大通道正式全线无缝连接。

② 中老高速公路起于老挝首都万象市，由南向北贯穿老挝北部地区，经万象省、琅勃拉邦省、乌多姆赛省和琅南塔省，止于中老边境磨憨—磨丁口岸，全线设计里程约460千米，该条高速公路向北顺接中国磨憨口岸和国家高速公路网G8511昆明至磨憨高速公路，向南顺接贯穿老挝南部的南13号公路，并通过老泰友谊大桥，连接泰国廊开地区的高速公路网，是中国连接中南半岛的南北交通大通道。

前，东盟国家铁路网主要由三个独立的铁路系统组成，一是越南铁路系统，二是缅甸铁路系统，三是新马泰老柬组成的铁路系统。其中越南铁路与我国铁路系统已经连通，但尚未与新马泰老柬系统相连，缅甸铁路与我国、泰国铁路系统都不连通），严重影响了它们之间的路网系统能力的发挥。

其次，越南、老挝、缅甸三个国家交通基础设施较差，物流速度慢，严重影响口岸经济的发展。第一，越南。主要运输方式为公路运输，国道、省道和高速公路构成主要公路交通网。截至 2018 年底，已投入使用的公路总里程约 45950 千米，其中，国道 17300 千米、省道 27700 千米、高速公路 950 千米。中越陆地大部分口岸可通过公路连接，较大的公路连接口岸有东兴—芒街、友谊关—友谊、河口—老街等，但公路等级低，影响运输效率，尤其是规模较小的口岸，道路状况更差。越南国家铁路网总长 3160 千米，包括 3 类轨宽，主要为 1 米轨（占 85%），越南铁路目前仅通过广西壮族自治区凭祥和云南省河口与中国铁路相连，其他口岸并无铁路相通。第二，缅甸。国内交通基础设施落后，设施陈旧、运力不足、费用高昂，并对该国的发展造成阻碍，根据世界经济论坛 2015/2016 全球竞争力指数报告，在 140 个国家中，缅甸基础设施质量排名 135 位，处于落后地位，连接我国与缅甸的公路滕密公路和中缅公路目前还没有开工。铁路多为窄轨，站点少，列车也少。第三，老挝。全国没有高速公路，公路运输占全国运输总量的 79%，与中国连接的中老公路现在还没有修通，目前国内仅有 3.5 千米铁路，且还是他国援建。

专栏 2　越南陆路基础设施现状

公路运输为越南主要运输方式，国道、省道和高速公路构成主要公路交通网。截至 2018 年底，上述三类已投入使用的公路总里程约 45950 千米，其中，国道 17300 千米、省道 27700 千米、高速公路 950 千米。越南公路可与中国、老挝和柬埔寨联通。中越陆地大部分口岸可通过大小公路连接，较大的公路连接口岸有东兴—芒街、友谊关—友谊、河口—老街等。随着经济高速发展，高速公路已成为越南公路建设发展重点，未来与中国联通的高速公路有 3 条：内排—老街（已建成通车）、河内—谅山（正在建设）和海防—芒街（正在建设）。

越南国家铁路网总长 3160 千米，包括 3 类轨宽，主要为 1 米轨（占 85%），其余为标准轨和 1435 级套轨。越南铁路目前仅通过广西壮族自治区凭祥和云南河口与中国铁路相连。

资料来源：根据相关资料整理而得。

专栏3　缅甸陆路基础设施现状

缅甸目前只有一条高速公路，但路网相对来说已经比较完善，省级城市之间，每天都有固定大巴，连接我国与缅甸的公路是滕密公路。铁路多为窄轨，共有 926 个站点和 436 列火车。国内交通基础设施落后、设施陈旧、运力不足、费用高昂，对缅甸的经济社会发展造成阻碍。根据世界经济论坛 2015/2016 全球竞争力指数报告，在 140 个国家中，缅甸基础设施质量排名 135 位，处于落后地位，在《国别投资经营便利化状况报告（2017）》中，缅甸公路、铁路、港口和机场设施分别排名第 136 位、第 96 位、第 123 位和第 132 位。

围绕"一带一路"建设规划，中国已支持缅甸建设一批公路、铁路和港口项目。

资料来源：根据相关资料整理而得。

专栏 4　老挝陆路基础设施现状

公路。老挝全国公路里程 4.4 万千米，全国没有高速公路，混凝土路占比 1.98%，柏油路 13.10%，碎石路 35.04%，土路 49.88%，公路运输占全国运输总量的 79%。2018 年 12 月由云南建投集团投资建设的万象—万荣高速公路项目已开工，建成后将极大促进老挝境内公共交通运输行业的发展。

铁路。老挝现有铁路 3.5 千米，从首都万象的塔那凉车站通往老泰边境的友谊大桥，由泰国政府投资 1.97 亿泰铢修建，于 2008 年 5 月完工，2009 年 3 月正式通车。

资料来源：根据相关资料整理而得。

2. 国际互联互通的环境压力不断加大

近年来，我国大多数企业对越南、老挝和缅甸的贸易、投资主要集中于农林、矿产和水电开发等项目，不可避免地对环境造成了一些影响。其中，受益于我国政府和企业在罂粟替代种植方面给予的资助，老挝北部和缅甸居民的生活水平得到了极大的改善，但同时也使当地的生物多样性和农业多样性受到一定程度的冲击；此外，特别是在缅甸的投资过程中，由于受到国际组织不断炒作"中国企业环境破坏论"和缅甸国内政治势力为捞取政治资本的影响，密松电站项目、莱比塘铜矿和中缅油气管道等项目相继被叫停。由此可见，未来中国在推进与越南、老挝、缅甸国家互联互通建设过程中，必须充分评估各国生态环境问题，并同时与国际组织和非政府组织开展广泛沟通交流。

（二）腹地经济支撑能力有限

1. 广西壮族自治区和云南省经济实力亟须提升

广西壮族自治区和云南省都属我国西部地区，近年来经济发展较快，但由于基础差、底子薄，与全国平均水平相比，总体经济实力还不强，地方财政自给率很低,对中央财政依赖程度很大,工业化和城镇化水平也较低,传统发展方式所积累的结构性矛盾比较突出,促进要素合理流动的制度环境和市场体系也还有待进一步完善。例如,2011—2020年,广西壮族自治区财政自给率呈现出逐年下降的趋势,2013年最高曾达41.06%,到2020年迅速降至27.78%,财政赤字从2011年的1235.6亿元增加到2020年的4462.53亿元;云南省的财政赤字也日益扩大,从2011年的1818.43亿元增加到2020年的4857.33亿元,财政自给率均没有超过40%,最高年份是39.33%,最低的仅有30.35%(数据见表3-2所示)。又如,2004—2020年,广西壮族自治区人均GDP和云南省人均GDP与全国人均GDP相比,都显著偏低。广西壮族自治区人均GDP占全国人均GDP比重只有六年超过70%,最高的为71%,其他年份均维持在60%左右,云南省人均GDP占全国人均GDP比重在2018年之前都低于60%,直到2020年才达到72%,这也是云南省人均GDP占全国人均GDP比重的最高值(数据见表3-3所示)。西南沿边口岸经济建设需要有强大的腹地经济作为支撑,在加强与越南、老挝、缅甸的互联互通建设中,必须要有持续、稳定的资金投入,但现阶段就广西壮族自治区和云南省的经济实力而言,并没有足够的建设资金保障能力和腹地经济支撑能力。

表3-2　2011—2020年广西壮族自治区和云南省地方财政状况

年份	财政自给率		财政赤字（亿元）	
	广西	云南	广西	云南
2011年	39.23%	37.93%	1235.6	1818.43
2012年	39.06%	37.45%	1819.17	2235.26
2013年	41.06%	39.33%	1891.07	2485.21
2014年	40.87%	38.26%	2057.51	2740.26
2015年	37.27%	38.37%	2550.35	2904.76
2016年	35.04%	36.11%	2885.43	3206.57

年份	财政自给率		财政赤字（亿元）	
	广西	云南	广西	云南
2017 年	32.90%	33.02%	3293.42	3826.78
2018 年	30.81%	32.82%	3629.29	4080.68
2019 年	30.97%	30.63%	4039.07	4696.53
2020 年	27.78%	30.35%	4462.53	4857.33

注：1. 根据《广西统计年鉴》（2012—2021）、《云南统计年鉴》（2012—2021）提供的数据整理。

2. 表中数据：财政自给率=一般财政预算收入/一般财政预算支出。

财政赤字=一般财政预算支出-一般财政预算收入。

表3-3 2004—2020年全国、广西、云南人均GDP

年份	全国人均GDP（元）	广西人均GDP（元）	广西人均GDP占全国比重（%）	云南人均GDP（元）	云南人均GDP占全国比重（%）
2004 年	12487	7461	0.60	7012	0.56
2005 年	14368	8788	0.61	7835	0.55
2006 年	16738	10240	0.61	8961	0.54
2007 年	20494	12277	0.60	10609	0.52
2008 年	24100	14652	0.61	12570	0.52
2009 年	26180	16045	0.61	13539	0.52
2010 年	30808	20219	0.66	15752	0.51
2011 年	36277	25326	0.70	19265	0.53
2012 年	39771	27952	0.70	22195	0.56
2013 年	43497	30741	0.71	25322	0.58
2014 年	46912	33090	0.71	27264	0.58

年份	全国人均GDP（元）	广西人均GDP（元）	广西人均GDP占全国比重（%）	云南人均GDP（元）	云南人均GDP占全国比重（%）
2015年	49922	35190	0.70	28806	0.58
2016年	53783	38027	0.71	31093	0.58
2017年	59592	38102	0.64	34221	0.57
2018年	65534	41489	0.63	37136	0.58
2019年	70078	42964	0.61	47944	0.68
2020年	72000	44309	0.62	51975	0.72

数据来源：根据《中国统计年鉴》（2005—2021）提供的数据整理。

（2）边境地区工业化发展水平较低

受社会、历史等综合原因的影响，西南边境地区的工业化水平较低，导致产业发展基础薄弱、企业普遍规模小、自身经济实力不足、发展配套能力不强、缺乏持续竞争力。从西南边境地区现有产业类别来看，以劳动密集型的边贸加工业为主，战略性新兴产业少，产品附加值低，对地方经济贡献不大。以规模以上工业企业人均主营业务收入（值）为例，2018年，西南边境地区15个沿边城市人均规模以上工业企业主营业务收入数值中，除了广西壮族自治区防城港市（123197元/人）高于全国平均值（75773元/人）之外，其他城市均达不到全国平均水平，与吉林和内蒙古等省（自治区）拥有一类口岸的地级市相比也有较大差距（如图3-4所示）。地方工业经济发展水平低下，导致口岸缺乏强大的腹地经济支撑，严重影响了口岸业务的发展。

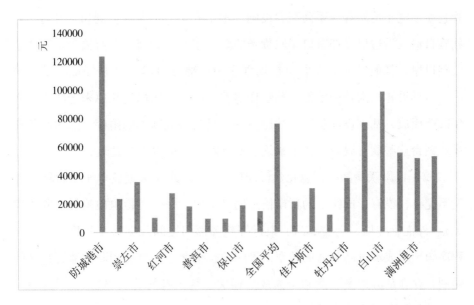

图 3-4 2018 年西南沿边城市规模以上工业企业人均主营业务收入

资料来源：《中国统计年鉴》（2019）、《广西统计年鉴》（2019）、《云南统计年鉴》（2019）及相关资料。

（三）口岸建设仍显落后

1. 硬件方面

（1）口岸基础设施不够完善。西南沿边口岸建设目前主要是以国家、省级财政投入为主，但口岸基础设施的完善，更多的是需要地方进行长期、持续的投入。如前所述，广西壮族自治区和云南省地方政府财力有限，地方又无法从进口关税和进口环节税中享受增值税分成。由于资金投入不足，导致沿边口岸基础设施不够完善，具体表现为：第一，口岸联检大楼量少质低。从调研情况来看，西南沿边口岸联检大楼仅能满足一般的办公需要，许多口岸面临着扩建、升级改造的压力，有的口岸甚至没有联检大楼，口岸查验办公地点分散，报关报检耗时费力。第二，口岸现场通关查验设施落后，查验现场规划不合理。有的口岸必备的验货场、停车场、隔离用房、消毒池、监管仓库、电子地磅等一系列配套设施严重不齐全、不完善，例如，目前广西壮族自治区沿边口岸拥有口岸验货场的只有东兴、龙邦、友谊关和水口四个公路口岸，其他口岸验货场尚在规划之中；部分口岸仓储装卸能力低。第三，市场设施档次普遍偏低，购物环境差。这些市场都是从原来老的农贸市场改造而成，基础设施陈旧、功能单一，只具备最基本的雨棚、照明设备和操作案台这些配套设施，普遍缺乏贮藏保鲜和质量检测等设施。

（2）口岸联检部门信息化建设滞后。"一站式"大通关电子平台网络建设不完善，没有形成统一的口岸信息网络平台，海关（检验检疫局已并入海关）、外汇管理局、运输部门、银行等相关部门之间数据共享程度低，存在程序烦琐、成本过高和通关效率低等问题，企业不能享受到联网监管带来的便利，存在部分边贸企业和个人放弃通关，甚至有的转入非法走私等问题，对正常的经贸合作造成负面影响。

2. 软件方面

（1）口岸开放程度仍显不足。口岸作为对外开放的窗口，经济社会发展是推动口岸开放的源动力。随着我国经济快速发展和国民收入水平不断提高，对口岸开放业务提出更多更高的要求，但目前西南边境口岸的开放程度还相对有限，口岸业务有待拓展。以旅游需求为例，近年来，我国国民对旅游的需求日益上升，尤其是跨境游、自驾游作为一种新兴的旅游方式正日益受到人们的青睐。目前西南沿边口岸只是部分口岸开展了跨国自驾游业务（如东兴公路口岸、磨憨公路口岸），绝大多数口岸都没有被允许开展此项业务，有的口岸虽然开展了跨国自驾游业务，但是还存在各种各样的障碍（例如，跨国自驾旅游只能原路返回，即出境口岸和入境口岸要一致），大大影响了广西壮族自治区和云南省边境旅游事业的发展。

（2）口岸开放速度较慢。口岸业务量与口岸开放程度呈正比关系。目前，西南沿边口岸有大量的二类口岸，受口岸开放程度所限，这些二类口岸大多数只能从事互市贸易，其他贸易无法开展。以广西壮族自治区二类口岸硕龙公路口岸为例，中越政府已于2015年11月签订《关于合作保护和开发德天（板约）瀑布旅游资源的协定》，德天瀑布是世界第二大跨国瀑布，年旅游人数达80万人/次，但该瀑布位于广西壮族自治区二类口岸——硕龙公路口岸管理区内，受制于国家对二级口岸管理规定，硕龙公路口岸的业务十分单一，大大制约了旅游产业的进一步发展。经调研得知，为了扩大硕龙公路口岸的业务量和影响力，广西壮族自治区商务部门曾建议在不增设新口岸的情况下，在硕龙公路口岸设立新业务，如口岸进境免税店等，以拓展口岸业务。但是，根据《口岸进境免税管理暂行办法》（财关税〔2016〕8号）规定，设立口岸进境免税店由财政部会同商务部、海关总署、国家税务总局、文化和旅游部提出意见报国务院审批，由于硕龙公路口岸是二类口岸，获得国家批复设立口岸进境免税店难度很大。

（3）口岸管理制度需要调整。口岸管理制度没有及时跟上时代步伐而进行调整和修改，导致跨境人员及车辆跨境流动不够便利。以中越劳务合作为例，随着中国经济发展速度加快以及中方劳务成本增加，许多越南务工人员希望到中国边境地区务工，但是目前中越之间并没有签订劳务合作协定或备忘录，以致长期以来将越南劳工人员到中国务工的行为视为违法。所幸的是，广西壮族自治区已于2017年从地方层面制订了《广西中越跨境劳务合作试点工作方案》，对于吸引越南务工人员到中国务工起到了很好的促进和保障作用。再如，在运输工具出入境管理方面，中方规定，从事进出口贸易的外方运输车辆只能到达我方联检部门规定的区域范围内（不能超出口岸管理区范围），有的地方双方车辆只能在边境线上驳货。

3. 口岸配套能力有待提高

（1）跨境金融服务有待提升。一是没有形成完善、统一的人民币支付清算网络体系。目前，广西壮族自治区和云南省与东盟国家的跨境结算依然呈现"各自为政"的局面，即国有四大银行使用各自开发的系统，不能实现跨行清算，造成资源浪费和效率低下。同时，在汇率定价和资金清算方面对

"地摊银行"① 仍有一定的依赖。二是跨境贸易结算互联互通体系没有建立健全。商务、海关、税务、金融等部门之间数据仍不能共享，不便于跨境贸易结算和监管。三是口岸不能直接办理跨境汇款等业务，大量边贸活动采用现金结算，对口岸经济发展造成明显制约。四是金融网点没有全覆盖。受制于口岸规模等问题，目前，西南沿边口岸当中有的口岸还没有设立金融网点，如中越沿边的爱店公路口岸、平孟公路口岸，中缅沿边的打洛公路口岸等口岸均无金融网点。五是金融秩序仍需整顿。边境地区仍有违法犯罪行为发生。边境地区现存的如现钞交易、"地摊银行""以出顶进"、易货贸易、对打结算等结算方式，不仅效率低下，而且极易滋生洗钱、贩毒和走私等违法犯罪行为。

（2）人才支撑能力有限。西南边境地区在推进口岸经济发展过程中，缺乏大量懂经济会管理的高端人才，尤其是在推进金融创新改革中遇到的最大制约是缺乏学金融、懂金融和用金融的人才，特别是领军人才。在实际工作中具体表现为：往往有了经济政策工具和改革创新授权，却没能落地生根，特别是广西壮族自治区边境地区更是如此，加上广西壮族自治区和云南省两省（自治区）高等教育资源不丰富，相应的职业教育机构和培训机构也不成熟，因此目前西南边境地区各类高级人才特别是广西壮族自治区金融创新所需人才只能从外地引进。但是，西南边境地区吸引高级人才方面不管是政策机制、生活环境还是薪资水平都缺乏优势，即使通过一定的奖励政策留住他们，然而正所谓"人以群分"，没有大量相同学识、志趣及工作偏好的人一起聚集居住，会造成这些高级人才的精神需求无法得到满足，这是西南边境地区引才的关键瓶颈。另外，西南边境地区产业支撑有限及薪资水平不高，无法吸引当地劳动力，当地劳动人口不断外流到沿海地区，西南边境地区尤

---

① "地摊银行"是相对于正规银行而言的。"地摊银行"是中越边境贸易一带进行货币兑换的经营者自发形成的一个松散组织。地摊银行大多数是由越南人经营，越南政府承认其合法性，并为其颁发营业执照。相比正规银行，地摊银行规模小，交易风险比较大，但其结算方式灵活、方便、快捷，且费用低廉。

其是中越边境地区已出现劳动力短缺问题。

（四）贸易便利化措施有待落实

如果说交通基础设施属于"硬件"互联互通的话，那么"软件"的互联互通就是通关便利化。中国与越南、老挝、缅甸都是GMS经济合作成员国，都参与了《大湄公河次区域贸易投资便利化战略行动框架》。自GMS机制启动以来，中国政府富有成效地履行该框架，完善口岸各项基础设施，建立综合性、跨部门的口岸信息平台，推出24小时预约通关服务，采取"提前审结、卡口验放"过关模式等，提高口岸通关效率；完善签证政策，简化签证办理手续，在云南省、广西壮族自治区设立口岸签证点，为GMS国家商务人员来华提供便利。但是，其局限性还是显而易见的，主要表现为国家间政治互信仍显不足，制度建设滞后，利益激励机制催化效率低下，相关配套政策供给缺乏和实质性义务欠缺等，结果必然会使中国与越南、老挝、缅甸等国交通贸易便利化建设效率低下，最后造成相关项目无法顺利推进。以通关便利化为例，由于中国与越南、老挝、缅甸三个国家的法律不一样，既没有制定统一的查验标准，也没有建立日常信息联络协调机制，加上国家间海关、边检和检疫等部门涉及国家利益、商业秘密等各方面原因，沟通与交流机制和信息共享机制还不畅通，推进中国与越南、老挝、缅甸联合检验的实际操作还存在很大障碍，导致目前过关货物开箱查验环节偏多，大大影响了货物通关效率。

（五）贸易结构亟待优化调整

1. 口岸贸易发展竞争力较弱

多年的发展历史仍然没有提高西南沿边口岸贸易的竞争力。从目前西南沿边口岸经济发展形态来看，主要是以边境小额贸易和易货贸易为主，加工贸易在有的地方已经开始起步，如广西壮族自治区凭祥市加工贸易在保税物流园区、国家重点开发开放试验区等园区的共同推动下，发展态势良好，其他贸易如转口贸易、技术贸易和服务贸易等贸易形式所占比重仍较小，这种贸易分布形态削弱了西南沿边口岸贸易的竞争力。以易货贸易为例，易货贸易占用资金多、周转时间长，多样性和灵活性不足；易货贸易对邻国具有极大的依赖性，邻国供给与需求的变化会影响易货贸易的发展。近年来，越南、缅甸、老挝等东盟国家基于国家战略等因素考虑，对出口我国的木材、矿产等资源实行出口配额制度，导致我国西南边境地区以交易原材料为主的传统边贸出现难以为继的局面。

2. 商品贸易出口集中于劳动密集型产品

西南沿边口岸商品贸易出口依然集中于劳动密集型产品和加工制造环节上，出口产品的技术层次不高，高附加值产品比重偏小，持续发展的后劲不足。另外，西南沿边口岸出口的自主品牌产品凤毛麟角，许多外贸企业产品品牌在东盟市场的知名度不高，难以扩大市场并形成稳定的出口渠道。以广西壮族自治区 2017 年中越边境贸易为例，当年广西壮族自治区边境贸易占全自治区外贸总额的 45.3%。其中，边境小额贸易中 95.8% 为出口，在出口产品中外地产品占比超过 90%，这种出口模式容易受到外部环境的影响，也不利于带动区域经济的发展。更有甚者，许多出口产品质量难以保证，以致遭到国外顾客"用脚投票"的待遇。例如，老挝由于工业不发达，长期以来都是从中国和泰国等国进口鞋帽、衣服及日用品等产品，中国出口老挝的这些产品最初由于物美价廉而备受顾客青睐，但随着时间的推移，这些产品的质量逐渐下降，导致老挝顾客纷纷弃用"中国制造"而选择"泰国制造"。

3. 中外产业同质化严重

目前，西南边境地区的广西壮族自治区和云南省与越南、老挝和缅甸等东盟国家在经济发展水平、产业结构以及在国际分工中的地位基本处于同一层次，在资源禀赋、经济发展诉求等方面相似度也很高。以广西壮族自治区和越南为例，广西壮族自治区和越南的劳动密集型和资源密集型企业在国民经济中的占比较大，在农业及农产品加工、金属冶炼及加工业、低水平机电产品、水泥建材等产业重合度较高。西南边境地区与东盟国家的这种同质化产业格局，加剧了彼此的竞争，产业之间的竞争局面如果得不到改善，势必成为制约西南沿边口岸经济发展的障碍。

（六）中外经济合作协调机制亟须完善

从当前我国与越南、老挝、缅甸的经济合作情况来看，各级地方政府仍然是市场活动的主要力量，企业市场主体的作用得不到充分释放和发挥，相关的合作协调机制、政策法规和规章制度亟待完善。经调研得知，目前广西壮族自治区和云南省与越南、老挝、缅甸的交往方式中，政治领域的互访比较多，深入各阶层和领域的民间交流不够，民间企业和团体组织在与越南、老挝、缅甸的交流合作中的作用有待加强。从实践经验来看，在中外经济合作协调机制的构建过程中，民间组织的作用是不可替代的，甚至是决定性的。因此，这些协调机制如果不尽快完善，势必影响到企业"走出去"的积极性，也不利于广西壮族自治区和云南省与越南、老挝、缅甸的深层次经济合作。

（七）部分优惠政策趋于虚化

1. 税收优惠政策难以落实

税收优惠政策是发展沿边口岸经济的一大优势，但在实际工作中，却由于各种原因导致这些优惠政策难以得到落实，主要体现为以下两点。一方面，进口环节增值税先减后增和重复征收的现象较多。我国的边境贸易政策明确规定，边境小额贸易进口环节增值税按法定税率须减半征收。然而在实际操作过程中，边境贸易进口商品每通过一个流通环节后，由于税务部门与海关等管理部门存在着沟通联系不及时等缺陷，时常将已减征的税款因不能抵扣又被补征回来，这样就造成了国家给予的减半征收进口环节增值税的优惠政策在实际操作中无法落实。另一方面，用人民币结算遭遇退税难题。根据国家税务总局颁发的《出口货物退（免）税管理办法（试行）》（国税发〔2005〕51 号），出口企业在申请退税时，必须提供出口收汇核销单，即跨境贸易必须用外汇结算才能享受退税待遇。随着人民币国际化步伐的加快，东盟许多国家在与中国进行经贸活动时都已选择用人民币结算。这样一来，用人民币结算的出口企业无法享受出口退税待遇。为了获得退税待遇，许多企业更愿意选择用美元来结算，而用美元来结算会使企业承受汇率风险和汇率损失，这在一定程度上加大了企业的成本，挤占了企业的利润空间。

2. 政策优势逐步丧失

一是边境贸易政策优势逐步丧失。按照《国务院关于边境贸易有关问题的通知》（国发〔1996〕2 号）等国家政策规定，边境贸易可以享受相关的优惠政策，如"除烟、酒、化妆品以及国家规定必须照章征税的其他商品外，进口关税和进口环节税按法定税率减半征收"。但是，自中国—东盟自由贸易区建立之后，中国承诺与东盟国家之间进行贸易将逐步实施减税，目前，我国正在逐步兑现承诺，对整个东盟进口商品的关税水平正在不断下降。例如，目前西南沿边口岸执行这样的规定：从境外进口水果的企业如果办理了东盟自贸区优惠原产地证书，进口鲜果可享受"零关税"优惠待遇。关税的下降导致其对商品成本、价格的影响越来越小，减免税的意义和作用也随之变小乃至丧失。二是税收优惠政策优势丧失。党的十八届三中全会以来，我国对区域发展战略的政策导向是：去除通过制造税收优惠"洼地"的发展模式，鼓励通过各种创新来获得可持续性发展。这意味着边境地区享受到的税收优惠政策将止步于此，西南沿边口岸地区原来由于拥有边贸税收优惠政策而大规模开展的边境贸易活动也会明显减弱。另外，海关总署令第56号《边民互市贸易管理办法》（2010 年修订版）规定：边民互市贸易免税额度为每人每天 8000 元。在人民生活水平不断提高的情况下，这样的规定已明显不能满足边民日益增长的经贸交易需要，制约了沿边口岸经济的提升。

三、西南沿边口岸经济发展面临的机遇

（一）"一带一路"建设带来的机遇

"一带一路"建设为西南沿边口岸经济发展拓展了新空间。"一带一路"

建设是实现中华民族伟大复兴的方略，从战略层面规划和设计了一幅以中国为中心通达五洲四海的全方位对外开放宏伟蓝图，成为新时期我国与世界各国外交的动脉与桥梁。"一带一路"建设的重心在于推动"五通"，并形成以中国经济为主要驱动力、以"一带一路"沿线国家共同发展为核心目标、以"一带一路"为世界经济贸易发展服务的重要国际多边经贸合作机制和新型自由贸易区。"一带一路"不仅是我国与世界各国跨越时空的和平纽带，也是我国与世界各国传播文化的新渠道，更是我国与世界各国之间的安全缓冲器，有利于全方位推进我国与沿线国家合作，打造利益共同体、命运共同体和责任共同体，促进形成互利共赢、安全高效的对外开放合作新格局。

在"一带一路"建设中，地处边疆地区的广西壮族自治区和云南省都承载着重大的历史使命。根据 2015 年 3 月 28 日国家发改委、外交部和商务部联合发布的《推动共建丝绸之路经济带和 21 世纪海上丝绸之路的愿景与行动》，广西壮族自治区要发挥与东盟国家陆海相邻的独特优势，构建面向东盟的国际通道，打造西南、中南地区开放发展新的战略支点，形成"21 世纪海上丝绸之路"与"丝绸之路经济带"有机衔接的重要门户。云南省要发挥区位优势，打造大湄公河次区域经济合作新高地，并将其建设成面向南亚、东南亚的辐射中心。东盟的越南、老挝、缅甸三国是"一带一路"倡议的重要节点国家，以上三国均立场坚定地拥护中国的"一带一路"倡议，因而从国家层面来说，中国与越南、老挝、缅甸的经济合作作为国家战略是必须长期坚持推进的，这是经济与政治的共同需要。在"一带一路"建设中，中国扮演着发起者、组织者和协调者等多重角色，不管是从现实来看还是未来发展布局来看，实现中国与越南、老挝、缅甸三国的"五通"，促进互利共赢成为大家共同追求的目标。

在"一带一路"建设过程中，我国与东盟国家之间贸易领域逐步拓展、贸易规模不断扩大，但也面临通关、运输、物流"通而不畅"、壁垒较多等问题。由此，深化政策改革、消除政策壁垒、建立共同规则势在必行。中国必将与东盟国家一道，改善口岸通关设施条件，深化区域通关一体化合作，降低关税和非关税壁垒，提高贸易便利化水平，这可大大提升西南沿边口岸的基础设施条件。特别是亚洲基础设施投资银行（以下简称"亚投行"）和400亿美元丝路基金的正常运行，将为西南边境地区与东盟各国的互联互通及产业合作提供项目投融资支持。如上所述，西南沿边所有口岸分别属于孟中印缅经济走廊和中国—中南半岛经济走廊，沿边口岸城市将成为上述两个经济走廊上的重要节点城市，将有机会在发展口岸经济上获得国家重大项目和亚投行以及丝路基金的支持。

（二）中国—东盟命运共同体建设带来的机遇

中国—东盟命运共同体建设为西南沿边口岸经济发展营造了有利的人文环境。2013年10月习近平主席在印尼国会的演讲中郑重提出"携手建设中国—东盟命运共同体"的倡议①。中国—东盟命运共同体是在中国与东盟友好合作关系下，双方形成的一种相互依赖、相互促进、共赢发展的关系。它既是中国与东盟双方携手共同努力的主观结果，也是中国与东盟各国之间经贸、文化等多方面互联互通的客观要求，它是在中国与东盟各国共赢发展利益基础上的一种关系建构，是在中国与东盟交流合作不断深化发展进程中，对双方关系进行符合双方利益的有效协同的结果。随着中国—东盟命运共同体建设意识的增强，政治互信的基础将更加稳固，合作共赢的理念将更加深入人心，中国的周边环境将进一步得到改善，更加有利于巩固中国东盟战略伙伴关系，必将有力推动中国东盟合作深化发展，从而使广西壮族自治区和云南省更好地利用中国—东盟命运共同体建设机遇，营造更加有利的营商环境，为新常态下西南沿边口岸经济发展筑牢根基。

---

① 国务院办公厅. 李克强在第十届中国—东盟博览会和商务与投资峰会上致辞［EB/OL］. http：//www. gov. cnhttp：//www. gov. cn/ldhd/2013－09/03/content_ 2480644. htm.

（三）打造中国—东盟自由贸易区升级版带来的机遇

中国—东盟自由贸易区升级版的打造有利于提升西南沿边口岸经济发展水平。自 2002 年中国—东盟自由贸易区建立以来，东盟各国对开发开放持积极的态度，各国的比较优势得以充分发挥，中国与东盟各国的合作给相关国家、地方、企业和居民带来了巨大实惠和发展机遇，边境地区的经济活力进一步释放和增强。

随着中国—东盟自由贸易区建设的加快，2013 年 9 月，李克强总理在第十届中国—东盟博览会开幕式致辞中提出打造中国—东盟自由贸易区升级版的倡议。2014 年 8 月 26 日，中国—东盟自由贸易区升级版建设正式拉开序幕，我国与东盟各国双边、多边合作进入新的发展时期。中国—东盟自由贸易区升级版的建设核心是进一步提升贸易区内贸易投资自由化便利化水平，它将使中国与东盟各国的合作空间不断扩大、合作领域不断拓展、合作便利程度不断深化、合作动力不断增强、合作层次大幅提升，也将给西南沿边口岸经济发展带来新机遇：有利于西南沿边口岸扩大经济发展空间，创造新的、更多的经济增长点；有利于形成有效的经济合作平台，加强西南边境地区与周边国家的沟通与互利共赢。

（四）实施新一轮沿边开发开放战略带来的机遇

新一轮沿边开发开放战略为西南沿边口岸经济发展提供强大的政策支持。我国自 1992 年开启沿边开发开放序幕以来，积累了许多沿边开发开放经验，国家支持沿边开发开放的能力显著增强。新的历史时期，我国实行了新一轮沿边开发开放战略，从国家层面出台了一系列促进沿边开发开放的政策和文件。

党的十八届三中全会指出，我国新一轮改革开放将继续"以开放促改革，扩大内陆沿边开放，允许沿边重点口岸、边境城市、经济合作区在人员往来、加工物流、旅游等方面实行特殊方式和政策，建立开发性金融机构，加快同周边国家和区域基础设施互联互通建设，推进'一带一路'建设，形成全方位开放格局"①。2013 年 11 月，中国人民银行牵头 11 个部门发布的《云南省广西壮族自治区建设沿边金融综合改革试验区的总体方案》在跨境人民币业务创新、完善金融组织体系和培育发展多层次资本市场等十个方面提出了明确要求和工作部署，这为广西壮族自治区和云南省抢占中国与东盟金融合作制高点带来机遇。2013 年 12 月 14 日，《国务院关于加快边境地区开发开放的若干意见》（国发〔2013〕50 号）的颁发正式拉开了我国新一轮沿边开发开放的序幕。中央对沿边开发开放作出全面部署，明确了边境地区开发开放的指导思想、基本原则、战略布局、重点任务和保障措施等。在战略布局上，提出面向东南亚、南亚、中亚和东北亚四个战略方向，以国际大通道建设为依托，以重点开发开放试验区为先导，以沿边重要口岸城镇为支撑，以边境经济合作区为载体，构建边境地区开发开放的战略格局。2016 年 1 月 7 日，《国务院关于支持沿边重点地区开发开放若干政策措施的意见》（国发〔2015〕72 号）指出，要以改革创新助推沿边开放，对沿边重点地区在富民兴民行动、基础设施建设、财税支持力度、国家专项资金扶持、流通便利、特色产业发展及旅游开放水平等方面进一步实施更为优惠的政策，在全国 123 个国家重点地区名录当中，西南边境地区有 33 个，占全国总数的 26.8%，其中广西壮族自治区 12 个，云南省 21 个（具体见表 1-7 所示）。2016 年 3 月颁布的《国民经济和社会发展第十三个五年规划纲要》提出：要以"一带一路"建设为统领，完善对外开放区域布局，推进边疆地区开发开放，推进广西壮族自治区建成面向东盟的国际大通道；丰富对外开放内涵，提高对外开放水平，提高边境经济合作区、跨境经济合作区发展水平。2016 年 4 月，国家发展改革委发布《关于印发沿边重点开发开放试验区建设专项资金管理试行办法的通知》（发改西部〔2016〕905 号），该通知表明国家将设立专项资金支持沿边开发开放试验区改善发展条件，引导生产要素向试验区集聚，促进形成我国边境地区经济发展的增长极、向西开放的桥头

---

① 中国共产党第十八届中央委员会第三次全体会议公报（2013 年 11 月 12 日通过）.

堡、推进"一带一路"建设的排头兵，云南省勐腊（磨憨）重点开发开放试验区、瑞丽重点开发开放试验区和广西壮族自治区东兴重点开发开放试验区可以享受该优惠政策。

可见，未来国家有望加大对重点口岸、边境城镇、国家重点开发开放试验区的投入，基建、土地、财税和金融等一系列支持重点口岸发展的政策措施也有望加快"落地"，将给西南沿边口岸经济发展带来巨大的政策红利。

专栏5　我国新一轮沿边开发开放战略的相关政策（节选）

★2013 年 11 月，党的十八届三中全会。明确提出加快沿边开发开放步伐，允许沿边重点口岸、边境城市、经济合作区在人员往来、加工物流、旅游等方面实行特殊方式和政策。

★2013 年 11 月，中国人民银行等 11 个部委办联合印发《云南省广西壮族自治区建设沿边金融综合改革试验区总体方案》，将广西壮族自治区和云南省的沿边区域列为我国金融改革试验区，鼓励先试先行，旨在推动西南沿边开放，实现新的突破。

★2013 年 12 月 14 日，《国务院关于加快边境地区开发开放的若干意见》提出要深化我国与周边国家的睦邻友好合作，边境地区在开发开放中可享受税务、土地、金融、财政等多个领域的优惠政策，并对试验区建设进行了全面部署，提出研究设立广西壮族自治区凭祥等重点开发开放试验区。

★2016 年 1 月 7 日，《国务院关于支持沿边重点地区开发开放若干政策措施的意见》明确提出将在沿边实行一系列开发开放优惠政策，领域涉及深入推进兴边富民行动、改革体制机制、调整贸易结构、促进特色优势产业发展、提升旅游开放水平、加强基础设施建设、加大财税支持力度、鼓励金融创新与开放 8 方面。

★2016 年 3 月,《国家"十三五"规划》提出:要以"一带一路"建设为统领,完善对外开放区域布局,推进边疆地区开发开放,推进广西壮族自治区建成面向东盟的国际大通道;丰富对外开放内涵,提高对外开放水平,提高边境经济合作区、跨境经济合作区发展水平。

★2016 年 4 月,《关于印发沿边重点开发开放试验区建设专项资金管理试行办法的通知》表示,国家将设立专项资金支持沿边开发开放试验区改善发展条件,引导生产要素向试验区集聚,促进形成我国边境地区经济发展的增长极、向西开放的桥头堡、推进"一带一路"建设的排头兵。

资料来源:根据相关资料整理而得。

四、西南沿边口岸经济发展面临的挑战

(一) 国际国内经济形势纷繁复杂

1. 国际经济形势

2008 年国际金融危机爆发以来,世界经济在剧烈动荡中艰难前行。从未来趋势来看,世界经济仍在不确定中缓慢复苏,但结构调整的速度超出预期。从经济增速来看,联合国发布的《世界经济形势与展望 2020》表示,全球经济增速在 2019 年降至 2.3%,为十年来的最低水平,2020 年及往后年份,受新冠疫情影响,全球经济将进入下行通道,世界银行、国际货币基金组织等国际机构已经下调全球经济增长预期。受经济下滑的影响,欧美等国正加速从中国撤资,带动了全球悲观情绪。同时,在新技术刺激下,发达经济体已快速步入产业变革、科技变革与商业模式变革的"三大变革交汇"处,新业态、新技术与新的商业形态层出不穷,新老经济体产业布局思维、产业发展模式及产业发展格局正在或即将发生重大颠覆性改变。与此同时,近年来新贸易保护主义浪潮卷土重来,将大大延缓世界自由贸易、区域经济

一体化和区域经济合作的步伐。经调研得知，由于受到贸易保护主义的影响，广西壮族自治区水口公路口岸等口岸近两年的业务已大大萎缩。纷繁复杂的国际经济形势、日趋庞杂的产业变革和来势凶猛的新贸易保护主义浪潮，将深刻地影响西南沿边口岸经济的发展。

2. 国内经济形势

目前，我国经济发展已进入转型阵痛与新动力系统构建叠加的"新常态"期。新常态的特征是中高速、中高端、新动力。一是中高速。我国进入新常态的经济增速将告别两位数，进入 5%~6% 的中高速增长阶段。广西壮族自治区和云南省经济也会面临下调，不会独放异彩。经济下调既不利于西南边境地区摆脱贫困，也不利于西南沿边口岸基础设施建设从中央和地方获得更多的资金支持。二是中高端。我国即将进入"十四五"规划时期，在全球经济疲软、新贸易保护主义盛行的情况下，中国经济若想保持中高速发展，经济增长将更多以国内需求增长替代外贸需求，产业结构将呈现向服务型经济发展的转变，工业结构将呈现向先进制造业发展的转变。而西南边境地区各口岸城镇产业发展起步晚，基础薄弱，创新能力不强，传统产业仍占据本地经济发展的半壁江山。如何适应中央提出的"中高端"发展的新常态是西南沿边口岸经济发展过程中不可回避的现实问题。三是新动力。西南边境地区是经济欠发达地区，各种经济要素都严重缺乏，要实现创新驱动的动力转变不仅是未来经济发展的重中之重，也是最大难点。

（二）政治风险存在不确定性

东南亚国家历来对中国有所防范，加上东盟国家政权更迭频繁、新政府对旧政府的否定以及东盟各国政策的多变性等因素交替结合在一起，使中国西南边境地区成为政治经济敏感区域。近年来，美国、日本、印度等国不断插手东南亚地区的政治经济，并试图通过东南亚各国遏制中国的发展。为此，欧美国家除了抛出"中国威胁论"等言论外，还实施具有针对性的战略，如美国实行"亚太再平衡战略"、日本抛出"自由繁荣之弧战略"、印度提出"东进战略"，将东南亚变成角逐之地，导致我国与邻国口岸通关便利化进展缓慢、经贸活动面临干扰增多等问题，加大了我国开发开放边境地区和发展沿边口岸经济的难度。具体来看，一是中越关系存在诸多不确定障碍。受中越海洋争端影响，中越关系时好时坏，从而给中国与越南的合作带来挑战。比如，最近几年，越南发生一些反华示威游行，特别严重的是2014年5月，越南民众掀起反华暴乱，打砸中资企业，给中资企业造成很大损失，并留下了难以磨灭的烙印。二是中缅关系有变数。昂山素季领导的民盟在缅甸大选中获胜而成为执政党，但是，昂山素季具有西方背景，其价值观是西化的，这与我国的价值观有冲突。虽然昂山素季具有加强中缅关系的愿望，但是价值观的冲突难免会影响到中缅关系及经济合作，从而也影响到西南沿边口岸经济的发展。

（三）腹地物流争夺日趋激烈

西南沿边口岸经济腹地主要集中在我国西南和中南地区。西南沿边口岸经济发展面临着腹地物流资源流失的困境，对西南沿边口岸物流构成重要竞争的对手是长江经济带和珠三角港口群。第一，长江经济带。长江经济带覆盖上海、江苏、浙江、安徽、江西、湖北、湖南、四川、重庆、云南和贵州共11个省（市），其核心是以沿江重要港口为节点和枢纽，统筹推进水运、铁路、公路、航空及油气管网集疏运体系建设，打造网络化、标准化和智能化的综合立体交通走廊。在此建设过程中，有两个城市将极大地吸纳西南和中南地区的物流。一是重庆，重庆港口作为长江上游枢纽港，被规划为国际航运中心，加上重庆是西部物流中心，将极大吸纳西南地区的货源。二是武汉，武汉港口作为长江中游枢纽港，也被规划为国际航运中心，由于其"九省通衢"的地位，它将吸纳西南和中南地区的货源。第二，珠三角港口群。珠三角港口群包括广州港、深圳港和湛江港等，珠三角港口群历史悠久，成本优势明显，再加上珠三角地区经济发达，对西南中南地区物流形成巨大的"虹吸效应"。例如，贵州货物的流失。随着贵广高速铁路的通车，贵阳到广州的时间从原来的 22 小时左右缩短至 4 小时左右，珠三角对贵州的经济辐射与吸纳力大大增强，在与东南亚进行进出口贸易活动时，贵州更愿意选择与珠三角地区交易商进行合作。可以说，长江经济带和珠三角港口群将会消弭西南沿边口岸的基本优势，支撑西南沿边口岸经济发展的后方腹地会日渐缩小。

（四）承接产业转移面临"双向挤压"

承接东部地区产业转移是西南边境地区快速启动产业发展的重要渠道，其承接的产业转移主要来自东部沿海地区。但是，东部沿海地区在转移产业过程中存在多种地域选择：西部地区、中部地区乃至东南亚各国等，使西南边境地区在承接产业转移中面临中部地区和东南亚各国的"双向挤压"。首先，近年来，为促进区域协调发展，国家鼓励以"园区共建"的方式，促进东部地区与内陆地区进行资源共享和分工合作，主要计划在"两横两纵"（两横指陇海铁路、长江水道，两纵指京广铁路、京九铁路）沿线，加快形成若干国际加工制造基地和外向型产业集群，同时，加快长江经济带建设，打造中国经济新支撑带。其次，金融危机之后，东南亚各国加快谋划布局，积极参与全球产业分工，承接产业及资本转移，拓展国际市场空间。由于西南边境地区经济基础差、要素缺乏等原因，对产业转移的吸引力明显小于中部地区，与东南亚各国相比，西部边境地区的劳动力成本又远高于东南亚各国。因此，西南边境地区承接产业转移面临着我国中部地区和东盟等发展中国家"双向挤压"带来的严峻挑战。

（五）东南亚销售市场竞争激烈

多年来，东盟是我国的最大贸易伙伴，是我国第一大出口国。因而在对东盟市场的出口上，西南边境地区面临国内兄弟省份乃至其他国家的激烈竞争。东盟（除新加坡、文莱外）虽然经济发展水平不高，但是人口达 6 亿多，拥有巨大的消费市场和消费潜力，国内兄弟省份乃至其他国家都极为重视，特别是我国的海南、广东和湖南等省份，以及国外的美国、日本等国，在这种情况下，广西壮族自治区和云南省在对东盟市场的出口上就面临着激烈竞争带来的挑战。以糖业为例，糖业是广西壮族自治区边境城市崇左市的传统优势产业，其食糖产量占全国总产量的1/5，占广西壮族自治区总量的1/3，被誉为"中国糖都"，崇左成品糖目前主要销售市场为广西壮族自治区市场，在向东南亚销售时遭受激烈的竞争，竞争者除了古巴之外，还包括泰国（泰国也是产糖大国，目前已成为世界上第二大食糖出口国），由于古巴和泰国生产食糖成本低，价格也低，在东南亚市场上具有很强的竞争优势，导致广西壮族自治区崇左糖业无法打开东南亚这个广阔的市场，只能"望洋兴叹"，类似的还有纺织服装、机电产品和木制品等。

（六）非传统安全因素不容忽视

西南边境地区是我国的民族地区和贫困区域，由于经济相对落后，走私犯罪活动、地下钱庄非法活动、非法吸收公众存款活动、金融诈骗、制假售假等违法犯罪现象屡禁不绝，有时候甚至还很猖獗，严重冲击了西南边境地区正常的经贸往来，对当地经济发展和企业发展造成很大的"挤出效应"。

西南边境地区是我国跨境民族群体、跨境婚姻群体居住区，也是多种宗教混杂区，这里往往成为国内外民族分裂势力、宗教极端势力、暴力恐怖势力和地方黑恶势力从事犯罪活动的地区，近些年来西南边境地区的恐怖袭击活动不时活跃，此外还有各种跨国跨境犯罪如非法组织出入国（境）务工、利用"外籍新娘"等进行诈骗、跨国贩卖枪支弹药等各种违法犯罪，对我国边境地区居民的正常生产生活构成严重威胁。

西南边境地区临近"金三角"地区和几个主要毒品产地国家①，国际犯罪分子将我国西南边境地区作为犯罪栖息之地，千方百计将毒品贩入我国。仅在中缅边境地区，每年都有大量毒品入境，成为"运送"毒品的重灾区，

---

① 金三角范围大致包括缅甸北部的掸邦、克钦邦，泰国的清莱府、清迈府北部及老挝的琅南塔省、丰沙里、乌多姆塞省及琅勃拉邦省西部，共有大小村镇3000多个.

这表明，国际贩毒集团已把云南省作为毒品过境通道和毒品消费市场。在中越、中老边境地区，一些贩毒分子利用走亲串友、通商互市、人熟地熟的便利大肆贩毒，增大了禁毒工作的复杂性和难度。所以，现阶段西南边境地区在互联互通、投资贸易、农业合作和扩大沿边开放中，面临着如何抵制毒品走私以及艾滋病等"跨国瘟疫"向广西壮族自治区和云南省境内蔓延的问题。

以上恐怖主义、宗教渗透、疾病蔓延、走私贩毒、非法移民、洗钱等非传统安全因素的存在，严重影响西南边境地区经济社会发展环境，最终影响口岸经济的发展。如何加大打击边境地区违法犯罪活动的力度、遏制边境地区非传统安全因素蔓延，是西南沿边口岸经济发展面临的重大挑战。

五、结论

综上所述，西南边境地区发展口岸经济所面临的内部优势、劣势和外部机遇、挑战如表 3-4 所示。

表3-4　西南沿边口岸经济发展的SWOT组合矩阵

内部环境分析（S，W）		机遇（O） 1. 国家全面深化改革带来的机遇 2. 我国新一轮沿边开放开发战略的实施 3. 国家"一带一路"战略规划的提出 4. "自贸区升级版"和"命运共同体"的建设	挑战（T） 1. 国际国内经济形势纷繁复杂 2. 政治风险存在不确定性 3. 腹地争夺日趋激烈 4. 承接产业转移面临"双向挤压" 5. 东南亚销售市场竞争激烈 6. 非传统安全因素不容忽视
优势（S）	1. 良好的外部环境 2. 交通基础设施不断完善 3. 口岸建设不断取得新成果 4. 口岸发展势头较好 5. 中外贸易往来更加密切	优势机遇对策（S，O） 加强对外合作	优势挑战对策（S，T） 1. 加强产业支撑及腹地建设 2. 加强大通道、大物流体系建设
劣势（W）	1. 互联互通仍需完善 2. 腹地经济支撑能力有限 3. 口岸建设仍显落后 4. 贸易便利化措施有待落实 5. 中外经济合作协调机制亟须完善 6. 部分优惠政策趋于虚化	劣势机遇对策（W，O） 1. 加强口岸及交通基础设施建设 2. 加强口岸资源整合 3. 加强管理与合作的体制机制建设 4. 提升开放开发水平	劣势挑战对策（W，T） 争取国家和自治区支持

结论：口岸是外向型经济发展的基本着力点。口岸的发展影响着国际贸易和依赖口岸发展的区域产业，特别是依赖口岸发展的区域经济。西南沿边地区共有31个陆路口岸，其中，一类陆路口岸19个，二类陆路口岸12个，在19个一类陆路口岸中包括17个公路口岸和2个铁路口岸，这些口岸分别位于中越、中老和中缅边境线上，属"一带一路"倡议中划定的孟中印缅走廊和中国—中南半岛经济走廊，具有十分重要的战略地位。

第四章

西南沿边口岸经济发展的国外合作空间

一、越南、老挝、缅甸三国基本情况

（一）越南基本国情

越南位于中南半岛东南端，地形狭长，略呈 S 型，三面环海，海岸线长 3260 多千米。北与中国广西壮族自治区、云南省接壤，中越陆地边境线长 1450 千米；西与老挝、柬埔寨交界；东和东南濒临南中国海。自然环境优越，资源矿产丰富，其中煤炭、铁矿、铝土矿、铜矿、稀土等储量丰富。越南国土面积 32.96 万平方千米，2018 年人口 9467 万人，15 岁以上劳动人口 5540 万人。

表 4-1　越南国家概况简表

国名	越南社会主义共和国	主要宗教	佛教、天主教
领土面积	32.96 万平方千米	人口	9467 万（2018）
政体	人民代表大会制度	官方语言	越南语
主要产业	农业、石油、加工业、旅游业		
重要资源矿产	天然气、煤炭、铁、铝土、铜、稀土、铬、锆、镍、高岭土		
经济指标（2018）			
名义 GDP（亿美元）	2476	GDP 增长率（%）	7.08

人均GDP（美元）	2617	通胀率（%）	3.7
外汇储备（亿美元）	544.2	失业率（%）	3.2
外债总额（亿美元）	1068.7		

资料来源：根据相关资料整理。

（二）老挝基本国情

老挝是中南半岛北部唯一的内陆国家，北邻中国，南接柬埔寨，东接越南，西北达缅甸，西南毗连泰国。湄公河流经 1800 多千米，国土面积 23.68 万平方千米，根据老挝最新统计的人口普查结果显示，老挝 2017 年人口为 691.4 万，其中华侨华人 3 万多人。

表 4-2　老挝国家概况简表

国名	老挝人民民主共和国	主要宗教	佛教
领土面积	23.68 万平方千米	人口	691.4 万
政体	国会选举制度	官方语言	老挝语
主要产业	农业、电力、木材加工		
重要资源矿产	金、银、铜、铁、钾盐、铝土、铅、锌		
经济指标（2018）			
名义GDP（亿美元）	181	GDP 增长率（%）	6.47
人均GDP（美元）	2599	通胀率（%）	2.04
外汇储备（亿美元）	8.73	失业率（%）	0.7（2017）
外债总额（亿美元）	97.6		

资料来源：根据相关资料整理。

（三）缅甸基本国情

缅甸位于中南半岛西侧，西南临安达曼海，西北与印度和孟加拉国为邻，东北靠中国，东南与泰国和老挝接壤，面积 67.66 万平方千米，是东南亚陆地面积最大的国家，据《2018 年缅甸年鉴》统计，缅甸约有人口5338.8 万人，共 135 个民族，其中，15~59 岁的青壮年约占 62.5%，劳动力资源极为丰富。

表 4-3 缅甸国家概况简表

国名	缅甸联邦共和国	主要宗教	佛教
领土面积	67.66 万平方千米	人口	5338.8 万人
政体	总统共和制	官方语言	缅语
主要产业	农业、石油和天然气开采、小型机械制造、纺织、印染等		
重要资源矿产	锡、钨、锌、铝、锰、金、银等		
经济指标（2017/2018 财年）			
名义 GDP（亿美元）	667	GDP 增长率（%）	6.8
人均 GDP（美元）	1267	通胀率（%）	4
外汇储备（亿美元）	54.62（2018 过渡财年末）	失业率（%）	2.2
外债总额（亿美元）	99.43（截至 2018 年 6 月）		

资料来源：根据相关资料整理。

二、越南、老挝、缅甸三国经济总体情况

总体来看，越南处于工业化初级阶段，属中低收入国家，老挝和缅甸处于前工业化初级产品生产阶段，人均收入水平低，被联合国列为最不发达国家。近几年来，越南、老挝、缅甸三个国家政治相对比较稳定，在全球经济依然低迷的情况下，经济仍然得到较快发展。

（一）越南经济总体情况

越南是发展中国家，多年来一直寻求经济快速发展，为此，越南从1986年开始实行革新开放，并取得显著成效：固定投资不断增长、国内需求持续强劲、外资大量涌入、经济开放程度不断增大、经济保持高速发展。据资料显示，2000—2007年越南加入世贸组织前，GDP基本保持7%以上的高增速，2008年后受全球金融危机影响，越南经济增速回落至5%~7%，但很快恢复，2018年越南GDP增速达7.08%，创2008年以来新高，GDP总量达5535.3万亿越南盾（约合2476亿美元），人均GDP达5850万盾（约合2617美元）（数据见表4-4所示）①。

越南在《关于2016—2020年5年经济社会发展规划的决议》中提出，到2020年人均GDP达3200~3500美元；2020年工业和服务业占GDP比重达85%；2020年城市化比例达38%~40%②。2019年8月，越南公布了第四次工业革命国家战略草案，越南将实行工业4.0计划，到2025年，越南实现跻身全球前30强的目标，到2030年，越南力争在全球创新指数排名中能够上升到第30位，而目前其排名位于全球第42位。在《2035年越南报告：面向繁荣、创新、公平、民主》中提出人均收入到2035年将达7000美元，使其迈入发达国家或中等偏上收入国家行列③。

表4-4　2013—2018年越南宏观经济数据

年份	GDP（亿美元）	GDP增长率（%）	人均GDP（美元）
2013	1712	5.42	1908.6
2014	1840	5.98	2028

---

① 国家商务部国际贸易经济合作研究院等. 对外投资合作国别（地区）指南—越南（2019年版）［R］. http://fec. mofcom. gov. cn/article/gbdqzn/#

② 国家商务部国际贸易经济合作研究院等. 对外投资合作国别（地区）指南—越南（2019年版）［R］. http://fec. mofcom. gov. cn/article/gbdqzn/#

③ 国家商务部国际贸易经济合作研究院等. 对外投资合作国别（地区）指南—越南（2019年版）［R］. http://fec. mofcom. gov. cn/article/gbdqzn/#

年份	GDP（亿美元）	GDP 增长率（%）	人均 GDP（美元）
2015	1906	6.68	2100
2016	2046	6.21	2215
2017	2276	6.88	2431
2018	2476	7.08	2617

资料来源：越南统计局。

（二）老挝经济总体情况

老挝被联合国列为最不发达国家，经济以农业为主，工业基础极为薄弱，主要依靠出口初级产品换取外汇以进口国内需要的工业制成品，国际收支持续逆差。近年来，在老挝人民革命党的领导下，老挝政治保持稳定，努力维护宏观政策的持续性和稳定性。2014—2018 年，尽管受到国际矿产原材料价格大幅下降和国内连续遭遇水灾、泥石流及登革热疫情等灾害影响，老挝经济平均增长率仍达 7% 以上（数据见表 4-5 所示）。老挝在第八个社会经济发展五年规划（2016—2020）、十年社会经济发展战略（2016—2025）以及 2030 年愿景中设定了经济发展目标。根据上述规划和战略，预计到2025 年老挝国内生产总值较 2015 年增长 4 倍，年增长率至少为 7.5%。

表 4-5　2014—2018 年老挝经济增长情况

年份	GDP（亿美元）	GDP 增长率（%）	人均 GDP（美元）
2014	117.72	7.5	1759.8
2015	120	7.5	1725
2016	133.5	7.02	2408
2017	168	6.83	2472
2018	181	6.47	2599

资料来源：老挝计划投资部。

（三）缅甸经济总体情况

缅甸被联合国列为最不发达国家，农业是缅甸的国民经济基础，工业基础极为薄弱，但自然资源丰富，劳动力充足。近年来，缅甸政局保持相对稳定，西方国家逐渐解除对缅甸的经济制裁，缅甸新政府制定了一系列有利于国内经济发展的政策，并收到良好效果，2013—2018 年，除 2016/2017 财年外，GDP 增长率均保持在 6% 以上（数据见表 4-6 所示）。

缅甸对未来经济发展制定了详细的规划。缅甸在 2018 年公布了《2018—2030 可持续发展规划》（MSDP），该规划包含 5 大目标、28 大战略和 238 个行动计划，规划制定与缅甸联盟的 12 项经济政策相衔接，同时也与东盟经济共同体发展目标和联合国的可持续发展目标保持一致。其中 5 大目标为：国内和平、民族和解、国家安全和良好治理；经济稳定和加强宏观调控；创造就业和以私营部门为主导的经济增长；人力资源开发与社会发展；自然资源和环境保护等。重点战略包括：有效管理汇率和实现收支平衡，降低通货膨胀，保持币值稳定，完善税收系统，加强公共财政管理；改善营商环境。重点发展的产业包括农业、电力、交通基础设施、金融、教育、医疗、水处理等。据麦肯锡全球机构报告预测，到 2030 年缅甸中等收入消费群体将达到 1900 万人，销售市场将达到 1000 亿美元①。

表 4-6　2013—2018 年缅甸宏观经济数据

财年	经济总量（亿美元）	GDP 增长率（%）	人均 GDP（美元）
2013/2014	601	8.4	1180
2014/2015	656	8.0	1275
2015/2016	597	7.0	1151
2016/2017	632	5.9	1210

① 国家商务部国际贸易经济合作研究院等. 对外投资合作国别（地区）指南—缅甸（2019 年版）. http：//fec. mofcom. gov. cn/article/gbdqzn/#.

续表

财年	经济总量（亿美元）	GDP 增长率（%）	人均 GDP（美元）
2017/2018	667	6.8	1267
2018 过渡财年	237	6.2	1254

资料来源：《2018 年缅甸年鉴》、IMF 统计数据。

注：自 2018/2019 财年起，缅甸将财年由原来的 3 月至次年 2 月，调整为 10 月至次年 9 月，为适应此变化，缅甸将 2018 年 4 月至 9 月作为 2018 年过渡财年。

三、越南、老挝、缅甸三国产业发展特点

越南、老挝、缅甸三个国家经济发展水平基本处于同一阶段，都属于经济不发达国家，农业仍占主要地位，工业基础比较薄弱。尽管三国自然资源禀赋和经济发展要素各不相同，产业发展各有特色，但是三个国家产业发展仍拥有以下共同特点。

（一）农业仍占较大比重

越南、老挝、缅甸都地处中南半岛，土地、气候和水资源都十分丰富，适合发展农林渔业。越南是传统农业国，农业人口约占总人口的 75%，耕地及林地占国土总面积的 60%，海洋渔业资源丰富，盛产鱼虾，越南的大米出口量位于世界前列，农业占国民生产总值的 21.65%[1]。老挝是后发农业国，2018 年老挝农业人口约占总人口的 90%，农业占国家经济结构比重 15.73%，老挝农产品主要有大米、水牛、猪和家禽等[2]。农业是缅甸国民经济的基础，2018 年缅甸乡村人口约占总人口的 70%，其中大多以农业和畜牧

---

[1] 国家商务部国际贸易经济合作研究院等. 对外投资合作国别（地区）指南—越南（2019 年版）. http：//fec. mofcom. gov. cn/article/gbdqzn/#.

[2] 国家商务部国际贸易经济合作研究院等. 对外投资合作国别（地区）指南—老挝（2019 年版）. http：//fec. mofcom. gov. cn/article/gbdqzn/#.

业为生，缅甸的农业产值占国民生产总值的四成左右，豆类和大米是缅甸出口创汇的最主要农产品①。

（二）工业基础较薄弱

由于历史等方面的原因，越南、老挝、缅甸的工业基础都比较薄弱。其中，越南处于工业化初级阶段，属中低收入国家。近年来，越南通过引进大量的外国直接投资，加工制造业有了较大的发展，尤其是汽车、电子产品、计算机和光学产品在国际市场上已初显优势，这些加工制造业大多是资源型加工业和"两头在外"的加工业，与外资和外国市场有着千丝万缕的联系，例如，三星、微软等大型企业均在越南投资设厂，其中三星投资额近 100 亿美元，2018 年出口额 600 亿美元，约占越南对外出口总额的 25%②。缅甸在金融危机之后，紧紧抓住全球产业转移的机遇，在缺乏资金、技术和设备的情况下，通过引进大量的外国直接投资，推动了劳动密集型产业的启动和蓬勃发展。2017/2018 财年，缅甸纺织品出口额达 25.59 亿美元，约为 2005/2006 财年缅甸纺织品出口额的 9 倍。截至 2017/2018 财年末，外商在缅甸制造业共投资 870 个项目，金额达 95.28 亿美元，约占缅甸吸引外资总额的 9.9%。其中，2017/2018 财年当年新增加工制造业投资 17.69 亿美元，占当财年新增投资额的 30.9%③。老挝的工业还停留在传统的手工作坊阶段，工业企业主要有发电、锯木、采矿、炼铁、水泥、服装、食品、啤酒和制药等，以及小型修理厂和编织、竹木等加工作坊。

---

① 国家商务部国际贸易经济合作研究院等. 对外投资合作国别（地区）指南—缅甸（2019 年版）. http：//fec. mofcom. gov. cn/article/gbdqzn/#.

② 国家商务部国际贸易经济合作研究院等. 对外投资合作国别（地区）指南—越南（2019 年版）. http：//fec. mofcom. gov. cn/article/gbdqzn/#.

③ 国家商务部国际贸易经济合作研究院等. 对外投资合作国别（地区）指南—缅甸（2019 年版）. http：//fec. mofcom. gov. cn/article/gbdqzn/#.

表4-7 越南、老挝、缅甸三个国家重点/特色产业

国家	重点/特色产业
越南	农林渔业、服务业（包括旅游业）、汽车工业、电子工业、油气工业
老挝	农业、电力行业、采矿业、旅游业
缅甸	农业、加工制造业、能源（石油、天然气）、交通通信业、旅游

资料来源：根据相关资料整理而得。

（三）能源业是政府重点扶持的产业

越南、老挝、缅甸三国能源十分丰富，发展能源产业得天独厚。其中，矿产品是老挝第一大出口创汇领域，主要集中在金、银、铜等领域。老挝太阳能、生物能源、煤炭、风能和水电能生产30000MW能源，目前老挝全国61座水电站已实现发电，可满足国内需求并向泰国、越南、马来西亚、柬埔寨和缅甸出口富余电力。越南和缅甸的油气工业发展势头良好，在东盟国家占据优势，其中，越南石油储量25亿桶，天然气储量2300亿立方米，泰国、中国、日本和澳大利亚是越南石油的主要买家。据缅甸商务部统计，2017/2018财年，缅甸天然气出口额约占缅甸出口总额的14%，缅甸的石油和天然气成为吸引外资最多的投资领域，约占外商在缅甸投资的1/3[1]。

（四）旅游业成为新兴产业

越南、老挝、缅甸旅游资源十分丰富且特色鲜明，成为所在国经济发展的新兴产业。多年来，越南采取多种措施，吸引外国观光旅游者，同时，重视与中国开展旅游合作，开展跨境旅游等项目，旅游业得到长足发展。2018年越南接待国际旅客1550万人，创历史新高，同比增长19.9%。[2] 老挝通过

---

[1] 国家商务部国际贸易经济合作研究院等. 对外投资合作国别（地区）指南—缅甸（2019年版）. http://fec.mofcom.gov.cn/article/gbdqzn/#.

[2] 国家商务部国际贸易经济合作研究院等. 对外投资合作国别（地区）指南—越南（2019年版）. http://fec.mofcom.gov.cn/article/gbdqzn/#.

加大旅游基础设施投入、减少签证费和放宽边境旅游手续等措施,推动旅游业发展,目前,老挝已开放 15 个国际旅游口岸,与超过 500 家国外旅游公司签署合作协议。缅甸政府加大对旅游业的扶持力度,旅游业持续发展。截至 2017/2018 财年末,缅甸在酒店旅游业的外商投资项目累计 73 个,协议金额 30.26 亿美元,2017/2018 财年赴缅游客达 341.63 万人/次。①

四、越南、老挝、缅甸与中国的贸易发展

(一)双边贸易状况

21 世纪以来,越南、老挝、缅甸与中国的双边贸易保持稳步增长。相关资料显示,中国是越南最大的贸易伙伴国,也是最大的进口市场;中国是老挝第二大出口目的地和进口来源地;中国是缅甸第一大贸易伙伴、第一大出口市场和第一大进口来源地。据中国海关统计,2018 年中越双边贸易总额 1478.6 亿美元,同比增长 21.2%,越南连续三年成为中国在东盟国家的最大贸易伙伴,也是我国十大贸易伙伴之一;2018 年中老双边贸易额为 34.7 亿美元,同比增长 14.9%,其中,中国对老挝出口 14.5 亿美元,同比增长 2.5%,中国从老挝进口 20.2 亿美元,同比增长 25.8%;2018 年中缅双边贸易额达 152.4 亿美元,同比增长 13.1%,其中中国对缅甸出口 105.5 亿美元,从缅甸进口 46.9 亿美元,同比分别增长 17.9%和 3.6%(数据见表 4-8 所示)。

---

① 国家商务部国际贸易经济合作研究院等. 对外投资合作国别(地区)指南—缅甸(2019 年版). http://fec. mofcom. gov. cn/article/gbdqzn/#.

表 4-8 2014—2018 年中越、中老、中缅双边贸易额

单位：亿美元

年份	越南			老挝			缅甸		
	进出口总额	中国出口	中国进口	进出口总额	中国出口	中国进口	进出口总额	中国出口	中国进口
2014 年	836.4	637.4	199	36.14	18.43	17.72	249.7	93.7	156
2015 年	959.6	661.2	296	27.81	12.27	15.54	152.8	96.5	56.2
2016 年	982.3	611	371.3	23.38	9.86	13.53	122.8	81.9	41
2017 年	1212.7	709.4	503.3	30.17	14.27	15.91	135.4	90.1	45.3
2018 年	1478.6	839	639.6	34.7	14.5	20.2	152.4	105.5	46.9

资料来源：根据中国海关提供的数据整理而得。

　　中国对越南、老挝、缅甸三个国家出口的产品主要包括工业制成品、成套设备和机电产品、纺织品、汽车和摩托车配件、家用电器等，中国从以上三个国家进口的产品主要包括农产品、矿产品等资源类产品。但三个国家与中国进出口的货物并不完全相同。具体而言，中国对越南出口商品主要类别包括机械器具及零件；电机、电气、音像设备及其零附件；钢铁制品；针织或钩编的服装及衣着附件；车辆及其零附件（但铁道车辆除外）等。中国自越南进口商品主要类别包括矿物燃料、矿物油及其产品；沥青；手机及手机零配件；食用蔬菜、根及块茎；橡胶及其制品；机械器具及零件；电机、电气、音像设备及其零附件；棉花等。老挝出口中国的商品以矿产品、电力、农产品、手工业产品为主，从中国进口的商品主要是工业品、加工制成品、建材、日用品及食品、家用电器等。中国对缅甸主要出口成套设备和机电产品、纺织品、摩托车配件和化工产品等，中国从缅甸进口的商品主要有农产品、畜牧产品、林产品、海产品、矿产品等，包括珍珠、宝石、天然气、大米、玉米、各种豆类、橡胶、木材等（见表4-9所示）。

表4-9 越南、老挝、缅甸三国对外贸易主要情况

	从中国进口的产品	出口到中国的产品	主要贸易伙伴
越南	机械器具及零件;电机、电气、音像设备及其零附件;钢铁制品;针织或钩编的服装及衣着附件;车辆及其零附件,但铁道车辆除外,成品油	矿物燃料、矿物油及其产品、沥青;手机及手机零配件;食用蔬菜、根及块茎;橡胶及其制品、棉花;机械器具及零件;电机、电气、音像设备及其零附件	东盟、中国、欧盟、日本、美国
老挝	工业品、加工制成品、建材、日用品及食品、家用电器	以矿产品、电力、农产品、手工业产品为主	泰国、中国、越南、日本
缅甸	成套设备和机电产品、纺织品、摩托车配件、化工产品、工业原料、消费品	农产品、畜牧产品、林产品、矿产品、海产品等,包括天然气、大米、玉米、各种豆类、橡胶、木材、珍珠、宝石	中国、泰国、新加坡、日本、韩国

资料来源:根据相关资料整理而得。

从对外贸易情况来看(见表4-9),越南、老挝、缅甸主要进出口产品与本国所处经济发展阶段比较吻合。越南处于工业化初期阶段,出口商品在农产品和矿产资源的基础上增加了部分工业产品,出口产品以劳动密集型产品和部分资本密集型产品为主,进口产品则主要为工业化建设所需要的机械设备及零部件、成品油和钢铁等,而老挝和缅甸则是出口原材料为主,工业品、五金产品、机械设备及消费品等则依赖进口,说明老挝和缅甸尚未处于初级产品生产阶段。三个国家的主要贸易伙伴具有一个共同的特征,即全部是经济发达或发展较快的国家和地区,按地理距离则可分为两类:一是美国和欧盟等发达经济体,这些国家先进的技术和充足的资本与三国形成了显著的比较优势差异,容易按要素禀赋发生相互贸易;二是东盟及周边国家,既有日本、韩国这样的发达国家,也有中国等新兴经济体,其中中国是三国的主要贸易伙伴,且所占地位均较高,不仅因为中国与这些国家经济关系历史悠久、地理位置便利，而且说明中国已经在广泛的领域与这些国家形成优势互补。

以上分析可以看出，越南、老挝、缅甸三国经济的主要特征是：一是经济发展水平较低；二是彼此间的产业和贸易较弱；三是区域经济一体化水平，以及在全球生产网络中的地位较低。

（二）贸易比较优势情况

为明确国家之间贸易比较优势及互补领域，以下使用联合国统计数据库（UN Comtrade）2010—2017 年 STIC$_2$ 分位数据计算中国、越南、缅甸的出口显示性比较优势指数（老挝贸易数据缺失）。显示性比较优势指数由美国经济学家巴萨于 1965 年提出，是衡量一国产品或产业国际市场竞争力最具说服力的指标，旨在定量地描述一个国家内各个产业（产品组）相对出口的表现。计算公式为：

$$RCA_{ij}^{t} = (EX_{ij}^{t}/EX_{i}^{t}) / (W_{j}^{t}/W^{t})$$

式中，RCA_{ij}^{t} 代表 i 国（地区）t 时期 j 产品出口额在该国出口总额中所占比重与世界平均水平的比值。EX_{ij}^{t} 代表 i 国（地区）t 时期对世界市场出口 j 产品的出口额，EX_{i}^{t} 代表 i 国（地区）t 时期对世界市场的总出口额，EX_{j}^{t} 代表 t 时期世界市场 j 产品的出口额，EX^{t} 代表 t 时期世界市场产品的总出口额，理论取值范围为 $RCA \in [0, \infty]$，一般认为当一国某产业 RCA 指数大于 2.5 时，该产业拥有极强的国家竞争力；RCA 指数在 1.5~2.5 之间时，该产业具有很强的国家竞争力；RCA 指数介于 0.8~1.25 之间时，该产业具有较强的竞争力；RCA 指数小于 0.8 时，该产业国际竞争力较弱。

本研究报告选取 2017 年中国、越南、缅甸三国出口显示性比较指数进行横向比较。RCA 指数显示，缅甸出口产品竞争力主要集中在农业产品、能源和部分工业原材料领域，越南出口产品在农业和工业均具有一定的竞争优势，农业产品中鱼类、生胶、咖啡、茶、可可、香料及其制品、谷物及制品竞争力较高，工业产品中服装、鞋类、旅行用具、手提包竞争优势比较明显，中国的出口产品竞争力主要分布在劳动及资本密集型行业，而农矿产品则不具有出口的优势（数值见表4-10所示）。

表4-10 2017年中国及越南、缅甸国家出口RCA指数

产品	越南	中国	缅甸
活动物，第03类动物除外	0.00	0.24	0.04
肉及肉制品	0.08	0.18	0.26
乳制品和禽蛋	0.15	0.04	—
鱼（非海洋哺乳动物）、甲壳动物、软体动物和水生无脊椎动物及其制品	10.09	1.18	6.00
谷物及谷物制品	5.10	0.09	2.54
蔬菜及水果	2.98	0.78	9.33
糖、糖制品及蜂蜜	0.75	0.28	0.45
咖啡、茶、可可、香料及其制品	7.02	0.21	0.30
牲畜饲料（不包括未碾磨谷物）	0.46	0.33	0.00
杂项食用品及其制品	0.67	0.45	0.06
饮料	0.23	0.14	0.03
烟草及烟草制品	1.22	0.29	0.35
生皮及生毛皮	0.07	0.01	1.22
油籽及含油果实	0.25	0.13	2.42
生胶（包括合成胶及再生胶）	8.95	0.10	8.38
软木及木材	0.68	0.20	23.22

产品	越南	中国	缅甸
纸浆及废纸	0.04	0.03	0.25
纺织纤维（不包括毛条及其他精梳毛条）及其废料（未加工成纱或织物的）	0.70	0.65	0.39
粗肥料，第56类所列的除外，及原矿物（煤、石油及宝石除外）	0.84	0.90	0.31
金属矿及金属屑	0.12	0.03	0.07
未另列明的动物及植物原料	0.32	0.68	0.55
煤、焦炭及煤砖	2.84	0.26	—
石油、石油产品及有关原料	0.79	0.11	
天然气及人造气	0.01	0.05	20.90
电流	0.34	0.34	—
动物油脂	1.91	0.20	—
未加工的、已提炼的或精制的非挥发性植物油脂	0.17	0.02	0.00
已加工的动植物油脂，未另列明的不适宜食用的动植物蜡及动植物油脂的混合物或产品	0.23	0.11	—
有机化学品	0.16	0.80	0.00
无机化学品	0.00	0.09	—
染色原料、鞣料及色料	0.12	0.61	0.01
医药品	0.02	0.21	0.00

续表

产品	越南	中国	缅甸
香精油和香膏及香料；盥洗用品及光洁用品	0.34	0.30	0.00
肥料（第 272 组除外）	0.54	0.95	—
初级形状的塑料	0.03	1.68	—
非初级形状的塑料	0.25	0.30	0.00
未列明的化学原料及其产品	0.79	0.63	0.00
未列明的皮革和皮革制品，以及裘皮	2.12	0.78	0.01
未另列明的橡胶制品	1.36	1.08	0.00
软木及木材制品（家具除外）	2.66	1.30	0.01
纸、纸板以及纸浆、纸和纸板的制品	0.44	0.60	0.00
纺织纱（丝）、织物、未另列明的成品及有关产品	2.22	2.90	0.05
未另列明的非金属矿产品	0.73	1.02	13.93
钢铁	0.66	0.99	0.00
有色金属	0.27	0.63	0.30
未另列明的金属制品	0.68	1.66	0.00
动力机械及设备	0.35	1.67	0.00
特种工业专用机械	0.73	1.98	0.00
金属加工机械	0.18	1.03	0.00

产品	越南	中国	缅甸
预制建筑物；未另列明的卫生、水道、供暖和照明设备及配件	0.37	2.87	—
家具及其零件；床上用品、床垫、床垫支架、软垫及类似填制的家具	4.5	2.95	0.03
旅行用具、手提包及类似容器	3.83	4.00	—
各种服装和服饰用品	6.89	3.12	1.98
鞋类	11.43	3.11	1.28
未另列明的杂项制品	1.74	1.92	0.02
未按品种分类的特种交易和商品	0.15	0.02	0.09
非合法货币的铸币（金币除外）	—	0.01	—

资料来源：根据联合国商品贸易统计数据库（UN Comtrade）提供的数据整理而得。

从互补角度看，由于中国出口产品竞争力主要集中于工业产品，越南、缅甸在农产品、矿产品、能源、原材料等较多领域与中国形成了补充（见表4-11所示），产品类别占总数的1/3以上，同时中国在11类产品上对越南、缅甸形成了补充（见表4-12所示），主要集中在塑料、金属制品、动力机械等领域以及服装、箱包、鞋类等生活消费品。

表4-11 2017年越南、缅甸对中国形成补充的产品

产品	越南	缅甸
鱼（非海洋哺乳动物）、甲壳动物、软体动物和水生无脊椎动物及其制品	0	0
谷物及谷物制品	1	1

续表

产品	越南	缅甸
蔬菜及水果	1	1
糖、糖制品及蜂蜜	1	1
咖啡、茶、可可、香料及其制品	1	0
牲畜饲料（不包括未碾磨谷物）	0	0
杂项食用品及其制品	0	0
油籽及含油果实	0	1
生胶（包括合成胶及再生胶）	1	1
软木及木材	0	1
纺织纤维（不包括毛条及其他精梳毛条）及其废料（未加工成纱或织物的）	0	0
煤、焦炭及煤砖	1	0
天然气及人造气	0	1
动物油脂	1	0
无机化学品	0	0
香料油和香膏及香料，盥洗用品及光洁用品	0	0
非初级形状的塑料	0	0
未另列明的皮革和皮革制品，以及裘皮	1	0
未另列明的橡胶制品	1	0
未另列明的非金属矿产品	0	1

资料来源：根据联合国商品贸易统计数据库（UN Comtrade）提供的数据整理而得。

注：当目标国家具有很强的国际竞争力，即显示性比较优势指数大于1.25，而中国不具有竞争力时，判断为对中国形成补充，取值为1，否则为0。

表 4-12 2017 年中国对越南、缅甸形成补充的产品

产品	越南	缅甸
初级形状的塑料	1	1
软木及木材制品（家具除外）	0	1
纺织纱（丝）、织物、未另列明的成品及有关产品	0	1
未另列明的金属制品	1	1
动力机械及设备	1	1
特种工业专用机械	1	1
预制建筑物；未另列明的卫生、水道、供暖和照明设备及配件	1	1
家具及其零件；床上用品、床垫、床垫支架、软垫及类似填制的家具	0	1
旅行用具、手提包及类似容器	0	1
鞋类	0	1
未另列明的杂项制品	0	1

资料来源：根据联合国商品贸易统计数据库（UN Comtrade）提供的数据整理而得。

注：当目标国家具有很强的国际竞争力，即显示性比较优势指数大于 1.25，而中国不具有竞争力时，判断为对中国形成补充，取值为 1，否则为 0。

从竞争角度来看，中国与越南构成竞争的产品类别较多，包括木制品、织物、家具、箱包、服装及鞋类等产品，且除织物和箱包两类产品外，越南的 RCA 指数均高于中国，说明当前越南劳动密集型产业的发展对中国形成较大的替代；中国与缅甸的竞争产品主要是服装，中国的 RCA 指数为 3.12，高于缅甸的 1.98，说明缅甸服装加工业已得到较快发展。综合来看，我国与越南、缅甸两国可能形成竞争的行业主要是劳动密集型行业，特别是服装行业，该行业是中国传统出口优势产品，同时也正在成为劳动力资源丰富的越南和缅甸的优势产品。

五、越南、老挝、缅甸口岸经济发展现状及形势预测

（一）越南口岸经济发展现状及形势预测

1. 越南口岸经济发展现状

自 1996 年芒街试点口岸经济区政策以来，越南现今已经陆续分批在越中、越老和越柬边境地区建立了 27 个口岸经济区，每个口岸经济区的成立都由总理签发决定。

总体上，越南的口岸经济仍然处于发展初步阶段。口岸经济仍然主要以贸易为主，依托口岸发展产业仍然没有明显的效果，生产投资没有取得多大的进展。造成这一情况的主要原因：一是边境地区的基础设施建设落后，如综合交通基础设施差、电力缺乏及物流配套差；二是生产要素缺乏，如资金、技术和人才等；三是缺乏完整的配套产业。所有这些，都影响边境地区的投资吸引力。在边境地区，外资主要集中在交通、电力和物流基础设施较好的广宁省、老街省和谅山省。在越中边境地区省份的基础设施、开放政策和行政效能方面，老街省的竞争力最强，广宁省和谅山省处于中游水平，而越柬和越老边境地区的产业发展则落后于越中边境地区。越南对边境贸易的管理较为宽松，只要符合相关规定的越南内资企业、外资企业和边民均能参与边境贸易，边境贸易十分活跃。

2. 越南口岸经济发展相关政策

越南边境地区普遍落后，国家希望通过实行沿边开放政策提高这一地区人民的生活水平，缩小与周边国家特别是中国的差距，维护边境地区的社会安定。越南边境地区的开放政策主要有以下几方面。

（1）依托口岸经济区实施开放政策。在越中、越老和越柬建立的口岸经济区的目标虽然有所不同，但口岸经济区建设实施的政策大同小异。2009 年 3 月 2 日，越南政府总理颁布的《关于颁布口岸经济区财政机制政策的决定》主要包括以下政策：一是口岸经济区建设方面，国家财政支持口岸经济

区的基础设施建设；口岸经济区的一些收费项目用于口岸的基础设施建设和维护；可发行由中央政府和地方政府担保的建设债券；口岸经济区征收的土地费用、土地租金用于投资、发展口岸经济区的基础设施、服务和公益工程或用于征地拆迁。二是税务、费用、土地租金及其他财政政策方面，企业营业收入税、个人所得税、特别销售税、进出口税等税种都比内地优惠。三是土地使用方面，土地或水域租金优惠；减免土地使用费等，实行这些政策在于吸引国内外客商到口岸经济区投资或经商。

（2）实行便利的边民出入境管理。越南在越中、越老和越柬边境地区实行的边民出入境管理比较灵活和便利，边民可以使用多种身份证明往来邻国边境地区，但往来中国、老挝和柬埔寨边境地区使用的证件有所区别，使用的证件种类按国别采取对等原则。越南边民进入邻国边境地区或邻国边民进入越南边境地区，根据越南政府与邻国政府签订的关于边境管理协议的规定执行，在越中边境地区，越南规定：必须持有边境出入境通行证（若通行证上没有照片，需附上身份证）或者是越南与中国政府协定签发的出入境通行证。

（3）鼓励投资的优惠政策与有限的边贸优惠政策。越南政府鼓励企业投资加工制造业等实业，并给予更多的优惠待遇，对于从事边境贸易的企业实行有限的优惠政策①。

3. 越南口岸经济发展预测

由于越南口岸经济区数量较多，且多数经济效果不佳，为了整顿口岸经济区盲目扩大、集中有限的资金建设那些效果好的口岸经济区，越南开始收缩口岸经济区的过快扩张。2013 年 1 月，越南总理批准了"审查和建立一些口岸经济区的选择标准，重点投资和发展 2013 年至 2015 年期间的预算"。越南在 2015 年前，只重点投资 8 个口岸经济区，包括芒街口岸经济区、谅

---

① 黄志勇. 广西沿边地区开发开放报告［R］. 李建文, 李碧华. 越南越中边境地区开发开放战略与政策研究［A］. 南宁：广西人民出版社，2014：196-210.

山—同登口岸经济区、老街口岸经济区、悬桥口岸经济区、老宝口岸经济区、布依口岸经济区、木牌口岸经济区和安江口岸经济区。越南政府要求 8 个口岸经济区要按照重要程度确定区域内的投资次序,每个区域以投资效果为导向,将有限的资源倾斜于重点投资项目。经过调整,越南主要口岸经济区特别是越中边境地区的口岸经济区有了很大发展。2014 年 7 月,越南总理同意老街口岸经济区面积从现有的 80 平方千米扩大到 202 平方千米,以促进进出口贸易活动,同时允许试点建设面积 11 平方千米的跨境经济合作区,作为口岸经济区发展核心;2014 年 12 月 31 日,越南总理批准了广宁省和云屯经济区关于发展口岸经济的许多特殊机制和政策,旨在从国家财政、ODA、政府债券和优惠贷款等方面支持广宁省和口岸经济区的发展。在 2015—2020 年,越南决定重点修建河内—海防、下龙—云屯—芒街高速公路、海河港和广宁国际机场。越南边境地区基础设施建设和改善,以及诸多优惠政策的出台,将大大改善越中口岸经济区的发展环境,越中边境地区的口岸经济区将获得更快的发展。

(二) 老挝口岸经济发展现状及形势预测

1. 老挝口岸经济发展现状

老挝口岸经济可以说是刚刚开始起步。虽然中国—东盟自由贸易区建立以后,老挝加强了与东盟各国的经贸联系,尤其是加强与 5 个邻国(中国、柬埔寨、越南、缅甸、泰国)的经贸联系,但由于自身的经济发展水平十分低下,在口岸经济发展方面几乎无计可施。近年来,老挝提出"陆锁国"向"陆联国"的发展战略,力求突破限制,与外国进行更多的战略合作,将口岸视为与外界联系的突破口,不遗余力地发展口岸经济。

老挝在推动口岸经济发展方面,是想通过建立经济特区的方法来带动口岸的产业发展,使之成为经济增长极,实现老挝边境现代化发展的目标。但是,由于老挝经济基础非常薄弱,本国几乎没有产业可以落脚,于是便希望通过制定政策、与外国进行战略合作,吸引外国企业到本国投资。2011 年底，老挝政府颁布《2011 年至 2020 年老挝开发经济特区和专业经济区战略规划》，规划到 2015 年建立 14 个经济特区和专业经济区。为此，老挝政府批准设立了 12 个经济开发区，即沙湾—色诺经济特区、金三角经济特区、磨丁—磨憨跨境经济合作区、万象嫩通工业贸易园、赛色塔综合开发区、东坡西专业经济区、万象隆天专业经济区、普乔经济特区、塔垄湖专业经济区、他曲专业经济区、占巴塞经济专区和琅勃拉邦经济专区。

在发展口岸经济过程中，老挝最看好与中国的合作。2009 年，老挝国家主席签署的第 075 号主席令以及老挝总理府颁布的第 089 号总理令，决定批准磨丁为国家级经济特区，开发年限为 90 年。在《2011 年至 2020 年老挝开发经济特区和专业经济区战略规划》中，提出要在 2015 年前建立磨憨—磨丁经济合作区。2012 年 9 月 11 日，老挝人民共和国中央办公厅正式下发《委任决议》，决定成立磨丁管理委员会，任命中国云南海诚实业集团董事长为管理委员会主席，并确定了磨丁经济特区与管理委员会的一些基本政策：磨丁经济特区是经济上独立经营的开发区，隶属中央政府领导，其宗旨是把磨丁建设成为永久的现代化城市。2014 年 4 月，云南海诚实业集团与老挝政府签订合同，正式启动老挝磨丁经济特区项目。

老挝磨丁经济特区属于中国老挝磨憨—磨丁经济合作区的老挝部分。2015 年 8 月，中老两国政府正式签署《中国老挝磨憨—磨丁经济合作区建设共同总体方案》，将老挝磨丁口岸和中国磨憨口岸片区共同划为国家战略合作层面的经济合作区。2016 年 11 月 28 日，中老两国签署《中国老挝磨憨—磨丁经济合作区共同发展总体规划（纲要）》，勾勒了两地今后合作发展的美好蓝图。根据老挝制定的相关政策和规划，通过在老挝磨丁经济特区进行系列制度创新和政策创新，吸引外国投资者和产业落地，把磨丁经济特区打造成为口岸经济区的样板，成为与中国进行产业合作的典范。为此，老挝磨丁经济特区执行"境内关外"的保税政策，允许新政策、新制度、新模式和新技术在区内先行先试，享受东盟自贸区的免税、保税和老挝特区优惠政策；特区可享受文莱、印度尼西亚、马来西亚、菲律宾、新加坡、泰国、越南、老挝、缅甸和柬埔寨间的东盟十国绝大多数产品贸易关税降至0～5%的税收优惠政策，这些政策在老挝其他经济特区是没有的。

案例2　老挝磨丁经济特区

老挝磨丁经济特区位于老挝琅南塔省，紧邻中国磨憨口岸，总面积34.3平方千米，规划用地面积16.4平方千米。2009年，老挝国家主席签署的第075号主席令以及老挝总理府颁布的第089号总理令，设立磨丁为国家级经济特区，开发年限为90年，并由中国云南海诚集团与老方委派人员组成老挝磨丁经济开发专区管委会，海诚集团董事长出任管委会主席，负责经济区的管理事宜。

老挝磨丁经济特区是昆曼公路和中老铁路两大国际交通要道中国进入老挝的首站，也是老挝和中国之间的国家级陆路口岸，还是中老泰三国陆路货物运输、跨境旅游的中转站和集散地，另外，磨丁也是中国通往缅甸毛淡棉出海港口的重要节点。

磨丁经济特区拟打造四大产业集群：国际商业金融会展产业、国际旅游度假产业、国际文化教育医疗产业以及国际保税物流加工产业。通过发展国际商业金融会展产业，打造成为跨国、离境企业的资金储备库和国际金融互助互利互惠平台；通过发展国际旅游度假产业来带动区域人气和商气；通过发展国际文化教育医疗产业，打造国际人文交流中心；通过发展国际保税物流加工产业，打造中老泰三国陆路货物运输的中转站和集散地。

　　资料来源：根据相关资料整理而得。

2. 老挝口岸经济形势预测

由于自身经济实力有限，老挝在发展口岸经济方面，希望尽可能利用国外的资源来发展，政府通过制定相应的政策来吸引国外的资源。例如，在口岸经济区基础设施建设方面，政策优先考虑利用外国政府、国际组织等官方机构提供的援助，同时鼓励外商以 BOT、BT 和 BTO 等方式参与基础设施建设；在产业发展方面，利用政策吸引外商直接投资和战略投资等。近年来，老挝政府积极寻求与中国政府的合作，积极参与中国提出的"一带一路"倡议，在推进口岸经济方面明确表态希望中国政府给予更多的帮助（资金、人才及技术等），尤其是在老中边境地区可通过多种方式与中国进行合作。从"陆锁国"到"陆联国"战略的确定，以及系列口岸经济特区实施方案和政策的出台，可见老挝发展口岸经济的态度是明朗的，决心是坚定的。

（三）缅甸口岸经济发展现状及形势预测

1. 缅甸口岸经济发展现状

缅甸由于经济发展十分落后，在 1948 年独立后一直寻求市场经济改革。2011 年新政府上台后，为了促进经济发展，确立了四项经济发展目标，包括农业发展、工业发展、省邦平衡发展和提高人民生活水平。在与外国开展贸易活动方面，缅甸除了开展传统的贸易活动外，还十分重视与周边国家的边境贸易发展，通过木姐、雷基、甘拜地、清水河、景栋、德穆、里德、实兑、孟都、大其力、妙瓦迪、高当、丹老、提基、茂当和眉色等口岸，发展与中国、印度、孟加拉国和泰国等邻国的边境贸易，其中，中缅边境的木姐口岸是缅甸最大的边境贸易点。随着北部边境地区局势逐渐稳定，缅甸开始有规划地发展沿边口岸经济。2016 年，缅甸在"国家全面发展 20 年规划"中划定了两条经济走廊，其中一条是"皎漂经济特区—木姐沿边口岸经济走廊"，该经济走廊沿线包括皎漂经济特区—马圭—密铁拉—曼德勒—彬乌伦—皎迈—腊戌—木姐沿边口岸。缅甸希望通过经济走廊建设，推动沿线中心城市、地区经济发展城市、沿边口岸的联系和发展，并希望沿边口岸成为连接缅甸与区域生产网络及全球市场的纽带。

为更好地发展口岸经济，缅甸加强与中国的交往与合作，尤其是中国提出"一带一路"倡议之后，中缅以"一带一路"的"五通"为着力点，先后签署政府间推进"一带一路"建设谅解备忘录和《关于共建中缅经济走廊的谅解备忘录》，在电力、能源、交通基础设施、中缅边境经济合作区和皎漂经济特区等领域务实开展合作并取得积极进展。目前，中缅边境经济合作区已取得实质进展；2019 年 1 月 30 日缅甸央行批准人民币为官方结算货币，以促进中缅经济走廊建设过程中的贸易投资便利化，这些重大项目的顺利推进，为两国共建中缅经济走廊打下了坚实基础①。

2. 缅甸口岸经济形势预测

一直以来，缅甸经济改革的目标是想通过夯实强大的经济基础以摆脱落后的局面，发展口岸经济、引进外资和加强经贸合作等是缅甸当前发展经济的重点。缅甸在《关于共建中缅经济走廊的谅解备忘录》以及在"一带一路"高峰论坛等公开场合明确表示，将会创造更好的环境，加强与中国的区域合作，要推进滇缅贸易合作不断升级，打造滇缅跨境农业产业经济带。2019 年第五届中国云南—缅甸合作论坛中，中缅双方同意按照互惠互利、合作共赢的原则，在交通基础设施建设、贸易便利化和人员出入境管理等方面寻求更加有效的合作，通过总结实践经验，尽快签订更深入、更细致的官方文件，以卓有成效地推进瑞丽—木姐跨境经济合作区等项目的建设，充分表明缅甸当局对发展口岸经济的态度和决心。

① 武鹏飞. 共建中缅经济走廊，打造"一带一路"务实合作典范 [EB/OL]. http: // theory. gmw. cn/2020–01/17/content_ 33489963. htm.

第五章

国内外发展口岸经济的经验和启示

一、国内外发展口岸经济的经验

（一）黑龙江口岸经济发展经验

黑龙江省拥有 2981 千米的陆地边境线，与俄罗斯的 5 个州接壤，拥有一类口岸 25 个。其中，河运口岸 15 个，公路口岸 4 个，航空口岸 4 个，铁路口岸 2 个。中国与俄罗斯之间的经济文化交往历史悠久，基础牢固，黑龙江发展口岸经济的主要经验包括以下几个方面。

1. 积极创办境外园区

对外投资创办境外园区是黑龙江发展口岸经济的一大特色。由于中俄关系良好，黑龙江在 2003 年开始实施"走出去"战略，探索新建境外园区。经过近 20 年的发展，黑龙江已经在俄罗斯建成近 20 个境外园区，这些境外园区根据俄罗斯的经济发展特点，主要分为综合、林业和农业三大类，按照全面规划、合理布局、分期建设和滚动发展的原则稳步推进。目前，这些境外园区已经成为中俄两国项目合作的重要平台和载体，同时，境外园区与境内园区加强产业联动与合作，形成生产、加工、物流、结算服务的完整产业链。

2. 建设国际经贸大通道

在交通基础设施建设上，黑龙江视野开阔，以辐射整个东北亚为目标，依托第一条欧亚大陆桥（境内绥满铁路，境外俄罗斯西伯利亚大铁路），以"江海联运""陆海联运"为指导原则，确定关键节点，构筑以哈尔滨为中心、内联东北乃至沿海省份，东接东北亚和环太平洋地区，西连俄罗斯腹地及独联体国家，直达鹿特丹的铁路、公路、航运、航空及管道等运输方式有效衔接、相互补充的国际经贸大通道，将沿边开放带打造成东北亚重要的物流枢纽中心。

3. 构建沿边开放区域新格局

黑龙江在推进沿边开放过程中，对沿边开放进行整体统筹规划，推出了亚欧大陆桥国际经济走廊、北部沿江（边）经济走廊等重大空间布局，其中又以牡丹江（鸡西）沿边开放区、三江沿边开放区和兴安沿边开放区为重点，构建支撑沿边开放的三大核心区域。在开放的基础上，以产业园区为载体，聚焦产业发展，充分发挥东北老工业基地工业基础雄厚的优势，结合新时代的要求，"主要做大做强哈牡绥东北先进制造业产业带、佳双同抚新兴产业带、嫩爱逊重化工载能产业带三个产业带"①，形成具有规模效应的产业集群，有力地推动沿边口岸经济的发展。

4. 勇于进行各项创新

黑龙江还勇于进行各项创新，以创新促进机制调整，以创新提供优质服务。例如，充分利用黑瞎子岛"一岛两国"的独特区位，在土地利用、项目审批、招商引资和配套政策等方面进行大胆创新，把黑瞎子岛建成引领对俄及东北亚开放合作的新平台、全国沿边开放的示范区。又如，2010 年黑龙江绥芬河铁路运输口岸率先试点数据共享平台，开创全国两个以上部委数据共享和联网操作项目的先河。再如，绥芬河—波格拉尼奇内公路口岸货检通道于 2013 年 12 月 1 日正式开始实行 7 天 12 小时无午休工作制等。这些创新大大提升了口岸服务工作的效率，促进了口岸经济的发展。

---

① 黄志勇. 广西边境地区开发开放报告 [R]. 张磊，许厚春，覃向雄，邓希. 广西边境贸易发展对策研究 [M]. 南宁：广西人民出版社，2014：126.

（二）新疆口岸经济发展经验

新疆拥有 5600 千米的边境线，与周边的哈萨克斯坦等 8 个国家接壤，边境线上分布着 15 个国家一类边境陆路口岸，其中，老爷庙、乌拉斯台、塔克什肯、红山嘴、阿黑土别克、吉木乃、巴克图、阿拉山口、霍尔果斯、都拉塔和木扎尔特 11 个口岸位于北疆，伊尔克什坦、吐尔尕特、卡拉苏和红其拉甫 4 个口岸位于南疆。2000 年以来，新疆实施"兴边富民"和"金边工程"建设，初步形成了西拓中西市场，南联巴基斯坦，北出蒙古，多层次、全方位的立体边贸新格局。"一带一路"倡议出台后，新疆作为丝绸之路经济带的核心区域，以政策为先导，夯实互联互通，以产业为引领，充分发挥口岸的节点和枢纽作用，使沿边口岸经济获得了空前的发展。

1. 充分利用优惠政策，加快沿边口岸建设

新疆充分利用新一轮援疆优惠政策，并进一步完善边境贸易政策和优惠政策，依据口岸大力发展边境贸易、边民互市和旅游购物，促进边境贸易的稳定发展，活跃边境地区经济。具体措施包括：在阿拉山口、巴克图、吉木乃和伊尔克什坦等条件良好的口岸，积极建设边境经济合作区、进出口加工区和国际物流园区，吸引新疆和全国的大企业、大集团到园区投资办厂，发展进出口加工制造业，推进转口贸易发展，同时拓展展示、批发等商业业务；积极推广霍尔果斯和吉木乃口岸边境贸易的成功经验；将喀什和伊宁等城市建成面向中亚的区域性商贸和旅游中心；加强与内地的经济技术合作，积极吸收内地资金、技术和人才参与新疆边境经济合作区和出口加工区建设。

2. 建立外向型的加工基地，实现贸易市场的国际化

新疆确立边境地区"点—轴发展"战略，以喀什、伊犁、博州、塔城和阿勒泰等沿边开放城市和沿边口岸为点，逐步形成一个由点到线的沿边开放带，作为构建沿边经济带的前沿，成为联通内外的关键节点；充分发挥中国—巴基斯坦自由贸易区、喀什经济特区、霍尔果斯经济开发区和中哈霍尔

果斯边境合作中心等开放合作平台的作用，开展国际化的商贸活动；在乌鲁木齐、石河子、库尔勒和阿克苏（库车）等工业基础较好的城市建立外向型的加工基地，重点发展具有比较优势的加工业，促进当地农产品、畜产品和工业加工品的出口，实现贸易市场的国际化。另外，随着"一带一路"建设的深入推进，新疆充分利用上海合作组织区域经济合作区、中亚区域经济合作等次区域经济合作机制，更加注重从国家战略层面加强与中亚和欧洲市场的石油、矿产资源、技术和其他领域的交流合作，推动边境贸易向更深层次发展。

3. 突出中哈霍尔果斯边境合作中心的龙头带动作用

中哈霍尔果斯边境合作中心，简称中哈合作中心，是我国与其他国家建立的首个国际边境合作中心，是世界上第一个跨境经济贸易区和投资合作中心[1]。建设中哈合作中心是一项创新工作，中哈两国政府为促进中哈合作中心发展，从中央层面通过签订协议，构建了包括政治安全、基础设施互联互通、区域运输便利化及产业合作等领域在内的合作机制，加快了各种生产要素和资源在合作中心流通和汇集，促进了货物贸易、服务贸易和投资的自由开放。中哈合作中心除了享受国家制定的各项优惠政策之外，新疆地方政府还在制度供给、组织保障、资金支持、激励机制和优惠政策等方面给予支持。中哈经济合作中心十分注重承接产业转移，从东部沿海地区如温州承接了许多产业，建设了多个进出口加工区，形成了面向国外市场的产业发展局面，还配套建设了保税物流、仓储运输、贸易洽谈、商品展示和销售、宾馆饭店、商业服务及金融服务等完善的服务设施，形成"一条龙"服务。搭建了边境经贸平台，吸引了大批国内外企业入驻，商品包括纺织品、日用百货等，其中外贸商品占到90%以上，不仅吸引了哈萨克斯坦的商人，还吸引了

---

[1] 2009 年 4 月 1 日，商务部《关于请我部推荐专家对中哈霍尔果斯国际边境合作中心中方区域政策进行研究等问题的复函》（商欧洲司函〔2009〕369 号）中指出霍尔果斯国际边境合作中心是我国首个"跨境经济合作区".

土库曼斯坦、乌兹别克斯坦、俄罗斯等周边国家和地区的客商，聚集了人流、物流和资金流等经济发展要素，大大促进了口岸地区第二产业和第三产业的发展，带动了当地城市的发展。2012 年封关运营后，当年中哈合作中心共验放出入境人员 17 万人次，2018 年则达到了 590 万人次，增长了 34 倍多①。至 2018 年年底，"在中哈霍尔果斯国际边境合作中心涉及商品展示、星级酒店、餐饮娱乐、商业设施、金融服务等领域的总投资超过 300 亿元的 30 个重点项目入驻合作中心中方区，入驻商户 5000 余家，解决就业约 6000 人②"。中哈合作中心的成功运作是我国中外跨境经济合作区的典范，是"一带一路"建设的标杆，为我国发展口岸经济提供了一个优秀样板。

（三）内蒙古口岸经济发展经验

内蒙古横跨西北、华北、东北，与俄罗斯和蒙古国的边境线长达 4221 千米，占全国陆地边境线的 19.2%，拥有 14 个国家一类沿边口岸，包括 10 个对蒙口岸和 4 个对俄口岸，10 个对蒙口岸分别是策克公路口岸、乌力吉公路口岸、甘其毛都公路口岸、满都拉公路口岸、二连浩特公路口岸、二连浩特铁路口岸、珠恩嘎达布其公路口岸、阿尔山公路口岸、额布都格公路口岸和阿日哈沙特公路口岸，4 个对俄口岸分别是满洲里铁路口岸、满洲里公路口岸、黑山头公路口岸和室韦公路口岸。改革开放以来，内蒙古坚持贯彻落实"向北开放"的对外开放方针，不断深化与俄罗斯和蒙古国的经济、文化、科技等方面的合作，取得了良好的效果。目前，内蒙古沿边口岸承载着中蒙、中俄沿边口岸 90% 和 70% 以上的货物流通。2017 年，以上 14 个口岸进出口贸易额达 126.53 亿美元③。

---

① 耿丹丹. 中哈霍尔果斯国际边境合作中心着力产业布局［N］. 经济日报，2019-10-23（4）.

② 中哈霍尔果斯国际边境合作中心——西北最大的免税购物天堂［EB/OL］. （2019-1-12）. http：//www. xjhegs. gov. cn/info/1182/20436. htm.

③ 苏日古嘎. 内蒙古沿边口岸经济发展研究［D］. 内蒙古大学，2019：17.

1. 完善国际通道运输

内蒙古是我国著名的煤炭能源基地，新中国成立以来，内蒙古国际通道建设具有鲜明的国家战略导向。近年来，内蒙古在加快国际通道建设进程中，继续完善以煤炭、石油等战略能源物资运输为主的国际通道运输，主要以铁路和公路运输贯穿所有沿边口岸，形成了全面畅通、连接俄蒙的口岸运输通道。其中，重点建设经甘其毛都、满都拉、珠恩嘎达布其、阿日哈沙特、黑山头、室韦和阿尔山等与俄蒙地区相连的口岸铁路；对现有的一类口岸公路进行完善、加固和提升；全面升级所有二类口岸的公路等级。

2. 加快口岸及沿边开发开放试验区建设

内蒙古把口岸发展和边境地区开发提到一个前所未有的高度，在"一带一路"倡议提出之后，提出"草原之路合作"的对接战略。加强口岸基础设施建设，提升口岸贸易便利化建设，扩大口岸开放；充分挖掘国家优惠政策，扶持边贸企业做大做强，延伸产业链，扩大本地产品出口，提升边贸出口商品质量和附加值，促进边境贸易持续发展；在加快建设满洲里、二连浩特重点边境开放城市的基础上，推进满洲里重点开发开放试验区（保税区）、呼和浩特综合保税区以及满洲里、二连浩特、甘其毛都边境经济合作区建设，引导产业落地，培育新的经济增长点。

3. 加强中蒙俄官方和民间友好交往

内蒙古本着"相互信任、平等互利"的原则，加强中蒙俄官方和民间友好交往，交往平台和渠道包括经贸合作洽谈会、产品展销会、文化交流与合作、技术转让及医疗服务等。为此，官方完善了与俄罗斯和蒙古在资源开发、产业发展、文化教育和医疗服务等领域的合作机制，民间机构则自发建立体现民心民意的交流合作平台。目前，中俄蒙国际青年艺术节、国际青年艺术论坛、雪雕大赛等活动已形成具有中外影响力的品牌，而中蒙联合办学、共同弘扬传统蒙医更是将跨国文化交流推向了更高更深的层次。

（四）美墨边境地区口岸经济发展经验

美墨边境地区是指美国与墨西哥两国的边境区域，西起圣地亚哥与蒂华纳,东至布朗斯维尔与马塔摩洛斯,边界长达 3169 千米。美墨边境地区的一体化发展在两个主权国家共同促进边境地区经济发展、共同打击暴力犯罪和维护边疆安定等方面提供了范例。

1. 边境地区一体化发展

主权国家边境地区一体化发展可以通过一体化政策消除贸易和投资障碍、改变区位劣势并创造出对外部市场的比较优势,从而迅速促进边境地区发展。1962 年,美国贸易关税政策的改变开启了美墨边境地区一体化发展进程。根据规定,墨西哥能够自由输入边境地区企业从事组装业务需要的零部件,美国企业可以把一部分生产转到边境地区或境外。1964 年美国和墨西哥劳工计划使美国企业能够在边境地区较好地利用墨西哥的劳动力资源。伴随着 20 世纪 70 年代至 90 年代贸易自由化和经济一体化的进程加速,美墨边境地区产业发展很快,就业迅速增长。1994 年 1 月 1 日成立的美墨自由贸易区对美墨边境两侧地区尤其是墨西哥边境地区发展的促进效用更加明显,产生了显著的边境地区一体化发展效应。

2. 推进产业转移

20 世纪 80 年代,美墨两国实行贸易自由化,墨西哥的工业布局开始从墨西哥城向美墨边境地区转移。到 1990 年,墨西哥 85.6% 的出口装配企业位于和美国交界的墨西哥州,墨西哥新的产业中心转移到与美国接壤的北部城市。相关资料显示,在过去 20 年间,墨西哥边境城市装配企业的大部分零部件都产自美国,这些企业每年的工业增加值都超过 5%。美墨企业通过产业转移形成的跨境垂直分工网络,使美国和墨西哥之间经济增长的关联效应大大增强。例如,墨西哥边境城市出口增长 10.0%,促进相邻的美国边境城市就业增长 1.4%~1.8%,其中批发贸易就业增长 2.1%~2.7%,零售贸易就业增长 1.0%~1.8%,运输业就业增长 1.7%~2.7%,制造业就业增长

1.2%~2.1%①。墨西哥边境地区通过加入跨境垂直分工网络，造就了一批现代化城市，例如，墨西哥边境城市蒂华纳由承接美国产业转移起步，后发展成为外国投资者开办工厂的重要地区，形成了电子产品、金属机械、塑料制品、木制品和化工产品、陶瓷器皿、纸张、食品饮料的产业聚集优势，并进一步提升了蒂华纳商贸和旅游业的繁荣，由原来的落后小镇发展成为国际性城市。

3. 边境工业化计划

墨西哥为解决长期国际收支逆差问题，1965 年 5 月 20 日，开始实行"边境工业化计划"，在一些特区和特定部门采取了经济自由化措施，使边境地区成为加工出口产品的自由贸易区。通过实施"边境工业化计划"，墨西哥边境城市引进了大量的美国产业巨头，通过延伸产业链，建立了跨边境装配业务和垂直分工体系，形成产业聚集效应。为分享发展实惠，墨西哥边疆州又制定了大量有利于贸易和外资进入的开放政策，从而进一步促进了"边境工业化计划"的实施和边境地区贸易的发展。墨西哥早期的"边境工业化计划"，发挥了国家与地方两个层次的积极性和各自的优势，有效改善了北部边境地区的基础设施，提高了边境地区产业配套能力，增强了地方经济主体之间和经济主体与政府部门、境内外贸易机构之间的联系与合作，改善了边境地区的政策和制度环境，提高了就业率，提高了边境地区人民的生活水平。

4. 打击暴力犯罪

长期以来，墨西哥边境地区暴力犯罪、凶杀案件层出不穷，治安状况恶劣，可卡因、大麻和海洛因等毒品交易活跃，成为全球贩毒集团的争夺重点，特别是位于墨西哥东北部边境的华雷斯市是墨西哥毒品的主要市场，也是墨西哥毒品转运全球的中转站，被称为"全球犯罪率最高的城市"。从

---

① 张荐华，陈铁军. 欧美国家边境地区的一体化效应及其启示 [J]. 财贸经济，2004 (2)：80-85.

1990 年到 2010 年，在美墨边境共发现超过 125 处跨境毒品走私地下通道，尤其在过去 4 年已发现类似地道 70 多条①，边境地区偷渡、毒品交易、枪击、谋杀和绑架等恶性案件几乎每周都见诸报端。墨西哥总统费利佩·卡尔德龙 2006 年上任后大力打击贩毒，以求改善边境城市的安全、卫生、教育和经济状况。面对美墨边境地区暴力犯罪活动愈演愈烈的局面，美国和墨西哥政府携手合作，共同打击毒品犯罪集团和有组织犯罪，以保障边境地区的安全。

二、国内外发展口岸经济的启示

（一）重视基础设施建设

从国内外口岸经济发展经验看，加强基础设施建设和提高通关便利化水平是口岸经济发展的基础。强大的基础设施网络和区域信息网络，可以为人口聚集和要素流动创造条件，为增强口岸（经济园区）与经济腹地联系开拓通道。黑龙江、内蒙古和新疆都通过建设对内对外的基础设施来拓展业务，促进对外贸易额的快速增长。西南边境地区在发展口岸经济过程中，在积极争取中央和省级投资的同时，还可以充分利用社会资本力量，多方面筹集资金，加强基础设施建设，通过硬件设施的提升，进一步促进通关便利化水平的提高。

（二）促进产业形成集聚优势

新疆、内蒙古和黑龙江等省（区）的经验充分说明，如果没有产业集聚，口岸经济仅依靠"过境贸易"就不会形成口岸地区的内生经济增长能力，依赖于"过境贸易"的经济发展模式不仅是不可持续的，而且会面临巨大的市场风险。西南沿边口岸经济的发展要突破"过境经济"的瓶颈，必须发展符合市场需求的产业，产业可以是内生形成的，也可以是承接过来的，

---

① 赵涛. 墨美边境贩毒地道升级 [N]. 文汇报，2010-11-28（5）.

如果是承接的，则要通过产业链招商等手段促进产业形成集聚效应。

（三）加快沿边经济带建设

新疆、内蒙古和黑龙江等省（区）不独立看待口岸经济发展问题，而是将之融入沿边开发开放的整体过程，提出大力推进沿边经济带发展战略。在推进口岸经济发展中，各省（区）以沿边口岸、工业园区和口岸城市等为节点，各节点之间以经济发展作为联系，逐步形成一个由点到线的沿边开放带，成为构建沿边经济带的前沿。广西壮族自治区和云南省要以全局性、战略性的眼光看待边境口岸经济发展问题。从战略性来看，加快西南开发开放是实现千里边境线的稳定、建设和谐美丽西南边疆的重要举措。从全局性来看，西南沿边整体开发开放是彰显国家力量、提升工作实效的重要手段。因此，广西壮族自治区和云南省两省（区）可以联合起来，一起制订对东盟边境地区开发开放规划，全面提升口岸经济水平。在建设沿边经济带过程中，以一类口岸和口岸城市为节点，以南宁、百色、崇左、防城港、保山、德宏和西双版纳等发展较好的城市为基础，通过边境经济合作区、国家重点开发开放试验区及保税园区等各类园区建设，切实落实好项目落地，推进资源加工业、制造业等产业发展，并在此基础上，进一步发展商贸、金融和旅游等服务业，形成经济集聚中心，打造西南边境经济增长极。

（四）推动边境地区参与区域经济合作

内蒙古、黑龙江和新疆通过参与各种区域经济合作和次区域经济合作，使生产要素在"区域"和"次区域"的地缘范围内趋向自由流动，带来生产要素的有效配置和生产效率的相应提高，实现贸易和投资自由化，从而加快口岸经济发展。广西壮族自治区和云南省是 GMS 合作的重要成员和中国—中南半岛经济走廊、"泛北合作"的重要参与者，应该利用好此类的次区域经济合作渠道，在区域经济合作的多边磋商谈判中，可将口岸经济发展列为重要议题，通过提升口岸经济的战略地位，争取更大范围、更高层次的贸易与经济技术合作，为实现口岸经济发展提供新支点。

（五）充分发挥边境经贸合作平台作用

中哈合作中心的经验充分说明边境经贸合作平台是潜在财富变成现实财富的重要桥梁。西南边境发展口岸经济要充分发挥现有的中国—东盟博览会、中国—东盟商务与投资峰会、广西商品越南展等开放合作平台的作用，加大对周边国家的辐射和带动；支持口岸城镇建设边贸专业市场和边境贸易中心，促进边境贸易发展；同时鼓励广西壮族自治区、云南省在相邻国家设立商品展示交易中心、经贸合作促进机构、国际营销网络平台及创新边贸合作机制等，提升合作效益和水平。

（六）善用各种优惠政策

新疆善用优惠政策的经验说明各种优惠政策对经济发展具有"催化剂"的作用。发展西南沿边口岸经济除了要认真贯彻落实国家赋予广西壮族自治区和云南省边境地区的各项优惠政策之外，还要正确把握国家关于沿边开发开放的总体原则，运用国家给予的创新机遇，制定符合广西壮族自治区和云南省特点、具有东盟特色的边境贸易优惠政策，这些政策不光体现在扩大商品交易种类和税收优惠政策方面，还应该体现在边境地区管理自主权方面，例如，可在国家通关便利化政策的基础上，进一步制定落地签证、异地办证旅行、客货车跨境运输便利化、跨国合作执法、以人民币出口结算退税和允许外国人在合作区或试验区内就业等政策。

（七）打造睦邻友好的边境环境

美墨边境经济发展的经验说明睦邻友好是发展边境经济的前提基础和重要保障。西南边境地区应当以百年大计的长远眼光来看待对外合作，立足于睦邻、安邻、富邻的基本方针，不断健全中外联谊、联防、联调和联治工作机制，联合打击边境地区的犯罪活动，有效遏制边境地区的犯罪，实现边境稳定、人民安居乐业，并遵循"一带一路"的"共建、共商、共享"理念，推动口岸经济发展，实现共同繁荣。

第六章

西南沿边口岸经济发展的战略思路

一、战略取向

（一）维护边疆稳定和民族团结

西南边境地区是我国重要的战略资源储备地区和生态安全屏障，也是我国对外开放和维护国家主权、安全的前沿，具有非常重要的政治、经济、生态和社会发展地位。从经济发展的角度考察，西南边境地区是我国典型的贫困地区，截至 2019 年 1 月，在全国 584 个国家级贫困县当中，西南边境地区共有 17 个国家级贫困县，占全国总数的 2.9%，占全国 135 个边境县总数的 12.6%，其中广西壮族自治区 8 个边境县中有 2 个国家级贫困县，云南省 25 个边境县中有 15 个国家级贫困县①。西南边境地区广泛存在的贫困现象不仅导致西南边境少数民族在世界文明进步的趋势中不安全感的增加，大幅度降低了边境各族人民对社会主义改革发展、经济现代化与和谐社会建设的认同和支持，易产生消极对待甚至抵触情绪，而且极易被国内外极端民族势力、宗教极端势力、暴力恐怖势力和极端黑恶势力所利用，引发一系列区域性或整体性的社会政治动荡，进而成为影响中国国家安全和中华民族发展战略全

---

① 根据国务院扶贫办网站提供的数据整理而得。

局的重大问题隐患①。同时，西南边境地区是多民族聚居区，还有壮、傣、布依、哈尼、苗、傈僳、瑶、彝、景颇、拉祜、怒、独龙、阿昌、佤、布朗和德昂等多个民族跨境而居，跨界民族虽然分属不同的国家，有不同的国家观念和爱国情感，但如果在政治、经济、文化、社会等方面存在巨大的差别，很容易使他们将境内境外的民族作为参照系，他们不仅与本国的其他民族，特别是主体民族做比较，还与边界另一面的同胞做比较，与任何一方的差别都可能触发民族情绪、产生冲突摩擦。因此，西南沿边口岸经济发展对于维护国家统一、领土完整、边防巩固和国家形象都具有非常重要的意义。

（二）助力"一带一路"建设

"一带一路"倡议是党中央、国务院面对当前复杂多变的世界经济形势和国内增长速度换挡期、结构调整的阵痛期、前期刺激政策的消化期"三期"叠加经济运行状况做出的重要改革和开放决策，是我国对外开放战略和区域发展战略的新载体。"一带一路"建设的重心在于形成国内经济区之间的重要通道，形成国内经济要素交流的主要平台，同时形成中国与"一带一路"周边国家的经贸和物资互通，以中国经济为主要驱动力、以"一带一路"周边国家共同发展为核心目标、以丝路经济带为世界经济贸易发展服务的重要国际多边经贸合作机制和新型自由贸易区。"一带一路"倡议将最终形成我国经济发展的三个支柱：一是区域经济合作支柱，即通过"一带一路"建设，把南方和北方、东部和西部、发达和欠发达、沿海和内陆有机结合起来，大力加强通道建设，形成区域之间主动协同的动力。二是对外经济合作支柱，即通过"一带一路"建设，建立中国与周边国家经济、贸易、物流、资金和文化交流通道，形成彼此互信、相互协作和优势互补的开放性、非契约化的新型国际经济合作区。三是世界经济贸易新枢纽支柱，即通过"一带一路"建设，打通世界贸易的最大内陆板块，形成化解世界贸易中最

---

① 赵曦. 西南边疆少数民族地区反贫困与社会稳定对策研究［M］. 成都：西南财经大学出版社，2014：35.

大成本和制度瓶颈的高效通道，为世界经济的发展服务，也为世界贸易的更大范围和更低成本的扩张服务，在世界贸易取得突破的同时，形成中国贸易不断提升和优化的新机遇和新动力。西南沿边口岸是"一带一路"建设的重要门户，承载着重大的历史使命——既要做到连通海陆，又要做好交汇融通，构建面向南亚和东盟区域的国际通道；同时，"一带一路"倡议也为西南沿边口岸地区的经济发展提供了更为宽广的发展机遇，西南边境地区可以利用与东盟国家陆海相邻的独特优势，扩大边境地区开发开放，打好"东盟"这张牌，形成西南沿边口岸经济社会发展的新格局。

（三）落实当代中国边疆治理新理念

历史上，西南边境地区长期处于华夏政治、经济、文化的"边缘"地带，加上我国长期以来形成的间接被动的治边思想①，使得秦汉以后历代王朝对西南的开发经营基本上都停留在政治"羁縻"与军事征服等传统意义上，经济功能受到忽略。近代以后，英法资本主义对西南边境地区的窥视以及我国与周边国家间曲折的外交关系使得西南边境地区的军事战略意义更加凸显，西南边境地区的经济社会发展大大落后于内地。新中国成立以来，中央政府开启了边境建设发展的新篇章，通过与周边国家建立睦邻友好外交关系、出台相关政策和开放沿边口岸等措施，促进边境地区经济社会发展。1987年4月，中央政府在总结沿海开放经验的基础上，结合国家民委等十几个部委联合调研边境贸易发展的情况，出台了《关于积极发展边境贸易和经济技术合作、促进边疆繁荣稳定的意见》，成为我国沿边开发开放的明确信号。20世纪90年代实施沿边开放战略以来，开放政策不断推陈出新，沿边开放区域范围不断扩大，平台建设不断升级。其中，1992年，国务院批准畹町、瑞丽、河口，凭祥和东兴等13个城市为沿边开放城市，标志着我国开放战略已从沿海推进到边境地区。1997年，国务院批复畹町、瑞丽、河口、

① 李庚伦，中国历代陆地边疆政治安全治理研究 [J]. 贵州民族研究，2018，39（12）：161-165.

凭祥和东兴等 14 个边境经济合作区（《国务院办公厅关于黑河等 14 个边境经济合作区财政政策问题的复函国办函》〔1997〕2 号）。党的十八大以来，中央政府在总结改革开放经验的基础上，向全球发起了"一带一路"倡议，由"一带一路"倡议所带来的边疆地区的全面开放不仅是对历史实践的继承和发展，更是中国边疆治理的新理念①。适应这一时代发展潮流，党的十八届三中全会对未来构建全方位对外开放的边疆进行了顶层设计：加快沿边开放步伐，加快同周边国家和区域基础设施互联互通建设，推进"一带一路"建设，形成全方位开放格局。因此，发展西南沿边口岸经济是对当代中国边疆治理新理念的全面回应。

综上所述，推进西南沿边口岸经济发展是加快边境地区经济社会发展、推动边疆民族地区繁荣稳定和长治久安的需要，是推进"一带一路"建设的重要组成部分，是落实当代中国边疆治理新理念的重要举措，对于当前进一步扩大沿边开放、提升沿边开放水平、促进边境地区经济发展具有非常重要的意义。

二、基本原则

（一）政府推动，市场主导

科学研判当前经济社会发展态势和未来发展趋势，充分发挥市场在资源配置中的决定作用，切实调动市场主体的积极性，建设繁荣活跃的口岸经济发展氛围，引导产业发展方向和发展重点，同时对关系国家沿边开放与国际合作的重要领域和关键环节，要发挥政府的规划引导、政策激励和组织协调作用，最终形成政府引导、市场运作、社会参与的多元共建的合作发展机制。

---

① 罗静. 当代中国边疆治理的新理念新实践［J/OL］. 中国社会科学报，2017-9-26，http：//www. cssn. cn/mzx/201709/t20170926_ 3652586. shtml.

（二）开放合作，互利共赢

推进对内对外的全方位开放合作，以大开放促进大合作，以大合作促进大发展，优势互补，互利共赢。国内方面，拓展与粤港澳台及西南中南地区合作，推动要素的流动，促进国内资源的整合和优势互补，形成产业分工与合作体系，促进区域协调发展；国际方面，深化与东盟国家的经贸交流，逐步消除与越南、老挝和缅甸在物流、要素流动等方面的市场壁垒，建立要素流动畅通的大市场，形成资源和优势互补、产业资源整合的次区域经济合作机制。

（三）先行先试，创新发展

坚持大胆创新，敢于破除阻碍沿边开发开放的体制机制束缚，积极探索沿边开发开放的新体制、新机制和新发展模式；坚持先行先试，鼓励支持一切有利于促进沿边开发开放的探索和试验，力求在重点领域、关键环节改革创新和重大项目建设上取得新突破；坚持示范带动，充分发挥开发开放试验区、跨境经济合作区等示范区在沿边口岸经济发展中的带动作用。

（四）交通先行，产业支撑

以推进中国—东盟互联互通国际通道运输体系建设为重点，提高交通通达度和承载力；以构建社会化、专业化、现代化和规模化的现代口岸物流服务体系为支持，逐步推进铁水、公水、空铁等联程联运，不断拓展国内国际多式联运服务能力；以打造结构优化、技术先进、附加值高、吸纳就业能力强的现代产业体系为支撑，形成区域经济发展的内生推动力，推进口岸经济整体发展。

三、总体思路

全面贯彻落实中央边疆治理的新理念，按照习近平总书记提出的全面深化改革开放等要求，结合新常态、新趋势、新发展，把握"一带一路"建设的机遇，主动融入中国—东盟自由贸易区升级版，以加大沿边开发开放为主导，以区域经济"点—轴"开发理论为依据，以"点"为基础，围绕"园、圈、带"，稳步推进西南沿边口岸经济基本要素建设，逐步形成以经济内生增长机制为基础，以产业分工链条和网络为核心的口岸经济发展态势。

（一）"点"：以口岸为节点

立足口岸，夯实各类口岸基础设施和电子口岸建设，提高口岸通关效率，确保贸易畅通有序。明确各口岸的定位，围绕定位发展做好产业发展、商业服务、物流分拨和金融支持等各项工作。

（二）"园"：以园区为平台

积极发展产业发展平台，为口岸发展提供动力支持。一是围绕口岸推进各类产业园区建设，包括开发开放试验区、"双国双园"、保税区及边境经济合作区等，加强边境特色产业基地建设，包括农产品种植业、边贸加工业、商贸物流业、战略性新兴产业、信息产业、文化旅游业，以及建材业、机械制造业、能源开采和加工业等产业基地。二是加快推进跨境经济合作区建设，形成中国与越南、老挝、缅甸开放合作的物流基地、商贸基地和加工制造基地。

（三）"圈"：以经济圈为腹地

重视城镇建设和区域经济发展建设，为口岸经济发展提供腹地支撑。一是加快口岸所在地城镇发展，把它们建成面向东南亚、南亚开放合作的、有国际影响力的口岸城市，为口岸经济发展提供强大的发展空间和腹地支撑。二是加快国内区域经济一体化发展建设，如"珠江—西江经济带"、泛珠经济带和北部湾经济圈等，通过国内资源整合，促进西南沿边口岸产业发展，增强国内参与西南沿边口岸经济发展的腹地支撑。

（四）"带"：以经济带为走向

以现有西南沿边口岸交通运输通道为基本联系和走向，发展布局合理、彼此联系的工业基地、商贸基地、物流基地和信息基地；以边境资源禀赋为基础、充分发挥边境地区的区位优势，形成具有西南边境特色的产业带，并积极发挥它们的辐射作用，带动西南边境地区经济发展。

四、战略组合

国内外口岸经济发展经验显示，口岸经济的繁荣必须结合地域特征、自身优势，按照自身实际需要来推进。在"一带一路"背景下，西南沿边口岸经济的发展要根据中央对外开放新战略，借鉴国际国内边境地区发展口岸经济的经验，结合广西壮族自治区和云南省参与"一带一路"建设的定位，加快边境地区开发开放等新形势、新要求和新任务，依托国际通道特别是 GMS南北交通走廊，优先选择区位优势突出，并有一定经济基础和条件的走廊城镇和口岸城镇，建设产业和经济合作区，进一步完善基础设施，创造良好的贸易和投资环境，促进生产要素和产业集聚，逐步构建起具有较强辐射带动作用的经济带，促进口岸经济发展。为此，应该构建"交通物流+口岸发展+腹地经济"为核心的大战略，具体为交通物流发展战略、现代化口岸体系战略、提升腹地经济战略、通关贸易便利化战略、新型城镇化发展战略、次区域经济合作战略等，通过这些战略组合形成口岸经济发展的引擎和动力。

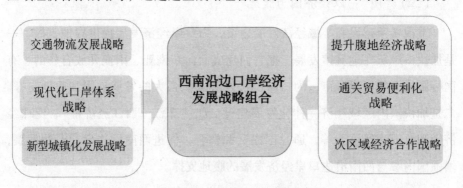

图6-1　西南沿边口岸经济发展战略组合

（一）交通物流发展战略

互联互通基础设施包括铁路、公路、口岸、输电线路，也包括物流网络、物流配送、保税仓储等与经贸相关的物流设施，是口岸经济繁荣发展的基础条件。

1. 加快口岸交通基础设施建设

主动融入"一带一路"建设，加快西南边境地区陆路交通网络建设，形成水陆配套、相互贯通、内外通达、便捷通畅、高效安全的出海、出省、出边现代化综合立体交通体系，尽快建成点、线、面衔接、集疏运配套的客货运服务体系。在陆路交通建设方面，应围绕孟中印缅经济走廊、中老泰经济走廊、中越经济走廊及中国—中南半岛经济走廊这四大走廊建设，以昆明、南宁等沿线大城市为依托，推动铁路和公路基础设施互联互通，形成中国与越南、老挝、缅甸经济合作交流的大动脉，并着力解决长期以来困扰中外交通基础设施的标准、运营和管理等瓶颈问题。

（1）公路。主要建设三条公路。第一，中越公路。以越南河内为轴心，重点建设三条与我国口岸相连的高速公路，即河口—河内、凭祥—河内、东兴—芒街—下龙—河内三条高速公路，加快百色—靖西—龙邦和河内—友谊关高速公路建设，将防城港—东兴—芒街—海防—河内与南宁—友谊关—河内高速公路两个通道相连接，形成货物"无缝化连接"、人员"零距离换乘"的立体公路运输网络。第二，中老公路。中老公路中国段已经建成高速公路，目前需要加速老挝境内高速公路的建设，即万荣—琅勃拉邦—乌多姆赛—磨丁的公路建设。第三，中缅公路。以建设孟中印缅经济走廊为主线，打通两条重要的中缅公路。一是加快昆明—瑞丽—曼德勒—皎漂高速公路的贯通步伐，完成国内部分的龙陵—瑞丽段高速公路建设，尽快启动缅甸境内的曼德勒—皎漂高速公路建设。二是把清水河公路口岸作为高速公路出境通道，建设昆明—临沧—清水河—腊戍—曼德勒—马圭—皎漂国际大通道。

（2）铁路。主要建设两条铁路。第一，中越铁路。建设以昆明—河口—

老街—河内、南宁—凭祥—同登—河内和防城港—东兴—芒街—下龙—海防—河内为骨干，由南宁—友谊关—河内铁路扩建构成的一体化跨境铁路运输网络通道，进一步扩大铁路的通行能力和运载能力，形成 GMS 国家铁路综合性运输网络。第二，泛亚铁路。泛亚铁路包括西线、中线和东线。加快推进泛亚铁路西线、中线和东线的全线贯通，统一铁路标准、提高铁路运输效率。

2. 建设"无水港"对接"一带一路"

海港是对外贸易的窗口和桥梁，出口贸易的货运量主要是通过海港实现的。西南地区可以通过三种通道与海港相连。一是通过重庆港，途经长江中下游的湘、鄂、赣、苏、浙及沪，与上海港相连。二是通过云南边境经缅甸仰光转口，向印度洋沿岸发展贸易。三是通过钦州、防城、北海等北部湾港，与东南亚及太平洋沿岸各国发展贸易。显然，从物理距离来看，西南边境大部分口岸与北部湾距离是最近的。西南沿边口岸可以通过"无水港"建设，发展出海交通基础设施建设和促进产业对接，加强内陆与港口的互动发展，融入"一带一路"建设。

打造"无水港"不是简单地把口岸和港口的交通、物流连成一线，其实质不仅是内陆向海洋的交通扩展，更是港口功能在内陆的延伸。货物是在"无水港"内"一站式"完成订舱、报关、报验和签发提单等通关手续，然后通过设立在"无水港"内的货代、船代和船公司分支机构收货、还箱和签发，生成以当地为起运港或终点港的多式联运提单，再通过陆海联运特别是海铁联运的方式将货物运送到沿海港口，集装箱直接装船出海，相当于把海港搬到了边境地区。西南沿边口岸可以充分整合利用边境地区已有的通关、保税和物流服务等便利条件，通过参与西部陆海新通道建设，加强与越南海防港合作，加强与缅甸仰光港和皎漂港合作，共同建设西南沿边口岸"无水港"。

（1）积极参与西部陆海新通道建设。西部陆海新通道是"一带一路"

建设中，衔接"丝绸之路经济带"和"海上丝绸之路"的战略性通道，目的是实现陆海联动、东西互济。国家打造西部陆海新通道，为西南沿边口岸建设"无水港"提供了强大的政策支持。从国家西部陆海新通道规划来看，凭祥公路口岸和东兴公路口岸发展"无水港"的区位优势最为显著。西南沿边口岸通过提供"无水港"的机制和平台，促进多式联运的有效对接，吸引我国西南、中南的进出口货物在无水港集聚，从而有效应对来自重庆、武汉等西南地区水运港口的物流竞争。

（2）参与中国—中南半岛经济走廊建设。中国—中南半岛经济走廊建设是"一带一路"建设的六大经济走廊之一，西南沿边口岸可以以中国—中南半岛经济走廊的东线和西线为主轴，通过建设"南宁—谅山—河内—海防"和"昆明—河口—河内—海防"的交通线路，加强与越南海防港口的合作，发展"无水港"。目前，河口公路口岸和凭祥公路口岸都在推进中越跨境经济区合作建设，在多领域已经建立合作机制，相信西南沿边口岸建设"无水港"可大大拓展越南海防港口的物流源，成为实现跨国陆海互动的"黄金码头"。

（3）参与中缅经济走廊建设。中缅经济走廊是我国通往印度洋的战略通道，呈"人"字形走向，根据泛亚铁路西线设计，具体为"瑞丽—曼德勒—仰光"或"瑞丽—曼德勒—皎漂"，两条线路最终通过仰光港或皎漂港出港，仰光港是目前缅甸最大的港口，皎漂港开发之后，将会成为缅甸最大的远洋深水港。通过在瑞丽建设"无水港"不仅可以大大拓展仰光港或皎漂港的货源，还可避免我国陷入"马六甲困局"，实为双赢之举。

3. 建设现代口岸物流服务体系

作为全面高效提供物流服务的节点，口岸物流不仅是整个国际物流体系的重要关口，也为口岸经济带建设提供了重要平台。口岸物流便捷与否，将直接影响国际大通道、国际经济合作的成效。要充分发挥口岸货物集散的优势，加强对西南边境地区物流业的规划与整合，特别是重点发展口岸物流园，构建多层次，具有社会化、专业化、现代化和规模化的现代口岸物流服务体系。

（1）建设多式联运物流网。加强公路、铁路、水路、航空的多式联运以及不同运输方式之间的转运功能，加强与我国珠三角、中南、西南地区以及越南、老挝、缅甸重要城市的物流交通服务联系，建设对国内、国外腹地具有辐射能力的多式联运物流网络。云南省以昆明国家物流枢纽为中心，以河口、磨憨、瑞丽三个一类口岸为支点，构建昆明—大理—瑞丽、昆明—普洱—磨憨、昆明—弥勒/蒙自—河口、昆明—开远—文山/砚山—富宁四大物流通道；广西壮族自治区以南宁为中心，依托（凭祥）友谊关、东兴两个一类口岸，构建南宁—崇左—凭祥、南宁—防城港—东兴两大物流通道。

（2）建设一批规模化、专业化的物流园区。拓展各类园区的功能，加强各类园区的物流园建设，在此基础之上，建设一批规模化、专业化的物流园区，形成定位明确、层次清晰、功能互补、高效运转的口岸物流体系，实现西南沿边口岸物流的协调发展。西南边境地区重点建设的物流园区包括凭祥综合保税物流园区、中国—东盟自由贸易区凭祥物流园、广西万生隆国际商贸物流中心（龙邦公路口岸）、中国—东盟跨境冷链物流（农产品）分拨中心（东兴公路口岸）、中国磨憨—老挝磨丁跨境经济合作区保税物流园区、河口铁路国际物流园区、孟定（清水河）国际物流园区、磨憨农产品物流产业园、瑞丽弄岛仓储物流园区等。

（3）建立口岸物流信息网络。充分利用大数据，加快口岸物流信息化进程，建设口岸物流信息网络，形成用户需求信息、市场动态、企业内部业务处理情况等信息共享的信息网络，打造国际一流的现代口岸物流服务市场。

（二）现代化口岸体系战略

以发挥口岸组合功能的整体效益为目标，统筹协调好各类口岸的建设和发展，合理有效地配置口岸资源，明确口岸功能定位，全面构建现代化口岸体系和特色口岸，形成各类口岸优势互补、相互促进、共同发展的立体化、专业化新格局。

1. 建设国际化口岸管理服务标准

以打造特色口岸、国际口岸、现代口岸、安全口岸、智慧口岸和高效口岸为主要目标，探索建设国际化口岸管理服务标准体系，开发功能齐全的口岸信息管理系统，强化口岸吞吐能力、提升口岸运营企业经营管理水平和服务能力，建设国际贸易"一站式"服务平台，提升跨境贸易通关服务能力，促进口岸管理服务工作国际化、标准化、规范化和现代化。

2. 优化各类口岸的功能定位

以建设西南沿边口岸经济带的整体思路来统筹规划口岸发展，引导各口岸根据自己的区位特点、资源禀赋、人口基础及产业发展等因素确立清晰的功能定位，在满足经济功能和通关功能的基础上，推进各口岸特色化、差异化和重点化发展；结合城市定位、消费趋势和已有业务规模，积极申报口岸资质；提高口岸定位与城市定位的关联性，推动口岸与口岸城市（镇）相互促进、协调发展。

3. 建立各类口岸间合作机制

以一体化的发展思路推进口岸之间建立紧密的合作机制，避免各口岸孤立发展和恶性竞争，实现各类口岸优势互补、共赢发展。推进与口岸功能相配套的临港（空）产业、物流园区和海关特殊监管区域的建设进程，不断拓展口岸腹地，加强边境、港口、航空口岸与内陆腹地的沟通联系，鼓励口岸与内陆腹地签订相互依托、相互支持的战略合作协议，拓展西南、中南等内陆腹地货源。

4. 完善口岸配套设施建设

加快完善一、二类口岸的联检大楼、货物专用通道、验货场、仓储、货场和停车场等口岸相关配套基础设施建设，提升运输通道的经济性和便利性，大力推进电子口岸公共信息平台建设，为企业提供优质的仓储、配送、运输一站式服务。

（三）提升腹地经济战略

腹地经济是口岸经济得以可持续发展的坚实基础和根本保障，而产业发展则是经济发展的"永动机"。要促进国内产业资源整合，增强西南沿边口岸经济发展的腹地支撑。

1. 加强与国内发达省份间的资源要素整合

当前广西壮族自治区和云南省承接东部产业转移尚未在劳动力、产业配套能力上形成突出竞争优势，且与越南、老挝、缅甸等东盟国家的经济结构相似，农业比重较高，制造业的整体发展水平较低。因此，首要的任务是要积极拓展区域合作，加强广西壮族自治区和云南省与国内发达省份间在产业转移、产业集聚、园区建设、体制机制创新等方面合作，通过加快国内资源整合和产业转移，加快广西壮族自治区和云南省经济转型升级，形成与越南、老挝、缅甸等国家优势互补、错位发展的产业结构。例如，2014 年获得国务院批复的《珠江—西江经济带发展规划》就是实现广西壮族自治区与广东省对接的最好方案，可以通过实施该规划，加强广西壮族自治区与广东省的联系，促进广东省向广西壮族自治区转移产业，带动广西壮族自治区经济发展。再如，云南省可以利用长江经济带建设，促进云南省与长江沿岸其他省份的产业合作，承接从东部沿海的沪、浙、苏等省的产业转移。在此基础上，鼓励有条件的企业加快向东盟"走出去"步伐，充分利用东盟各国丰富的自然和劳动力资源，加强广西壮族自治区和云南省与东盟国家的经贸联系和产业合作。

2. 推进各类园区建设

实践已充分证明，缺乏产业支撑的口岸经济只是简单的"过道经济"，于边境地区的长远发展是无源之水、无本之木。口岸经济发展要超越单纯的"过道经济"阶段，必须有加工、物流、商贸等产业的合力支撑。因此，以各类园区建设为抓手，吸引产业落户，承载产业转移，促进商品流通，打造空间集中、资源集约、产业集群发展和服务集聚配套的重点园区体系，是西南沿边口岸经济发展的重要着力点。

（1）搞好重点口岸的园区平台建设。包括跨境经济合作区、综合保税区、边境经济合作区的基础设施及产业配套服务建设。园区建设要从根本上改变目前以初级产品、原材料进出口为主的传统贸易结构，通过与邻国开展全方位、多层次、宽领域的经济合作与交流，进一步拓展对外开放的广度和深度，实现双边、多边经贸合作与转型升级。需要提及的是，园区建设要做好功能定位。要科学布局产业发展及项目布局，明确主导产业。例如，加工制造型园区要以轻工、纺织、机械、电子、化工和建材等为主导产业；资源利用型园区要以矿产、森林等资源开发、加工和综合利用等为主导；农业产业园区要以谷物和经济作物等的开发、加工、收购和仓储等为主导；商贸物流型园区要以商品展示、运输、仓储、集散、配送、信息处理和流通加工等为主导。

（2）加强后方工业基地建设。充分利用国家给予边境地区的开发开放优惠政策、保税区优惠政策、民族地区优惠政策，以及地缘优势等，加快沿边经济带的建设，重点抓好沿边城市的各类工业园区建设。由于边境地区经济基础薄弱，建设资金和人才资源短缺，要加强国内资源整合，可以考虑与国内经济发展水平较高的省份进行联合，鼓励与国内发达省市进行点对点、园对园、城对城对接，发展"飞地"园区、对口合作园区，吸引和承接产业链条整体转移和关联产业协同转移。这样，广西壮族自治区和云南省边境地区的企业可以和具有国际竞争力的大企业联合搭建和共享合作平台，对于边境地区扩大对外开放力度，探索新的经济增长点有重要意义。当然，合作的基础是遵循市场规律，在企业主导的基础上进行。基于对越南、老挝、缅甸三国的产业比较优势，广西壮族自治区和云南省边境地区可重点承接装备制造、电子信息、轻工纺织、食品和化工等产业。

（3）建立更多的"免税购物区"。目前，广西壮族自治区东兴公路口岸、云南省猴桥公路口岸等已获准设立"免税购物区"，西南沿边口岸可以进一步发挥体制机制创新方面的"试验区"作用，争取落实口岸免税购物政策，通过建设"免税购物区"，集结世界各地的高端商品，并推出中国与东盟的特色商品，吸引人流、物流和资金流，带旺口岸经济。建立"免税购物区"可以采取两种方式，第一是设立专门的免税购物商业街，对国际奢侈品牌以及中国与东盟的特色免税物品给予优惠购物限额及条件，同时结合娱乐休闲、旅游度假，带动沿边商贸旅游发展。第二是考虑在特定园区内如跨境经济合作区内设立免税购物中心，以出入园区进行商务、考察、旅游和工作的人员为主要购物对象。

3. 推进重点产业发展

前文已述，越南、老挝、缅甸与中国的产业之间存在优势互补的现实需求，西南边境城市可以对接东部沿海发达省份，尤其是粤港澳地区，以特色园区建设为载体和动力，积极承接东部产业转移，鼓励引进具有比较优势的高层次产业、高新技术产业，鼓励引进在东盟国家有资源、有市场、有对接的产业。本研究认为，西南边境地区可以重点发展以下产业。

（1）边贸加工业。发挥西南边境地区的"中介效应"，利用国内外"两种资源，两个市场"，发展进出口加工业，重点是进口原料加工和出口装配加工，打造区域进出口加工中心，实现中越、中老、中缅边境地区资源的最佳配置，以及产业、经济的有效互补。

一是轻纺、机械设备组装等生产、生活用品加工业。越南、老挝、缅甸经济以农业为主，工业不发达，尚未建立起相对完整、满足生产生活需要的工业体系，大部分工业品都需要从中国进口。通过西南沿边口岸出口到越南、老挝、缅甸的商品中，大部分都是布匹、玻璃、建材、家用电器、机械设备等产品，其中从广西壮族自治区口岸出口到越南的产品有90%以上为广西壮族自治区区外的产品。随着我国东部地区产业结构调整，西南边境地区可以大量承接东部地区的产业转移，在西南边境地区建设面向越南、老挝、缅甸以及东盟市场的生产、生活用品加工业，这样既可以使企业更靠近市场，也有助于降低土地、人力等经营成本以及物流运输成本。

二是资源产品加工业。重点发展红木、矿产品、农林产品、水（海）产品和中药材等资源产品加工业，把对东盟农产品、木材、矿产资源的深加工业作为西南沿边口岸优势特色产业"做强、做优、做精"，延长加工产业链，建立采购、销售、展示、文化交流、加工、培训、品牌培育、信息交流等一条龙产业体系。广西壮族自治区和云南省农林产品加工水平远高于东南亚各国，目前已经形成一批具有核心竞争力的优势产业。其中，广西壮族自治区精制糖生产、剑麻制品加工和木薯淀粉加工水平位居全国前列，已建成中国最大的精制糖生产基地、剑麻制品加工基地和木薯淀粉加工基地。在农产品深加工方面，可以将从东盟国家进口的农产品通过速冻、干燥、压榨、杀菌、无菌包装等加工、包装技术手段生产果蔬粉、果蔬汁、粮油产品、茶叶、咖啡、食用菌等高附加值农产品。在木材加工方面，目前广西壮族自治区凭祥市和东兴市从越南进口红木进行加工的企业已达 300 多家，红木加工业已成为当地的优势产业，在国内享有很高的声誉。凭祥市和东兴市可以充分发挥这方面的优势，利用从越南进口的木材、橡胶等资源产品发展落地加工业，打造中国著名的红木家具之都。在矿产品加工方面。云南省腾冲市可以利用从缅甸进口的矿产品，通过加工提高产品的附加值，打造成为具有国际影响力的珠宝之都。

三是出口装配加工业。自 2008 年国际金融危机爆发以来，欧美经济持续低迷、市场需求不振、产品竞争力下降，贸易保护主义在欧美发达国家有愈演愈烈之势，中国不断遭到欧美发达国家的贸易制裁。数据显示，自 WTO 成立以来，中国已经连续 23 年成为遭受反倾销诉讼最多的国家，1995—2018 年，中国遭受的反倾销案件共 1334 起，占全球案件的 1/4，对中国提起反倾销的有欧盟、美国、澳大利亚、韩国、乌克兰、加拿大和日本等 30 多个国家和地区①，对中国对外贸易产生了巨大影响，且"印度、美国、欧

① 崔佳慧. 中国企业面临的反倾销问题及应对措施［J］. 河北企业, 2019（06）: 63-64.

盟等 70 余个国家和地区还未承认中国的市场经济地位"①。因此，西南边境地区通过设立跨境经济合作区（目前国务院已批复中老磨憨—磨丁跨境经济合作区，正在建设中越凭祥—同登跨境经济合作区、中越东兴—芒街跨境经济合作区、中越龙邦—茶岭跨境经济合作区）可充分利用越南、老挝、缅甸的原产地证明，在跨境经济合作区的外方地段发展面向欧美等市场的出口装配加工业，贴上"越南制造""老挝制造""缅甸制造"的标签，可以有效规避欧美等国家对中国的贸易制裁。

（2）商贸物流业。根据中国—东盟自由贸易区建设和大湄公河次区域经济合作的目标，依托西南沿边口岸优越的国际交通条件，充分发挥商贸物流业的资源和区位优势，以国际贸易为龙头，以仓储物流为基础，以商品分拨配送为重点，以信息网络为手段，把物流业培育成西南沿边口岸具有竞争力的产业。

一是建设沿边现代综合物流体系。运用大数据，建设网上订仓、网上交易、网上查询、运输方案咨询、个性化服务、仓储管理、电子支付及代理商管理等功能一体化的多式联运大数据支持平台，实现用户、货主、车主、代理、金融、保险等贸易运输伙伴的信息自动交换和处理，运用 GPS 及网络信息技术准确控制物流运输的整个过程，实现信息流、物流、资金流的有效组合，实现跨部门、跨行业、跨地区的数据交换和信息共享。借助现代信息技术建成公路、铁路、航空、内河水运、海港等高度整合的大物流体系，建设与国内和东盟国家重要节点城市的有效配送通道和国内外市场相互贯通的商贸物流网络，扩大物流腹地规模。

二是建设物流分拨配送中心。根据西南沿边口岸目前的运输量，可以考虑在友谊关公路口岸、河口（铁路、公路）口岸、凭祥铁路口岸、瑞丽公路

① 宋利芳. 中国遭受反倾销案件占全球近 1/4，未来仍会增加［EB/OL］. https：//www. 360kuai. com/pc/97dbe613cbc38ac28？cota = 4&tj _ url = so _ rec&sign = 360 _ 57c3bbd1&refer_ scene = so_ 1.

口岸和磨憨公路口岸等口岸建设物流分拨配送中心，重点搞好仓储集装箱堆场物流建设。物流设施建设要规范化、规模化、标准化发展，走集团化发展道路。此外，还应大力发展保税物流、冷链物流、第三方（第四方）物流。

三是培育现代物流配送企业。在建设物流设施的同时，加快培育壮大一批面向全国与东盟、服务水平高、具有国际竞争力的现代物流龙头企业，鼓励传统的、零散的中小型流通企业向现代物流企业转型并轨，走规模化、集团化的道路，切实减少物流环节，加速物流周转，降低物流费用。如广西壮族自治区凭祥地区可以重点扶持凭祥万通国际物流公司、广西昆仑物流有限公司等物流公司。

（3）信息产业。发展沿边口岸大数据服务中心和跨境电子商务为核心的信息产业。引导、支持和培育大数据服务市场和企业，大力推进跨境电子商务发展。引进大型国有企业资金、网络及管理经验，促进大数据服务参与贸易通关、外贸流程、运输物流、企业咨询、口岸和港口建设；立足综合保税区和重点口岸，建设快速便捷的跨境电子商务物流及交易平台。

第一，建设沿边口岸大数据服务中心。目前，广西壮族自治区已经建设并成功运行中国东盟信息港。西南边境地区可以借鉴中国东盟信息港的建设经验，选择在条件较好的口岸城市建设中国—东盟沿边口岸大数据服务中心。沿边口岸大数据服务中心实行口岸数据共享，其提供的信息服务，将大大提高口岸工作效率，大大节约企业的各项成本费用，在沿边口岸经济发展中发挥重大作用。

一是运用大数据，加速通关便利和通关信息服务。加强西南沿边口岸与全省、全国乃至国外口岸之间合作，建设具有国际影响力的云计算大数据口岸枢纽。大数据可为口岸检疫查验、海关监管和公共安全等领域提供智能检测系统和云服务，提供通关信息、行邮检测、鉴别分析和应急救援等在内的一系列服务；还可以通过电子口岸大通关安全数据交换系统，为企业和相关部门提供通关数据的查阅、分析、交换等服务，以提高口岸监管的质量和效率。

二是运用大数据，拓展平台服务功能，提供有关市场的资讯服务。利用大数据服务平台提供针对中国—东盟市场及海外市场的商业数据分析、贸易咨询等高增值服务，通过对中小外贸企业交易信息、中国—东盟市场消费行为变化等做量化分析和趋势预测，编报外贸景气指数、外贸运行动态报告等，帮助外贸企业利用数据分析掌握市场需求、准确捕捉商机、开展精准营销，促进大数据服务与平台数据、实体经济的紧密结合。

三是运用大数据，建设完善的跨国旅游信息服务平台。跨国旅游信息服务平台可以为边关风情旅游、跨国旅游提供旅游信息发布、市场分析、酒店预订、路线策划和在线结算等服务。

第二，大力发展沿边跨境电子商务。通过加强与中国邮政、阿里、京东等国内大型电商服务企业合作，依托电子口岸平台和大数据服务平台功能，深入参与实施"电商广西、电商东盟"工程和云南"9610""1210"跨境电商业务，推动电子跨境商务产业发展，积极引导传统外贸企业加入跨境电子商务行列，共建具有国际影响力的中国—东盟跨境电子商务示范区。

一是推进沿边跨境电子商务服务平台建设。利用西南边境城市现有的产业平台与资源优势，探索跨境电子商务综合服务体系以及跨境电子商务进出口所涉及的在线通关、检验检疫、退税、结汇等基础信息标准和规范，强化海关、检疫、边防、银行、税务和外管等部门与电子商务企业、物流配套企业之间的标准化信息流通和沟通协调机制，推进电子商务平台开发，逐步建立和完善综合性的跨境贸易电子商务服务平台。云南省要重点完善"五洲跨境电子商务平台"、建成"GMS跨境电子商务合作平台"。

二是探索跨境电商的供应链体系。充分发挥保税区、跨境经济合作区和国家开发开放试验区等园区的作用，推进国际一体化跨境物流服务体系、一站式跨境电子口岸服务体系和跨境贸易的在线供应链融资服务体系建设，提供商品归类归并、物流可视化跟踪、进口商品追溯等服务，发挥保税区的保税备货和保税集货功能，发挥沿边优惠政策，发挥创新机制的引领作用，直接面对海内外消费终端客户，建设与国内电商购物无差异的跨境物流体验。

（4）金融服务业。按照《云南省广西壮族自治区建设沿边金融综合改革试验区总体方案》（银发〔2013〕276号）和《广西壮族自治区建设面向东盟的金融开放门户总体方案》（银发〔2018〕345号）的要求，抢抓机遇，加快推进金融体制深化改革，为口岸经济发展打造金融支撑平台。

第一，打造区域性人民币跨境结算中心。成立跨境人民币结算中心，扩大跨境人民币结算规模，加快推进人民币在中越、中老、中缅跨境贸易和投资中的使用；鼓励与东盟大宗商品贸易、国际产能和装备制造合作中使用人民币计价结算；推动银行业金融机构与东盟商业银行建立人民币代理行关系，为东盟商业银行开立人民币同业往来账户，畅通人民币结算清算渠道；在依法合规基础上，允许非银行支付机构选择有资质的备付金银行开立跨境人民币备付金账户，为企业和个人跨境货物贸易、服务贸易提供人民币结算服务；探索在宏观审慎管理框架下，银行业金融机构向东盟商业银行融出人民币资金；在依法合规、风险可控前提下，允许具备人民币与外汇衍生产品业务普通类资格的银行业金融机构，为境外机构办理即期结售汇业务，提供远期、掉期和场外期权等人民币与外汇衍生产品服务。

第二，打造区域性货币交易中心。推动人民币与东盟货币的银行间市场区域交易，探索完善区域市场交易、清算、敞口管理等机制；建立区域性银行间人民币对东盟国家货币挂牌交易市场，活跃人民币对东盟、南亚国家货币的银行间区域交易；允许银行业金融机构与东盟商业银行通过对开账户、对存双边本币的模式，完成外币现钞跨境调运业务资金头寸清算。

第三，建立具有中国—东盟区域特色的开放金融市场。大力发展银行、保险、证券、基金、信托等金融业，广泛吸引东盟银行及其派生机构和外资性质的保险机构，开展跨境投融资、资产管理和财富管理业务；鼓励境内金融机构与东盟金融机构之间以互设机构、股权合作、债权合作等多种形式，实现共同发展。

第四，建设面向东盟的金融服务基地。在货币兑换、人民币跨境结算、投融资、债券发行上提供便捷服务；围绕金融后台服务与中介服务中心建设，重点引进各金融机构数据中心、结算中心、银行卡中心、呼叫中心、灾备中心、支付系统和后勤保障等功能总部和后台服务机构，大力发展征信、评估、担保、经纪、会计、法律和咨询等中介服务机构。

（5）文化旅游产业。西南边境地区有丰富的旅游资源和生态环境。广西壮族自治区和云南省边境各地（市、县）要充分发挥沿边开放区位优势，进一步完善边境旅游线路基础设施，提升出入境通关服务，深化与东盟的旅游合作，推进跨国游和边境游，做大做强南国边关特色文化旅游业。

第一，打造边关旅游品牌。根据旅游资源状况，努力培育具有本地特色的旅游品牌，突出文化内涵，开辟精品线路，打造南国边关风情旅游长廊。广西壮族自治区要重点打造防城港边境旅游试验区（我国2018年设立的首批边境旅游试验区之一），推出红色文化、边关历史文化、壮族民俗文化等特色文化旅游品牌，云南省要打造德宏瑞丽、红河河口、临沧耿马、西双版纳和腾冲等边境旅游试验区，推出民族文化、历史文化、边地文化和节庆文化等具有浓郁地区特色的旅游产品。

第二，推进与东盟的旅游合作。融入中国—东盟旅游合作圈，加强与越南、老挝、缅甸等有旅游优势资源的东盟国家开展国际旅游合作，强化资源整合和联合营销，扩大跨国自驾车游，打造中越、中老、中缅跨境旅游合作区，打造多条在国际市场具有一定影响力的跨境旅游黄金线，包括中越跨国自驾游线路、海上旅游线路、"一程多站"跨国旅游线路等，实现特定区域的无障碍旅游。云南省要与周边国家共同推进瑞丽、腾冲—缅甸、松山—腾冲—缅甸密支那、麻栗坡—河口—越南、南伞（清水河）—缅甸果敢等国际旅游线路建设，打造香格里拉—腾冲—密支那、澜沧江—湄公河、茶马古道等国际精品旅游线路和自驾游线路；广西壮族自治区要继续优化南宁—凭祥—越南谅山—凭祥—南宁、南宁（北海）—东兴—越南芒街—下龙湾—东兴、北海—越南下龙湾—北海—南宁的跨境自驾游线路。根据《国务院关于支持沿边重点地区开发开放若干政策措施的意见》（国发〔2015〕72 号），"要深化与周边国家的旅游合作"的规定，可考虑在西双版纳、瑞丽、东兴、崇左等有条件的地区研究设立跨境旅游合作区，在政策集成和制度创新等方面先行先试，积累经验。

（6）商贸服务业。在原有边境贸易的基础上，建设大型国际采购、展销中心、电子商务服务中心，便于国内外贸易商进行产品展示和交易，发展成为中国西南地区与越南、老挝、缅甸乃至东盟各国经济贸易合作的纽带；发展为跨境经济服务的会计、评估、法律、检测、劳务合作等中介服务业；建设跨境旅游的旅客中转中心，发展跨境免税购物、休闲文化体验和餐饮住宿服务产业。其中，广西壮族自治区要加快建设中国—东盟商品交易中心，为中国和东盟各国特色产品搭建长期展示、交易的商贸服务平台，扶持汽车、机电、农副产品、粮食、工业原料、中国—东盟小商品等专业市场发展，建设区域性大宗商品集散地和交易中心。

（四）通关贸易便利化战略

以创新高效便捷的通关贸易便利化模式为着力点，加快国与国间人流物流的通关速度，增强口岸的竞争力和活力，带动边境贸易和口岸经济的加速发展。

1. 推进国内通关一体化

按照海关总署与质检总局推进的关检合作"三个一"（一次申报、一次查验、一次放行）通关模式全面推行到全国所有直属海关和检验检疫部门、所有通关现场、所有依法需要报关报检货物和物品的要求，加强海关、检验检疫（已划归海关）、边检及海事合作，推进口岸的"三个一"通关便利化；加快电子口岸建设，探索国际贸易"单一窗口"模式，实现货物在特定海关区域自由流转；推出"零候检"的服务措施，实行 24 小时通关服务，对人员、货物通关都做到随到随检，随检随离；加快各查验部门之间的"信息互通、监管互认、执法互助"，减少企业办理报关报检时间，实现口岸部门、地方政府、企业信息共享，同时推进与西南、中南后方腹地及东南沿海的跨区域通关合作。

2. 加强国际通关合作

借鉴越老两国通关联检模式，总结中老开展国际警务合作工作机制（前文"国际口岸通关合作得到加强"已述），推动建立中越、中老、中缅大通关协作试点区，探索中越、中老、中缅口岸联检模式。可考虑在业务量大、基础设施条件较好的口岸如友谊关公路口岸、河口公路口岸，磨憨公路口岸、瑞丽公路口岸等作为试点，中外两国共同派出检查人员在该区域对过往货物、人员进行联合检查，建设共同的信息资源平台，过往货物和人员只需要提供一次信息，接受一次检查，实现两国间"一次申报、一次查验、一次放行"的通关作业模式；推进车辆通行的便利，适当放宽两国车辆互相进入的区域范围，可考虑在中国东兴—越南芒街、中国瑞丽—缅甸木姐、中国猴桥—缅甸甘拜地、中国磨憨—老挝磨丁等口岸试行实施中越、中老、中缅公民及车辆临时进出境管理上实行"一线放宽，二线管严"的便利政策；简化游客、商务人员出入境管理手续，争取在出入境人次多的口岸开放落地签、免签边境游。

（五）新型城镇化发展战略

推动西南沿边口岸地区新型城镇化建设，建设口岸城镇经济带，发挥城镇化建设对口岸经济的支撑和促进作用，促进口岸城镇与口岸经济协调发展。

1. 加强沿边中心城市建设

加强中心城市支撑体系建设，发挥中心城市的集聚、辐射作用。根据前文所述口岸与城市发展的相互关系，可以考虑选择东兴市、凭祥市、河口市和瑞丽市等城市作为沿边中心城市，通过产业发展、人口聚集、项目建设的规模化，使城市发展和产业支撑、就业转移统一起来，充分发挥中心城市的科技、人才、资金、信息等集聚和辐射优势，打造成面向东盟开放合作的沿边口岸中心城市，成为推动边境地区产业升级的核心地带。

2. 打造沿边口岸城镇群

根据国家推进新型城镇化建设的要求，结合新一轮"兴边富民"行动大会战，在千里国境线上"以点带线、以线带面"，整合边境城镇资源，打造具有南国边关风情的沿边口岸城镇群，以边境城镇发展作为带动口岸经济增长的要素聚集点，形成支撑外向型经济发展的城镇产业体系，建立适应面向东盟开放的产业结构体系，以口岸城镇经济带引领边境地区发展。

3. 大力发展专业化的次中心城镇

把一类口岸所在地的城镇，如广西壮族自治区的友谊镇、水口镇、爱店镇、硕龙镇，云南省的猴桥镇、河口县、勐腊县、耿马县等定位为沿边口岸城镇群的次中心城镇，结合口岸城镇的区位优势、口岸资源和产业特点，依托特色优势产业基础，突出个性、突出特色，提升功能，聚集产业和人气，走土、特、名、专的特色城镇发展道路，建设服务于特色口岸经济的开放性、服务型口岸城镇，培育形成特色鲜明、产业布局合理、结构优化、竞争力强的专业化城镇经济中心。

（六）次区域合作经济战略

20 世纪 80 年代以来，由于交通和以信息革命为中心的高科技迅猛发展，使得生产要素在世界范围内迅速流动，世界性的产业分工体系逐步形成并不断深化，经济全球化的特征日益明显并不断影响世界各国的经济发展。世界各国为了更好地利用"两个市场、两种资源"，纷纷寻求各种层次的区域经济合作，以拓展更大的发展空间。在这样的背景下，次区域经济合作作为新的经济合作方式在世界各地逐渐兴起，至今方兴未艾。到目前为止，欧洲、美洲、亚洲等不少国家或地区都参加了各种形式的次区域经济合作，其中影响较大的有欧盟的上莱茵河边境地区经济合作、美国和墨西哥边境的圣地亚哥—蒂华纳双子城合作、东南亚地区的新柔廖成长三角和大湄公河次区域经济合作等，我国与东北亚、中亚边疆省份（自治区）也在探索类型不同、形式各异的次区域经济合作。在"一带一路"倡议和中国—东盟自由贸易区建设背景下，广西壮族自治区和云南省要加入大湄公河次区域合作、中国—中南半岛经济走廊和泛北部湾经济合作当中，构建区域经济合作新格局，为西南沿边口岸经济发展提供良好的外部环境和制度支持。

1. 大湄公河次区域经济合作

大湄公河次区域（简称 GMS）经济合作是 1992 年由亚洲开发银行发起并倡导，澜沧江—湄公河沿岸 6 个国家即中国（广西壮族自治区和云南省）、缅甸、老挝、泰国、柬埔寨和越南共同参与的次区域经济合作机制，其宗旨是加强次区域国家联系，改善次区域基础设施，扩大贸易与投资合作，最终实现发展中经济体互利合作、联合自强。

2005 年，广西壮族自治区和云南省正式加入 GMS 合作以来，在大湄公河次区域合作相关政策的指导下，务实推进 GMS 合作项目建设，积极深化在交通、能源、电信、环境、农业、卫生、人力资源开发、旅游、贸易投资等九大重点领域的合作，并取得了一系列新的合作成果：积极参与 GMS 区域投资框架制定，所提出的中越跨境经济合作区、中泰"两国两园"、GMS 电子商务平台、GMS 旅游职业技术教育培训与发展示范等 13 个项目作为区域投资框架内的示范项目被列入了 GMS 区域投资框架；深度参与 GMS "金边培训计划"，筛选推荐相关行业部门业务骨干参加各期培训。下一步，广西壮族自治区和云南省要继续深化 GMS 经济合作，发挥广西壮族自治区和云南省产业基础、（农业）技术和人才优势，加强与越南、老挝、缅甸三国在热带农业、种业、海水养殖及远洋渔业等领域合作，积极开拓建设海外农产品基地；鼓励化工、冶金、建材以及部分加工制造业环节向能源和矿产资源丰富、市场空间较大的越南、老挝、缅甸转移，提高资源就地加工利用水平；合作建设一批经济开发区、产业园区和生产基地项目，形成示范效应，带动国内成熟优势产业对外输出，争取在产业合作深度和广度、产业投资规模和贸易往来等方面取得更大的成绩。

2. 泛北部湾经济合作

首届"泛北部湾经济合作论坛"提出了构建泛北部湾经济合作区（简称"泛北"）的设想。目前"泛北"已成为中国—东盟合作框架下重要的次区域经济合作，包括中国、越南、马来西亚、新加坡、印尼、菲律宾和文莱等临近北部湾的东盟国家。

广西壮族自治区是"泛北"合作的积极推动者和直接受益者。目前，广西壮族自治区与泛北部湾国家的进出口贸易额占东盟贸易总额的99%以上，泛北部湾国家已连续17年成为广西壮族自治区最大贸易伙伴。在"一带一路"倡议背景下，广西壮族自治区深度参与"泛北"经济合作要着重推进以下几项工作。一是着力构建南向北联、全方位开放发展新格局。积极拓展与东盟各国的全方位合作，提升对沿海边境地区开放工作，努力使广西壮族自治区成为周边地区开放发展的重要支撑。二是着力推进基础设施互联互通，加强在交通运输方面的合作。以中国—东盟信息港建设为枢纽，搭建中国—东盟港口城市合作网络物流信息平台，促进各方信息高效联通，充分共享。三是着力提升贸易便利化水平，推动口岸监管一体化，形成便利通关机制。四是加强国际产能合作，发挥各方比较优势，积极推进与东盟国家构建产业园区，开展跨境经济合作，搭建城市合作平台，优化产业资源配置，携手进入发展快通道。

3. 中国—中南半岛经济走廊

中国—中南半岛经济走廊是"一带一路"倡议中六大经济走廊之一，该走廊的基本走向是自中国南宁、昆明向北延伸到贵阳、重庆、成都、长沙，向东延伸到广东、深圳、香港、澳门，经过越南、老挝、缅甸、柬埔寨、连通泰国、马来西亚、新加坡。中国—中南半岛经济走廊建设是全方位、多角度的，除了互联互通之外，还包括经贸合作、产业合作、人文交流等方面。

目前，该经济走廊建设已经开始启动，我国与中南半岛国家之间的互联互通、园区建设等都取得良好成效，经济走廊内的主要产业园区有中国广西壮族自治区东兴重点开发开放试验区、凭祥重点开发开放试验区和云南瑞丽重点开发开放试验区、勐腊（磨憨）重点开发开放试验区，中马钦州产业园、马中关丹产业园、柬埔寨西哈努克港经济特区、新加坡工业园区等。随着经济走廊建设的深入，中国与中南半岛各国的合作空间将越来越大。

广西壮族自治区和云南省衔接中南半岛与粤港澳、西南中南产业带，国家已正式批复在广西壮族自治区永久举办中国—中南半岛经济走廊发展论坛，成为"一带一路"框架下新的国家级平台。广西壮族自治区和云南省要发挥这一优势，秉持"和平合作、包容共建、互利共赢"的丝绸之路精神，以"五通"为主要着力点，搭建中国与中南半岛各国合作机制，深度推进我国与中南半岛各国在优势产能、能源资源等方面的合作，进一步扩大贸易投资规模，提升经贸合作的层次和水平，进一步密切人文交流，广泛开展教育、科技、文化等领域的合作。

第七章

促进西南沿边口岸经济发展的保障措施

一、强化规划实施保障

口岸经济发展是一项综合性工作，涉及方方面面的问题，包括口岸建设、交通物流、通关联检、外贸政策、产业支撑等，既需要宏观统筹规划，又需要微观有效推进。

（一）编制西南沿边口岸经济发展规划

西南边境地区拥有一类口岸的市级以上政府要编制本地沿边口岸经济发展总体规划和专项规划。制作总体规划和专项规划的目的是统筹和整合口岸经济发展资源，集聚口岸经济发展动力，有步骤、有重点地推动口岸基础设施、主导产业、合作机制、配套政策的协调发展。总体规划要符合国家宏观经济发展要求，在科学统筹当地自然、经济和社会条件的基础上，作出关于口岸开发、管理、机制和运营等在空间上、时间上的总体安排和布局。专项规划是对与口岸相关的领域如口岸建设、边境贸易、交通物流、重点产业、文化旅游等方面所做的专项规划。这些口岸建设专项规划，可以在云南省和广西壮族自治区口岸发展规划的基础上，积极向国家口岸办汇报，争取编制《西南沿边口岸经济发展规划》，争取纳入国家开放规划。口岸经济总体规划要加强与相关专项规划之间的有效衔接，按照协同发展的原则对相关规划之间的趋势判断、目标规模、发展策略进行相互衔接，强化规划的执行和管理。

（二）加强项目统筹规划和管理

建立口岸经济发展项目数据库，以"一盘棋"思想统筹规划和布局项目，并提供相应的政策支持。西南边境口岸城镇（以上）建立领导联系项目工作责任制，成立项目工作小组（办公室），制订项目建设实施方案，明确审批部门、项目推进责任单位职责；加强与省级（区）、国家项目审批部门对接，开辟项目绿色通道，加快项目审批效率，提高项目即刻办理成功率；创新项目管理手段，扩大项目监管对接入口，试行项目在线监控管理工作，强化投资项目管理系统的信息平台作用。

（三）加强与越南、老挝、缅甸的对接

搭建政府、学术机构和企业开放式研究、交流和沟通的桥梁，建立若干领域的跨国专家小组，联合研究越南、老挝、缅甸三国有关开发开放战略、投资环境、法律法规和政策规定及与口岸经济相关联的规划，密切关注越南、老挝、缅甸口岸经济发展动态及政策变化；加强与越南、老挝、缅甸有关规划的对接，形成全方位、多层次、宽领域口岸经济协同发展的机制体系。

二、加强政策支撑保障

口岸经济的繁荣要靠政策来引导，项目来带动，既要用好用足各项既有政策，又要大胆创新，先行先试。

（一）运用各种优惠叠加政策

边境地区可享受的优惠政策包括西部大开发政策、边境贸易政策、综合保税区政策与少数民族地区政策等，西南边境地区要认真贯彻落实国家给予的这些优惠政策，并根据实际情况对政策进行合理的调整和完善，利用这些优惠叠加政策推动口岸经济发展，尤其是《国务院关于支持沿边重点地区开

发开放若干政策措施的意见》（国发〔2015〕72号），对沿边重点地区开发开放在体制机制创新、产业发展、基础设施建设、提升旅游开放、财政税收扶持等方面制定了许多优惠政策，广西壮族自治区和云南省要吃透、用好、用足这些政策。

（二）用足用活用好民族区域自治政策

2014年《国务院关于清理规范税收等优惠政策的通知》（国发〔2014〕62号）明确规定，"除依据专门税收法律法规和《中华人民共和国民族区域自治法》规定的税政管理权限外，各地区一律不得自行制定税收优惠政策"，并全面清理已有的各类税收等优惠政策，建立健全税收优惠政策的长效机制。该规定有利于突出民族自治区域边境地区的政策优势，广西壮族自治区和云南省可根据《中华人民共和国民族区域自治法》第十九条所赋予的民族立法权："民族自治地方的人民代表大会有权依照当地民族的政治、经济和文化的特点，制定自治条例和单行条例"（自治区、自治州、自治县均可制定自治条例和单行条例），大胆创新，通过自治条例、单行条例对国家法律和政策作出变通性规定，把政策优势转化为区域竞争优势，使西南边境地区在激烈的市场竞争中占据先机，推动边境地区的投资增长和产业集聚，进一步搞活口岸经济。

（三）继续强化口岸产业发展政策支持

一是实行积极的产业扶持政策。根据《国务院关于支持沿边重点地区开发开放若干政策措施的意见》（国发〔2015〕72号）规定："支持沿边重点地区大力发展特色优势产业，对符合产业政策、对当地经济发展带动作用强的项目，在项目审批、核准、备案等方面加大支持力度。"西南沿边重点地区对口岸经济发展带动作用强的项目，可实施该政策。

二是继续强化外贸支持补贴政策。根据国务院2014年5月出台的《关于支持外贸稳定增长的若干意见》（国办发〔2014〕19号），进一步贯彻落实外贸补贴和出口退税政策。积极争取中央和省级加大对外贸发展的补助力度,做到应补尽补和及时足额退税,进一步改善外贸环境,强化政策保障。

三是争取进一步放宽边民互市政策。将边民互市种类由生活用品增加至部分生产用品,同时将互市贸易商品生产国由邻国扩展至东盟国家;争取在西南边境地区获得边民互市贸易免税额由 8000 元提高到 15000 元的试点政策,进一步推动互市贸易繁荣。

（四）探索各类园区的政策支持

探索两国在跨境经济合作区的规划、开发、融资、建设、通关管理及产业发展等方面的对接和协调,争取建立具有推广和借鉴意义的政策支持模式。继续完善境外经济贸易合作区的发展和政策支持体系,继续促进"两国双园"等模式政策支持体系的发展。

三、建立多元资金保障

口岸经济的发展离不开资金支持,建立多渠道的资金保障机制,为西南沿边口岸经济发展提供充足的"血液"。

（一）争取中央和省级财政转移支付

广西壮族自治区和云南省要争取中央和省（自治区）级财政加大对沿边口岸经济发展的转移支付力度,各部门联合努力,形成争取财政转移支持的工作合力。各沿边口岸城市要完善对现有财政转移支付专项内容的管理和申报,在此基础上,由省（自治区）级向中央争取扩大口岸建设专项财政转移支付资金规模,另外还可以拓宽中央财政转移支付的渠道,争取设立跨境产业合作、边民互市、跨国旅游合作、边境重点生态功能区、沿边非传统安全、稀土矿保护与国家战略储备支持等专项转移支付项目,扩大资金来源。

（二）争取各种专项资金支持

要积极争取国际、国家、省级（自治区）的补贴资金,支持在基础设施、能源、环保等方面的重大项目建设。

　　一是争取亚投行的支持。亚投行是由中国提出和创建的区域性金融机构，其主要业务是援助亚太地区国家的基础设施建设，亚投行成立后的第一个目标就是投入"丝绸之路经济带"的建设。① 广西壮族自治区是"一带一路"建设的衔接门户，云南省是面向南亚和东南亚的辐射中心，西南沿边口岸的互联互通建设符合亚投行的扶持范围，广西壮族自治区和云南省可以向亚投行提出包括贷款、股权投资以及提供担保等在内的融资申请。

　　二是争取丝路基金的支持。由中国单独出资400亿美元的丝路基金，主要目的在于为"一带一路"沿线国家基础设施等与互联互通有关的项目提供投融资支持。丝路基金第一个资助项目是中巴经济走廊②。广西壮族自治区和云南省是中国—中南半岛经济走廊的一个关键节点，西南沿边口岸的互联互通得到丝路基金支持的理由十分充分。为对接国家丝路基金，广西壮族自治区也成立了广西丝路基金，专项服务广西壮族自治区"一带一路"重大项目，中越沿边口岸的互联互通建设项目应该积极向广西丝路基金提出资金支持申请。

　　三是争取贴息贷款支持。当前，联合国开发计划署③、联合国贸易和发展委员会、世界银行、亚洲开发银行、亚洲区域合作专项基金等组织都鼓励区域经济合作并提供金融方面的支持，建议广西壮族自治区政府和云南省政府加大与这些国际性（金融）组织或区域性（金融）组织的合作力度，积极争取这些组织对西南边境地区参与GMS、中国—中南半岛经济走廊、泛北部湾经济合作等合作项目的资金支持，以弥补广西壮族自治区和云南省两省（自治区）资金不足的困境。

　　四是争取国家专项资金支持。争取中央援外资金、国家开发银行贷款、

---

① 新西部传媒. 亚投行：有志者事竟成［EB/OL］. 亚投行网，http：//www. aiibw. cn/news/show-1112. aspx.

② 丝路基金2015年4月签下"首单"，投资中巴经济走廊优先实施项目之一卡洛特水电站.

③ 2007年2月，联合国开发计划署把中越凭祥——同登跨境经济合作区列为扶持边境地区经贸合作试验项目，给予75万美元的前期工作经费支持。

国家口岸建设资金、国家区域协调发展资金等向西南沿边口岸经济发展相关项目倾斜。

（三）鼓励多种所有制共同投资

放宽投资准入门槛，鼓励采用多种形式的建设和投资方式，加大对边境地区口岸和城镇基础设施的资金投入。采取 BOT（建设—运营—移交）、BT（建设—移交）、EPC（工程总承包）、PPP（公私合营）等模式，用好用足沿边金融综合改革试验区各项政策，允许民间投资进入有较好经济效益的物流园、供水等口岸基础设施建设，吸引社会资本特别是境外人民币资本投资边境地区口岸和城镇基础设施建设。

四、构建开放合作与协调机制

（一）建立口岸经济发展合作机制

各边境城市以主要分管领导挂帅，由发改和商务局具体组织，成立口岸经济工作领导小组，整合外贸、工业、农业、科技、旅游、海关、边检和金融等部门及沿边市县，通过部门联席会议和沿边市县领导人联席会议等形式，协调地方沿边重大项目建设布局和产业发展项目对接，协调沿边各市县对邻国关系和各方利益，协调解决企业在通关、运输、结汇、核销、退税和出入境便利等各个环节的困难和问题。

（二）创新区域利益协调机制

区域利益协调机制包括利益分享机制和利益补偿机制。建立跨区域项目财税利益分配机制，对于跨区域的项目建设、产业转移、投资活动等，采取联合共建、股份化运作等方式和途径，实现利益分成和利益共享。"飞地"项目产生的全部财政收入，包括项目建设、土地使用等缴纳的税款由"飞入地"税务机关负责征管，按属地原则就地缴库。"飞地"项目市县级税收留成部分扣除给予企业优惠政策支出后，由"飞出地"和"飞入地"按约定比例分享。加快建立次区域资源有效使用制度和补偿制度，从广西壮族自治区和云南省与 GMS 的互联互通项目经济效益中提取适当资金比例，成立"次区域互联互通生态基金"。加强次区域水电规划环境影响评价，建立广西壮族自治区和云南省参与 GMS 互联互通规划环评和项目环评的区域联动机制，对可能造成生态环境破坏和不利影响的项目，必须做到生态环境保护和恢复措施同步施行，着力打造广西壮族自治区和云南省与 GMS 国家互联互通绿色生态廊道。

（三）建立次区域沟通与协调机制

不断拓展和深化次区域合作机制内涵和外延，在政府引导下，进一步激活企业和工商界参与次区域合作的积极性，同时要搭建政府、学术机构和企业开放式研究、交流和沟通的桥梁，成立各类次区域合作的跨国专家小组，建立次区域合作项目库，在总结实践经验的基础上探索建立各类次区域经济建设新机制，形成全方位、多层次、宽领域的西南边境地区参与次区域合作建设的机制体系。

（四）建设中外边境地区省份的合作机制

从经验来看，中外边境地区省份的合作机制对于协调双边的经贸合作和经济发展、促进边境地区的开发开放具有很大的作用。目前，广西壮族自治区已经与谅山省、高平省建立了合作机制，建立了联合工作委员会。建议中越、中老、中缅边境市、县建立程度紧密的各种合作机制，使口岸经济的发展与合作诉求通过合作机制得到讨论、贯彻与执行。

（五）完善中外联检部门的沟通协调机制

通过加强联检部门的沟通，建立便利的中越、中老、中缅客货运输通关便利化制度和现代化的客货通关管理系统。围绕《GMS 贸易投资便利化战略行动框架》的内容，建立和完善与越南、老挝、缅甸当地联检部门沟通协调机制，为进一步探索中外"大通关协作区"打下基础。积极争取国家支持，从国家层面与越南、老挝、缅甸加强沟通，认真研究造成中外通关便利的障碍和问题，加强中外海关、边防、检疫等联检部门沟通和协作，推进中越、中老、中缅之间货物电子通关系统互联互通，通关数据共享，实现产品质量标准互认、海关单证互认、检疫单证互认、国际道路运输证件互认，通过互认制度实现最大限度的贸易便利化。

五、加大沿边开放程度

口岸经济的发展与开放程度息息相关。西南边境地区要按照对内对外开放相互促进、"引进来"和"走出来"更好结合的要求，促进国际国内要素有序自由流动、资源高效配置、市场深度融合，以开放促发展。

（一）将西南沿边经济带发展上升为国家发展战略

在"一带一路"背景下，西南边境地区所处的重要地理位置和环境特点进一步凸显其战略地位的重要性。加快西南沿边整体开发开放是助力"一带一路"建设、实现千里边境线稳定、建设和谐美丽西南边疆的重要举措。建议参照黑龙江和内蒙古东北部边境地区开发开放上升为国家战略的做法，由国家发改委牵头，联合广西壮族自治区和云南省两省（自治区）人民政府，一起制订对东盟边境地区开发开放规划，将西南沿边经济带发展上升为国家发展战略，经国务院批准后实施，加快建设西南沿边经济带，全面提升口岸经济水平。

（二）扩大口岸和边民互市点的对外开放程度

在西南边境重点口岸、业务量大的口岸，如友谊关公路口岸、河口（铁路、公路）口岸、瑞丽公路口岸、磨憨公路口岸等口岸争取扩大口岸对外开放范围；加快推进现有的双边性口岸升级为对第三国人员开放的国际性口岸；加紧做好二类口岸升格为一类口岸的申报工作；扩大已有一定基础的边民互市点对外开放的时间和货物品种范围，加快有发展潜力的边民互市点尽快正常开放，实施边民互市点试点改革，组建边民合作社作为主体参与互市贸易，建立互市贸易发展新模式。

（三）放宽投资准入制度

认真贯彻落实中共中央、国务院关于进一步扩大沿边地区对外开放的决策部署，构建法治化、国际化、便利化的外商投资环境，以积极主动的开放态度推进国际国内投资合作。大力发展国家发展改革委发布的《西部地区鼓励类产业目录》（历年更新版）产业，满足国内及越南、老挝、缅甸消费者对多样化产品的需求，带动边境地区就业和增加税收；减少投资限制，提升投资自由化水平，放宽外资市场准入，落实准入前国民待遇加负面清单制度，降低外商投资面临的政策不确定性，增大外资企业在西部边境地区的投资与创新激励。

（四）鼓励企业及个人走出去开展境外投资

积极为企业及个人提供权益保障、投资咨询、风险预警等相关服务，鼓励企业及个人走出去与越南、老挝、缅甸等国家开展境外投资，扩大广西壮族自治区和云南省与东盟国家的投资合作空间。充分发挥广西壮族自治区和云南省农业比较优势，通过土地租赁、土地入股等方式，与越南、老挝、缅甸三国共建农业合作区，扩大对以上三国的农业投资；充分发挥广西壮族自治区和云南省重化工实力雄厚，与越南、老挝、缅甸产业互补明显的优势，通过建设境外经贸合作区等方式，扩大对越南、老挝、缅甸的汽车、机械、冶金、化工等行业的投资，带动国内成套设备和零部件出口，提高资源就地加工利用水平，促进当地工业化进程。

六、加强人才支撑保障

（一）探索中越、中老、中缅国际劳务合作

根据《国务院关于支持沿边重点地区开发开放若干政策措施的意见》（国发〔2015〕72号）"允许按规定招用外籍人员"的规定，建议在西南重点沿边口岸开展国际劳务合作工作。一是在机制上提供保障。从国家或省

（自治区）层面与越南、老挝、缅甸或其边境省协商，相互公开用工信息，鼓励以上三国劳务人员到云南省和广西壮族自治区工作，开设绿色通道，加快协同办理跨境务工手续。二是证件要放宽。根据《中华人民共和国出境入境管理办法》第九十条规定："经国务院批准，同毗邻国家接壤的省、自治区可以根据中国与有关国家签订的边界管理协定制定地方性法规、地方政府规章，对两国边境接壤地区的居民往来作出规定。"建议尽快出台广西壮族自治区和云南省《边境地区居民出入境管理办法》，提请国务院批准，争取越南、老挝和缅甸边境地区居民所持证件在中国有效期限延长为三个月。三是借鉴国内人才市场、劳动力市场的做法，探索建立中越、中老、中缅跨境劳务市场，收集中国企业的用工需求和越南、老挝和缅甸的劳工信息，通过LED屏、公告栏等形式向外发布，组织招聘对接，协助办理相关证件等。

（二）重视对高层次人才的引进和培养

习近平总书记指出要牢固确立人才引领发展的战略地位，全面聚集人才。围绕口岸经济发展建设、服务沿边开发开放战略的需要，重视对各类高层次人才的引进和培养。一是积极引进人才。在稳定和用好现有人才的基础上，积极对外招聘、引进各产业专业技术人才和管理人才，对作出重要贡献的人才实行期权、股权等激励措施，多途径、多层次建立完善引进人才办法和留住人才的机制。二是积极培养各专业人才。开展多层次、全方位的职业技术培训，拓宽员工培训的内容和质量，不断提高从业人员水平。对从业人员根据不同的工种制订培训计划，提高从业人员的基本素质，培训的方式可以是"请进来"，也可以是"送出去"或"带出去"。多学习借鉴其他省区成熟的管理经验和吸纳人才措施。与高等院校、职业学校联合建立培训基地，加大继续教育力度，使人力资源供给在数量、质量和结构上与实际需求相适应。

七、提升金融支撑能力

（一）推动面向东盟的金融基础设施建设

一是开展口岸贸易结算互联互通体系建设。依托国际贸易"单一窗口"，推动商务、海关、税务、金融等部门之间数据交换共享，建立基于大数据的口岸贸易结算信息服务平台和高效监管模式，为跨境贸易和跨境电子商务提供服务。二是不断增加东盟国家货币现钞跨境调运币种和口岸，完善外币现钞跨境调运体系。三是以助推人民币东盟化为目标，完善中国—东盟支付清算系统一体化建设。四是建设面向东盟的大数据分析中心，通过自主研发、合作研究、项目招标、数据服务外包等灵活多样的方式，适时推出如面向东盟的金融开放综合评价指数、人民币"一带一路"东盟指数等一系列量化评估指数，提升广西壮族自治区和云南省面向东盟的金融开放水平与跨境风险防控管理软实力。五是支持符合条件的银行、保险、证券、资产管理等金融机构在广西壮族自治区和云南省组建面向东盟的跨境产品研发、跨境结算、离岸业务、票据保理、灾备、数据、小语种呼叫等中后台运营基地。

（二）完善中国—东盟多（双）边金融沟通和合作机制

充分利用和巩固现有平台，进一步深化中国—东盟双边金融沟通和合作机制，防范区域经济风险。一是完善中国—东盟金融合作与发展领袖论坛。作为与中国—东盟博览会同期举办的大型国家级、国际性金融主题论坛，要坚持市场化原则，围绕顺应中国—东盟自由贸易区建设进程的需求，就如何深化金融领域的务实合作、建立有利于中国—东盟经贸合作的金融服务体系、促进中国与东盟间的贸易与投资的便利化达成共识。二是完善中国与东盟国家双边货币互换机制。关注市场主体的需求，积极完善区域货币互换机制，增强境外人民币借贷、支付、保值、投资功能，不断提升区域金融危机救助水平，全面提升危机防范能力。根据区域金融运行状况并结合国际成功经验，要加强"10+3"宏观经济研究室的交流与合作，尽早将其建设成为具有较强监督能力的国际组织。

（三）强化金融风险防控

一是完善中国—东盟跨境征信体系。充分利用成熟的双边对话机制进行合作协商，加强各国中央银行以及征信管理机构的交流磋商，在遵守各国的法律制度基础下，推动建立中国—东盟多国联合信用评级机构，打破美国三大国际评级机构的全球垄断。针对传统征信体系信息失真、泄露隐私、信息孤岛、信息难获难用等痛点，有的放矢地运用区块链技术，构建高效能跨境征信体系。二是加快建立金融监管协调机制。探索建立中国—东盟跨境重大项目信息平台，加强跨境金融信息、风险预警、评估和化解合作。三是加强跨境资金流动统计监测建设工作。建立汇率、债务和偿债能力早期预警系统，更好地防范区域内金融风险。

八、加强边境安全保障

建议中越、中老、中缅公安、边防、海关、质检等部门继续加强沟通与合作，在相互尊重的基础上，共同加强边境管理、整顿边境秩序，建立边境管理联合执法行动和信息通报机制，在打击走私、贩毒、反恐、维权等方面进行更多的合作，共同打击和防止对中越、中老、中缅边境安全稳定造成威胁的各种不法活动，共同消除边境社会弊端和涉外事件隐患，营造安全、和谐、稳定、有序的边防环境，为西南沿边口岸经济发展创造良好的外部环境。建议中越、中老、中缅从国家层面早日缔结边境地区司法协助协议，在尊重双方司法主权的前提下，合作打击违法犯罪行为，为跨境经济合作提供法律保障。建议中外强化反洗钱、反恐怖融资、反假货币、反逃税以及打击非法集资等违法的跨境合作机制，构建优良的金融生态环境。

参考文献

一、外文文献

[1] Brocker, J. How Do International Trade Barriers Affect Interregional Trade [C]. Anderson A. E., Isard W., Puu T. (ed). Regional and Industrial Development Theories, Models and Empirical Evidence [J]. 1984.

[2] Elizondo, P. L., P. Krugman. Trade Policy and Third World Metropolis [J]. Journal of Development Economics, 1996.

[3] Gordon H. Hanson. U. S. -Mexico Integration and Regional Economics: Evidence from Border-CityPairs [J]. Journal of Urban Economics, 2001.

[4] Henk Van Houtum. An Overview of European Geographical Research on Border Regoin [J]. Journal of Borderlands Studies, 2000, 23 (1).

[5] Hanson, GH: Integration and the location of activities-economic integration, intraindustry trade, and frontier regions European Economic Review, 1996, 40.

[6] Jorunn Sem Fure. The German-Polish Border Region. A case of Regional Integration [J]. ARENA working Papers, 1997.

[7] Joachim Blatter. Emerging Cross-Border Regions As a Step Towards SustainableDevelopment [J]. International Journal of Economic Development, 2000

(3).

[8] Michael P. Todaro, Economic Development [M]. Londman, 1994.

[9] McCallum, J. National Borders Matter: Canada-U. S. Regional Trade Patterns [J]. The AmericanEconomic Review, 1995 (3).

[10] Nisch. V (2000). National borders and international trade: edidence from the European Union [M]. Canadian Journal of Economic, 2000, (22).

[11] Wei, S. J. Intra-National versus International Trade: How Stubborn are Nations in GlobalIntegrate [J]. NBER Working Paper, 1996.

二、译著文献

[1] 亚当·斯密. 国富论 [M]. 唐日松等译. 北京: 华夏出版社, 2005.

[2] 大卫·李嘉图. 政治经济学及赋税原理 (精装本) [M]. 郭大力, 王亚南译. 北京: 商务印书馆, 2021.

[3] 约翰·穆勒. 政治经济学原理 [M]. 胡企林, 朱泱译. 北京: 商务印书馆, 1991.

[4] 阿尔弗雷德·马歇尔. 经济学原理 (上卷) [M]. 陈瑞华译. 北京: 商务印书馆, 1964.

[5] 伊·菲·赫克歇尔, 戈特哈德·贝蒂·俄林. 赫克歇尔——俄林贸易理论 [M]. 陈颂译. 北京: 商务印书馆, 2020.

[6] 弗朗索瓦·佩鲁. 新发展观 [M]. 张宁, 丰子义译. 北京: 华夏出版社, 1987.

[7] 彼得·罗布森. 国际一体化经济学 [M]. 戴炳然等译. 上海: 上海译文出版社, 2001.

[8] 阿尔弗雷德·韦伯. 工业区位论 [M]. 李刚剑, 陈志人, 张英保译. 北京: 商务印书馆, 1997.

[9] 埃德加·胡佛, 弗兰克·杰莱塔尼. 区域经济学导论 [M]. 郭万清译. 上海：上海远东出版社, 1992.

[10] 藤田昌久, 保罗·克鲁格曼, 安东尼·J. 维纳布尔斯. 空间经济学——城市、区域与国际贸易 [M]. 梁琦主译. 北京：中国人民大学出版社, 2005.

[11] 艾伯特·赫希曼. 经济发展战略 [M]. 潘照东, 曹征海译. 北京：经济科学出版社, 1992.

[12] W. W. 罗斯托. 从起飞进入持续增长的经济学 [M]. 贺力平等译. 成都：四川人民出版社, 2000.

[13] 约瑟夫·熊彼特. 经济发展理论 [M]. 何畏, 易家详等译. 北京：商务印书馆, 1990.

[14] 罗伯特·M. 索洛等. 经济增长因素分析 [M]. 史清琪等译. 北京：商务印书馆, 1991

[15] 西蒙·库兹涅茨. 现代经济增长：发现与思考 [M]. 戴睿, 易诚译. 北京：北京经济学院出版社, 1989.

[16] H. 钱纳里, S. 鲁宾逊, M·赛尔奎恩. 工业化和经济增长的比较研究 [M]. 吴奇, 王松宝译. 上海：上海人民出版社, 1995.

[17] 道格拉斯·诺思. 经济史中的结构与变迁 [M]. 盛洪, 陈郁等译. 上海：上海三联书店, 1990.

[18] 杰拉尔德·迈耶, 达德利·西尔斯. 发展经济学的先驱 [M]. 谭崇台, 马颖, 梁晓滨译. 北京：经济科学出版社, 1988.

[19] 莱斯特·R. 布朗. 建设一个持续发展的社会 [M]. 祝友三译. 北京：科学技术文献出版社, 1984.

[20] 马士. 中华帝国对外关系史（全三册）[M]. 张汇文等译. 上海：上海书店出版社, 2000.

[21] 雷麦. 中国对外贸易史 [M]. 上海：三联书店, 1958.

[22] 阮春草. 促进越南农村可持续发展 [M]. 河内：国家政治出版社，2004.

[23] 世界银行. 2009 年世界银行发展报告：重塑世界经济地理 [R]. 胡光宇等译. 北京：清华大学出版社，2009.

三、中文文献

(一) 资料汇编类

[1] 国家发展改革委，外交部，商务部. 推动共建丝绸之路经济带和21世纪海上丝绸之路的愿景与行动 [Z]. 2015.

[2] 海关总税务司署统计科. 最近十年各埠海关报告 1922—1931 年 (上卷) [R]. 上海：1932.

[3] 六十五年来中国国际贸易统计 (国立中央研究院社会科学研究所专刊第四号) 复印件 [Z]. 南京：国立中央研究院社会科学研究所，1931.

[4] 唐有壬，张肖德，蔡致通等编纂. 最近中国对外贸易统计图解 1912—1930 [Z]. 上海：中国银行总管理处调查部，1931.

[5]《光绪二十九年腾越口华洋贸易情形论略》，《中国旧海关史料》第 38 册 [Z].

[6] 姚贤镐编. 中国近代对外贸易史资料 (1840—1895) 第 2 册 [Z]. 北京：中华书局，1964.

[7] 万湘澄著. 云南对外贸易概观 [Z]. 新云南丛书社：1946.

[8] 财政部年鉴编纂处. 财政年鉴 [M]. 北京：商务印书馆，1935.

(二) 著作类

[1] 邓小平. 邓小平文选 (第3卷) [M]. 北京：人民出版社，1993.

[2] 赵磊. 一带一路——中国的文明性崛起 [M]. 北京：中信出版社，2015.

[3] 刘卫东. "一带一路"：引领包容性全球化 [M]. 北京：商务印书

馆, 2017.

　［4］陈秀山, 张云可. 区域经济理论［M］. 北京: 商务印书馆, 2005.

　［5］柴瑜, 陆建人, 杨先明. 大湄公河次区域经济合作研究［M］. 北京: 社会科学文献出版社, 2007.

　［6］梁双陆. 边疆经济学［M］. 北京: 人民出版社, 2009.

　［7］黎鹏. 提升沿边开放与加强跨国区域合作研究［M］. 北京: 经济科学出版社, 2012.

　［8］黄志勇等. 第三次大开放浪潮——广西实施以开放为主导的跨越式发展战略研究［M］. 南宁: 广西人民出版社, 2014.

　［9］于国政. 中国边境贸易地理［M］. 北京: 中国商务出版社, 2005.

　［10］丁斗. 东亚地区的次区域经济合作［M］. 北京: 北京大学出版社, 2001.

　［11］杨清震. 中国边境贸易理论［M］. 北京: 中国商务出版社, 2005.

　［12］邢军. 中国沿边口岸城市经济发展研究［M］. 北京: 知识出版社, 2007.

　［13］李铁立. 边界效应与边界次区域经济合作研究［M］. 北京: 中国金融出版社, 2005.

　［14］保健云. 国际区域合作的经济学分析［M］. 北京: 中国经济出版社, 2008.

　［15］方盛举. 当代中国陆地边疆治理［M］. 北京: 中央编译出版社, 2017.

　［16］程妮娜等. 中国历史边疆治理研究［M］. 北京: 经济科学出版社, 2017.

　［17］周平. 中国的边疆治理: 挑战与创新［M］. 北京: 中央编译出版社, 2014.

　［18］刘锋. 国际贸易［M］. 北京: 清华大学出版社, 2012.

[19] 张永明，段秀芳，王宏丽等．新疆陆路口岸经济发展与政策研究 [M]．乌鲁木齐：新疆人民出版社，2009．

[20] 李竹青，石通扬．少数民族地区边境贸易研究 [M]．北京：中央民族大学出版社，1994．

[21] 赵曦．西南边疆少数民族地区反贫困与社会稳定对策研究 [M]．成都：西南财经大学出版社，2014．

[22] 郑友．中国的对外贸易和工业发展——史实的综合分析 [M]．上海：上海科学院出版社，1984．

[23] 杨天宏．口岸开放与社会变革——近代中国自开商埠研究 [M]．北京：中华书局，2002．

[24] 唐凌．自开商埠与中国近代经济变迁 [M]．南宁：广西人民出版社，2002．

[25] 王强．中国口岸管理工作实务指南 [M]．北京：中国人民公安大学出版社，2012．

[26] 吴松弟．中国百年经济拼图——港口城市及其腹地与中国现代化 [M]．济南：山东画报出版社，2006．

[27] 张洪祥．近代中国通商口岸与租界 [M]．天津：天津人民出版社，1993．

[28] 萧德浩，蔡中武．苏元春评传 [M]．南宁：广西人民出版社，1990．

[29] 王铁崖．中外旧约章汇编（第1册） [M]．北京：三联书店，1957．

[30] 束世微．中法外交史 [M]．上海：上海商务印书馆，1929．

[31] 余定邦．中缅关系史 [M.] 北京：光明日报出版社，2000．

[32] 中国口岸协会．中国口岸与改革开放 [M]．北京：中国海关出版社，2002．

（三）论文类（期刊论文、学位论文）

[1] 梁双陆. 边界效应与我国跨境经济合作区发展 [J]. 天府新论, 2015 (1).

[2] 方晓萍, 黎鹏, 丁四保. 边境区位价值的梯度结构与梯次开发——以中国与东盟国家接壤的边境地带为例 [J]. 经济地理, 2011, 31 (09).

[3] 黎鹏. 基于协同理论的中国——东盟边境地带跨国区域经济合作开发研究 [J]. 广西大学学报（哲学社会科学版）, 2012, 34 (06).

[4] 冯革群, 丁四保. 边境区合作理论的地理学研究 [J]. 世界地理研究, 2005 (1).

[5] 陈振江. 通商口岸与近代文明的传播 [J]. 近代史研究, 1991 (1).

[6] 汤建中, 张兵, 陈瑛. 边界效应与跨国界经济合作的地域模式——以东亚地区为例 [J]. 人文地理, 2002 (1).

[7] 冯革群, 丁四保. 边境区合作理论的地理学研究 [J]. 世界地理研究, 2005 (1).

[8] 方维慰. 区域一体化趋势下国家的边界功能 [J]. 西安联合大学学报, 1999 (2).

[9] 李铁立, 姜怀宇. 边境区位及其再创造初探 [J]. 世界地理研究, 2003 (4).

[10] 韩玉玫. 论陆路口岸在我国东北部经济发展中的作用 [J]. 大连大学学报, 2003 (01).

[11] 张振强, 韦兰英, 阮陆宁. 边境贸易与经济增长关系的计量分析——以广西凭祥市为例 [J]. 商业时代, 2010 (21).

[12] 宋周莺, 车姝韵, 王姣娥, 郑蕾. 中国沿边口岸的时空格局及功能模式 [J]. 地理科学进展, 2015, 34 (5).

[13] 涂裕春, 刘彤. 民族地区口岸经济发展预判——基于"一带一路"

建设的分区域类型研究 [J]. 西南民族大学学报（人文社科版），2016（1）.

[14] 刘建利. 我国沿边口岸经济特殊性分析及发展建议 [J]. 中国流通经济，2011（12）.

[15] 李玉潭，吴亚军. 东北地区沿边口岸体系的建设及存在的问题 [J]. 东北亚论坛，2007（6）.

[16] 段秀芳，张永明. 中国与新疆毗邻国家陆路口岸跨境合作分析与评价 [J]. 新疆财经，2008（5）.

[17] 张永明，王宏丽. 新疆陆路口岸经济发展及对策研究 [J]. 发展研究，2010（5）.

[18] 丛志颖，于天福. 东北东部沿边口岸经济发展探析 [J]. 经济地理，2010（12）.

[19] 张必清. 云南沿边口岸经济发展分析 [J]. 曲靖师范学院学报，2013（4）.

[20] 王亚丰，李富祥，谷义，佟玉凯. 基于 RCI 的中国东北沿边口岸与口岸城市关系研究 [J]. 现代城市研究，2014（7）.

[21] 马腾，葛岳静，黄宇，胡志丁. 微观尺度下边境口岸对载体城市的影响及其机制研究——以德宏州中缅沿边口岸为例 [J]. 热带地理，2017，37（02）.

[22] 杨利元. 基于 SPSS 边境口岸经济发展与入境旅游的统计分析——以云南省为例 [J]. 旅游纵览（下半月），2018（05）.

[23] 李世泽. "一带一路"背景下广西边境口岸发展研究 [J]. 桂海论丛，2018（1）.

[24] 周子峰. 二十世纪中西学界的中国近代通商口岸研究述评 [J]. 岭南学报（新第3期），2006（9）.

[25] 张长虹. 论内蒙古口岸经济发展存在的问题及对策 [J]. 内蒙古大学学报（人文社会科学版），2006（3）.

［26］刘建利. 我国沿边口岸经济特殊性分析及发展建议［J］. 中国流通经济，2011（12）.

［27］胡兆量. 边境优势论与沿边口岸建设［J］. 城市问题，1993，12（3）.

［28］颜鹏飞，孙波. 中观经济研究：增长极和区域经济发展理论的再思考［J］. 经济评论，2003（3）.

［29］张勇."西南"区域地理概念及范围的历史演变［J］. 中国历史地理论丛，2012（4）.

［30］梁志明. 中越关系的历史渊源与发展前瞻［J］. 人民论坛·学术前沿，2014（5）.

［31］周中坚. 让南疆历史重镇龙州重放光辉［J］. 广西文史，2003（4）.

［32］张荐华，陈铁军. 欧美国家边境地区的一体化效应及其启示［J］. 财贸经济，2004（2）.

［33］李庚伦，中国历代陆地边疆政治安全治理研究［J］. 贵州民族研究，2018（12）.

［34］崔佳慧. 中国企业面临的反倾销问题及应对措施［J］. 河北企业，2019（6）.

［35］刘玺鸿. 口岸经济与农村社会：重思"边民互市"的定位与发展［J］. 云南社会科学，2021（4）.

［36］徐黎丽，杨田. 论中国陆地边境口岸的特点及发展方略［J］. 贵州民族研究，2020（02）.

［37］何明. 边疆特征论［J］. 广西民族大学学报（哲学社会科学版），2016（1）.

［38］王舒. 口岸经济发展与边境城市扩张相互作用的研究——以丹东市为例［D］. 东北师范大学：2014.

[39] 张永帅. 近代云南的开埠与口岸贸易研究（1889—1937）[D]. 上海：复旦大学，2011.

[40] 韩景林. 近代以来广西陆路边境通商口岸研究 [D]. 广西师范大学，2007.

[41] 黎日苹. 近代中国边防建设与边疆地区经济发展探究（1885—1911）[D]. 广西师范大学，2010.

[42] 穆沙江·努热吉. 新疆沿边口岸与地方经济协调发展研究 [D]. 新疆大学，2018.

[43] 王群. 边境口岸物流与载体城市经济增长影响实证研究 [D]. 云南财经大学，2015.

[44] 苏日古嘎. 内蒙古沿边口岸经济发展研究 [D]. 内蒙古大学，2019.

（四）年鉴类

[1] 叶剑主编. 中国口岸年鉴（历年）[Z]. 北京：中国海关出版社.

[2] 国家统计局. 中国统计年鉴（历年）[Z]. 北京：中国统计出版社.

[3] 广西统计局. 广西统计年鉴（历年）[Z]. 北京：中国统计出版社.

[4] 云南统计局. 云南统计年鉴（历年）[Z]. 北京：中国统计出版社.

[5] 梁金荣，李秋洪主编. 广西年鉴（历年）[Z]. 南宁：广西年鉴出版社.

[6] 编委会. 云南商务年鉴（历年）[Z]. 昆明：云南人民出版社.

附 录

附录 1：西南沿边口岸货物运量（2009—2018）

单位：吨

口岸名称	2009 年	2010 年	2011 年	2012 年	2013 年	2014 年	2015 年	2016 年	2017 年	2018 年
凭祥铁路口岸	817700	805600	632155	596186	514870	426934	404061	1764402	1655798	188117
友谊关公路口岸	485600	872000	2150058	2085538	2380230	2905840	1628157	1835251	1967997	2407294
东兴公路口岸	218200	202300	244541	448032	212597	355626	527032	576305	654873	712032
水口公路口岸	144900	155800	206749	103501	79755	63917	36011	23950	40170	102414
龙邦公路口岸	44200	46400	28078	21853	78497	70332	40722	36660	72475	12235
河口公路（铁路）口岸	2011100	1640300	2413764	1317765	2670758	1846350	2446215	2578454	5282174	3551748

续表

口岸名称	2009年	2010年	2011年	2012年	2013年	2014年	2015年	2016年	2017年	2018年
天保公路口岸	118500	116500	83570	77521	180476	285123	284233	338505	245476	198183
金水河公路口岸	59000	63500	4001	4430	11894	22852	12058	18336	12118	17961
磨憨公路口岸	381300	619700	764060	1004581	1241063	1582722	1592672	1499631	2018977	2481345
瑞丽公路口岸	894400	1114900	1352265	1578014	1991755	3631070	4548119	4343831	7937934	1625240
畹町公路口岸	105200	144600	120356	131123	178131	172399	164223	191594	310939	213089
清水河公路口岸	64600	89200	212027	265772	368685	519375	526002	466389	565842	650238
猴桥公路口岸	469600	2429600	2252615	1454746	2305748	3012414	1542819	1585577	2790219	2735640
打洛公路口岸	56800	52600	52902	49222	93619	118637	173583	110822	92340	154989

数据来源:《中国口岸年鉴》(2010—2019)。

附录 2：西南沿边口岸出入境人数（2009—2018）

单位：人次

口岸名称	2009 年	2010 年	2011 年	2012 年	2013 年	2014 年	2015 年	2016 年	2017 年	2018 年
凭祥铁路口岸	67300	58400	63341	72741	77241	58807	61512	73275	71851	71222
友谊关公路口岸	824700	976600	949533	896810	887495	863827	923846	1312630	1705950	2108664
东兴公路口岸	3861000	3303600	1483427	2005910	2744209	3648509	3974081	6638751	9965094	12188358
水口公路口岸	241400	199200	15771	16669	20619	19521	22718	160795	370764	520998
龙邦公路口岸	21800	15400	——	8390	13925	13891	10572	145877	106292	74836
河口公路（铁路）口岸	3425800	3626800	3991020	648042	707533	518176	456056	3148742	4468698	5482615
天保公路口岸	200600	215300	81396	102646	110726	130650	203964	1143094	1074282	988007
金水河公路口岸	70600	69100	1768	3281	4626	5502	8123	442880	430931	468020
磨憨公路口岸	612200	670900	337085	322060	401177	519297	708899	1193977	1453200	1537068

续表

口岸名称	2009年	2010年	2011年	2012年	2013年	2014年	2015年	2016年	2017年	2018年
勐康公路口岸	—	—	—	—	—	20212	31213	58430	107960	101973
瑞丽公路口岸	8088800	8577100	377433	432715	472343	652631	874008	15756480	17683881	17365962
畹町公路口岸	358900	349200	9665	9865	10438	16024	29442	718781	901639	1047193
清水河公路口岸	250900	231100	49221	40442	72341	126958	156744	393731	916191	1126561
猴桥公路口岸	220800	297600	174812	169984	32432	21434	35403	382918	446235	540332
打洛公路口岸	464200	480300	412477	446504	570125	789412	1102084	1028933	770169	1306649

数据来源:《中国口岸年鉴》(2010—2019)。

注:表中"——"为《中国口岸年鉴》未做统计。

附录 3：西南沿边口岸运输工具（2009—2018）

单位：铁路－列次；公路－辆次

公路口岸	2009年	2010年	2011年	2012年	2013年	2014年	2015年	2016年	2017年	2018年
凭祥铁路口岸	3353	3324	3218	3120	2683	2336	1809	1667	1526	20875
友谊关公路口岸	48914	52847	1044	1381	2991	3319	3936	109975	235925	295337
东兴公路口岸	12187	14229	219	55	483	303	142	31187	37775	154718
水口公路口岸	8076	2906	1204	——	——	——	——	21828	20453	18347
龙邦公路口岸	8406	7127	——	——	124	12	——	3282	6019	5679
河口公路口岸	140937	118248	153163	114519	188438	143572	163842	201809	347696	326065
河口铁路口岸	并入公路口岸	并入公路口岸	340	85	120	41	1392	1227	1922	1756
天保公路口岸	14632	12754	15621	31431	34923	41812	41085	83084	80274	67673
金水河公路口岸	1631	1659	1305	6721	10456	11925	22763	30538	35084	46635

续表

公路口岸	2009 年	2010 年	2011 年	2012 年	2013 年	2014 年	2015 年	2016 年	2017 年	2018 年
磨憨公路口岸	113298	166600	146273	112258	239522	294665	367561	369660	420843	252891
勐康公路口岸	——	——	——	——	——	9490	——	38412	34396	25939
瑞丽公路口岸	1529228	1949501	2192948	2137405	2139914	2381126	2265617	3975104	3863158	3778916
畹町公路口岸	46598	69521	99986	151082	203847	270337	261370	229570	230363	132293
清水河公路口岸	49137	57769	62495	55895	118877	196093	256770	235843	218796	218422
猴桥公路口岸	81328	125486	60831	43794	65622	135277	128013	104674	158681	74616
打洛公路口岸	83755	128270	134218	159315	189522	232279	290000	291551	341183	537728

资料来源:《中国口岸年鉴》(2010—2019)。

注:表中"——"为《中国口岸年鉴》未做统计。

附录 4：西南沿边口岸进出口贸易额（2010—2017）

单位：万美元

口岸名称	2010 年	2011 年	2012 年	2013 年	2014 年	2015 年	2016 年	2017 年
凭祥铁路口岸	407022. 7	614845. 8	840788. 9	1237952	2063678	1281118	1698819	1962685
友谊关公路口岸	—	—	—	—	—	622005. 1	217. 18	174. 75
东兴公路口岸	212662. 8	248909. 9	163281. 4	220764. 5	382642. 5	758166. 1	807572. 1	753515
水口公路口岸	6357. 20	8335. 51	7240. 37	47509. 91	147895. 2	291177. 2	318669. 5	239446. 8
龙邦公路口岸	9174. 58	8055. 36	8124. 84	53012. 29	29941. 2	53497. 53	59303. 92	75176. 12
河口公路口岸	83119	99300	79722	104474	83732	124114	150504	201384
天保公路口岸	17223	18467	11572	13949	18436	13527	62405	57873
金水河公路口岸	490	390	442	1275	1563	1370	25995	26115
河口铁路公路口岸	—	—	285	517	442	13602	9991	13053
磨憨公路口岸	57188	66385	103394	224974	256918	1755259	165008	207637
勐康公路口岸	—	—	1321	1814	782	1198	3795	2783

续表

口岸名称	2010 年	2011 年	2012 年	2013 年	2014 年	2015 年	2016 年	2017 年
瑞丽公路口岸	125456	166582	199728	293561	407395	446578	446601	620712
畹町公路口岸	7844	5263	7811	13130	9519	7588	12077	21215
清水河公路口岸	10206	9977	10523	10019	14699	14803	67352	64449
猴桥公路口岸	19510	40886	11986	19356	15619	20389	19816	29835
打洛公路口岸	4528	4945	6715	31726	30165	18735	12426	10078

资料来源：广西口岸数据来源于南宁海关，云南口岸数据来源于《云南商务年鉴》（2011—2018）。

注：表中"——"为数据未做统计。

附录 5：西南边口岸城市人口（2009—2018）

单位：万人

口岸名称	口岸城市	2009 年	2010 年	2011 年	2012 年	2013 年	2014 年	2015 年	2016 年	2017 年	2018 年
凭祥铁路、友谊关公路口岸	凭祥市	11	11.09	11.17	11.18	11.05	11.18	11.37	11.4	11.44	11.61
东兴公路口岸	东兴市	12.5	12.87	13.25	13.54	13.86	14.13	14.45	14.74	14.96	15.38
水口公路口岸	龙州县	27.5	27.09	27.37	26.53	26.66	27.04	27.16	27.29	27.23	27.41
龙邦公路口岸	靖西市	63	64.47	65.07	65.5	66.2	65.84	65.6	65.97	65.91	66.29
河口公路口岸	河口县	10.4	10.5	10.52	10.56	10.61	10.71	10.78	10.84	10.92	11.02
天保公路口岸	麻栗坡县	27.7	27.8	27.95	28.1	28.25	28.37	28.48	28.59	28.71	28.85

续表

口岸名称	口岸城市	2009 年	2010 年	2011 年	2012 年	2013 年	2014 年	2015 年	2016 年	2017 年	2018 年
金水河公路口岸	金平县	35.2	35.7	35.94	36.2	36.63	36.88	37.13	37.28	37.56	37.8
瑞丽公路、畹町公路口岸	瑞丽市	17	18.1	18.43	18.6	19.1	19.75	20.19	20.54	20.86	21.02
清水河公路口岸	耿马县	28.6	29.7	29.86	30.1	30.28	30.46	30.7	30.78	30.87	30.95
猴桥公路口岸	腾冲市	63.8	64.5	64.96	65.34	65.65	65.99	66.35	66.76	67	67.29
打洛公路口岸	勐海县	33.2	33.2	33.43	33.63	33.72	33.9	34.1	34.32	34.56	34.8
勐康公路口岸	江城县	12.1	12.2	12.29	12.4	12.48	12.56	12.64	12.7	12.78	12.82
磨憨公路口岸	勐腊县	26	28.2	28.39	28.55	28.62	28.79	28.97	29.19	29.39	29.59

资料来源:《广西统计年鉴》(2010—2019),《云南统计年鉴》(2010—2019)。